청소년지도방법론

류명구 · 박호문 · 서영우 · 정성옥 · 조현아

KNOWLEDGE COMMUNITY 공동체

머리말

현재 우리 사회는 빠르게 진화하고 있다. 4차 산업혁명은 기술의 발전과 더불어 새로운 소통 경로를 여는 동시에, 저출산, 고령화에 따른 인구 구조 변화, 그리고 뉴노멀 시대 새로운 환경하에 청소년들은 가치관의 충돌 등 여러 도전에 직면하고 있다. 이에 따라, 청소년지도자로서 우리는 지속적인 전문성과 적응력을 키우며, 새로운 도전에 대비해야 한다.

우리 사회는 최근 몇 년 동안, 코로나19 팬데믹의 영향이 가져온 비대면 문화가 급속하게 확산되어 왔다. 온라인 교육, 소셜 미디어, 가상 현실, 그리고 개인주의와 공동체의 상충이라는 새로운 시대적 도전 등이 청소년들의 일상에 녹아들고 있다. 이는 청소년들의 가치관 형성과 성장에 영향을 미치기에, 청소년지도자로서 우리는 어떻게 이러한 가치관을 존중하고 지도할 것인가에 대한 방법을 모색해야 한다. 전통적인 지도방법의 한계와 함께 새로운 기회와 도전이 우리 앞에 나타나고 있다.

이에 따라 본 교재는 21세기 새로운 환경의 변화 속에서 성장하는 청소년들에게 유용한 지도방법론에 대한 다방면의 접근과 체계적인 소개를 목표로 한다. 기존의 지도방법론을 재해석하고, 예비 청소년지도자들이 현실 세계에서 직면하는 문제에 대한 전반적인 이해를 도모하도록 구성하고자 하였다.

본 교재는 총 12장으로 구성되어 있다. 청소년에 대한 개념적 이해와 발달적 특성과 청소년지도의 기초적 이론 및 청소년지도자의 역할과 역량,

프로그램 개발과 진로지도 등에 대한 기술과 더불어 최근 청소년들 사이에 자해의 광범위한 확산, 자살 시도, 인터넷 · 스마트폰 과의존, 게임 과몰입 등 정신건강 문제가 증가하고, 청소년 비행도 갈수록 저연령화, 범죄화되어 사회문제가 되고 있는 현실에서 청소년이 당면한 위기 상황을 정확히 이해하여 예방적 차원에서의 조기 개입의 필요성 등 위기 · 취약 청소년들에게 실제적인 도움을 주기 위한 지도 방법에 대해서도 적극적으로 논의를 이어가고자 하였다.

또한 코로나19 이후 디지털 역량은 특정 연령대나 직업군에서만 필요로 한 역량이 아니라 사적 및 공적 생활을 영위하기 위한 기본 요건이 된 상황에서 디지털 역량지도를 위해 디지털 역량의 구성요소, 시민의식, 윤리의식 등에 관해 논의하고, 디지털 기술을 건강하게 활용할 수 있는 방법을 모색하고자 하였으며, 지역사회 속 청소년활동의 가치와 필요성 및 디지털 뉴노멀 시대를 선도하고, 창의력과 인성을 겸비한 인재 양성을 위한 전문적이고 체계적인 청소년지도의 의미 등에 대해서 기술하였다.

이러한 주제들을 토대로, 필자들은 변화하는 사회 속에서 청소년들을 더욱 효과적으로 지도해 나갈 수 있는 청소년 지도 방법론에 대한 고민을 이어가고자 한다. 여러면에서 부족하지만 본 교재를 통해 미래의 세대를 지도하는 데 있어 예비 청소년지도자들의 지도방법론 학습에 도움이 되길 기대한다.

끝으로 본 교재가 나오기까지 어려운 여건임에도 불구하고 출판을 위해 애써주신 도서출판 공동체의 김동훈 사장님과 김원희 상무님, 꼼꼼하게 원고 수정을 함께해 준 편집부에게도 깊은 감사의 마음을 전한다.

2024년 2월

저자 일동

차례

01

Chapter

청소년의 이해

학습목표

- 청소년의 개념에 대해서 설명할 수 있다.
- 청소년의 발달 특징에 대해서 설명할 수 있다.
- 청소년 발달에 영향을 미치는 요인인 또래 관계에 대해 이해할 수 있다.

학습개요

청소년은 아동과 성인의 중간단계로, 청소년 시기에는 다양한 신체적 · 심리적 변화를 경험한다. 이 장에서는 청소년의 개념을 정의해 보고, 청소년의 신체적, 정서적, 사회적, 인지적, 도덕적 발달 특성을 알아보고자 한다. 또한 청소년기의 가장 큰 관심사인 또래 관계에 대한 이해를 통해 아동과 성인과는 다른 청소년기의 다양한 특성을 이해함으로써, 청소년을 이해할 수 있는 방법을 알아보고자 한다.

Chapter

01 청소년의 이해

1. 청소년의 개념

청소년은 아동기에서 성숙한 성인기로 옮겨가는 변화 및 성장의 시기이다. 청소년의 개념은 시대와 문화에 따라 다양하게 정의되고 있으며, 청소년의 시작과 종결시점도 시대와 문화에 따라 다양하게 정의되고 있다. 이 장에서는 청소년의 개념을 살펴보고, 청소년의 발달적 특징에 대해 살펴보고자 한다.

1) 청소년의 개념적 이해

청소년이라는 용어가 일반적으로 사용된 것은 비교적 최근의 일이다. 따라서 청소년 개념에 대한 정의도 일률적으로 정해진 바 없이 학자들에 따라 다양하게 정의되고 있다. 일반적으로 청소년이라는 용어는 청소년과 소년을 총칭하는 말로 홀(Stanly Hall)이 1904년 『청소년(Adolescence)』이라는 책을 출판하면서 처음으로 체계화하여 사용하면서 일반화되었고, 사회적으로는 1차 세계대전 후 전쟁에서 돌아온 젊은이들이 '새 세대(new generation)'로 출현하여 대중의 관심을 끌게 되었다.

청소년기(adolescence)의 용어적 의미는 '성장하다', '성숙에 이른다'라는 뜻의 라틴어에서 유래된 것이다. 모든 사회에서 청소년은 미성숙한 아동기로부터 성숙한 성인기로 옮겨가는 성장의 시기이다. 이 시기의 청소년은 아동도 아니고, 성인도 아닌 모호한 상태에서 불안정과 불균형으로 인한 심한 긴장과 혼란을 경험하게 되며, '질풍노도의 시기(A period of storm and stress)' 혹은 '제2의 탄생기'라고 표현한 것처럼 자아의식과 현실 적응 사이에서 겪게 되는 갈등과 함께 정신의 새로운 영역으로 성장해 가는 과정을 겪는다(Hall, 1904). 이처럼 복합적인 특성을 띠는 청소년을 연구하는 다양한 사회과학자들의 청소년을 구분하는 방식은 일정하지 않다. 일반적으로, 청소년기를 구분하는 데는 연령이라는 인구학적 지표와 더불어 생물학적, 역사문화-제도적, 교육적, 법률적 차원의 발달 및 성숙지표들이 복합적으로 고려될 뿐 아니라, 구분의 목적에 따라 그 범위와 구분 방식이 달라질 수 있다(최상진, 2004).

우리 사회에서 통상적으로 청소년이란 말을 사용하는 맥락에서 청소년을 구획해 보면 초기(11~14세), 중기(15~18세), 후기(18~21세)로 구분하고 있다. 특히 중기, 즉 고등학교 시기는 성인으로 성장해 가는 과정 속에서 급격한 신체적, 사회적, 심리적 측면에서 변화를 경험할 뿐만 아니라, 정체성을 확립해야 하는 발달상의 과제를 완수해야 하고 자신을 둘러싼 환경에 적응함과 동시에 사회적 요구에 부응해야 한다(정옥분, 2008).

2) 청소년의 구분

청소년에 대한 정의는 여러 가지 측면에서 할 수 있지만, 여기에서는 법률적 측면, 심리 · 신체적 발달적 측면에 따라 구분하고자 한다.

(1) 법률적 측면

국가에 따라 청소년의 연령 규정이 다양하지만, 우리나라에서는 민법(제4조), 소년법(제12조)에서는 20세 미만으로, 형법(제9조)에서는 14세 미만을 미성년자로, 아동복지법(제2조)에서는 18세 미만을 아동으로, 근로기준법(제50조)에서는 13세 미만으로 규정하고 있다. 미국 대부분의 주에서는 미성년자를 18세 미만으로, 청소년 비행의 대상 연령은 10~17세로 규정하고 있다.

〈표 1-1〉 청소년의 구분

법률 명칭	청소년 명칭	연령 기준	제정 연도	주관부서
청소년기본법	청소년	9세 이상 24세 이하	1991. 12. 31.	여성가족부
청소년보호법	청소년	만 19세 미만	1997. 3. 7.	여성가족부
청소년활동진흥법	청소년	9세 이상 24세 이하	2004. 2. 9.	여성가족부
청소년복지지원법	청소년	9세 이상 24세 이하	2004. 2. 9.	여성가족부
아동 · 청소년의 성보호에 관한 법률	청소년	만 19세 미만	2023. 10. 12.	여성가족부
성매매알선 등 행위의 처벌에 관한 법률	청소년	만 19세 미만	2004. 3. 22.	법무부
성매매방지 및 피해자 보호 등에 관한 법률	청소년	만 19세 미만	2004. 3. 22.	여성가족부
영화 및 비디오물의 진흥에 관한 법률	청소년	18세 미만	2006. 3. 22.	문화체육관광부
공연법	연소자	18세 미만	1961. 12. 30.	문화체육관광부

소년법	소년	19세 미만	1958. 7. 24.	법무부
근로기준법	연소자	18세 미만	1997. 3. 13.	고용노동부
아동복지법	아동	18세 미만	1961. 12. 30.	보건복지부
민법	미성년자	만 20세 미만	1958. 2. 22.	법무부
형법	미성년자	14세 되지 아니한 자	1953. 9. 18.	법무부

출처 : 박선숙(2023). 청소년지도방법론, p. 14.

(2) 발달적 측면

아동기가 끝나는 약 12세부터 23~24세까지로 이 시기는 성호르몬의 분비로 인한 급격한 신체변화와 함께 아동도 아니고 성인도 아닌 입장에서 심한 혼란을 경험하게 된다. 급격한 심리적·신체적 변화로 연령이 증가함에 따라 신체적 발달은 성인과 비슷해지지만, 심리적 발달의 경험 부족으로 이에 미치지 못하는 불균형을 초래한다. 이러한 이유로 청소년을 스스로를 책임지기에는 어려운 연령으로 보는 경향이 있다.

3) 청소년의 인구현황

2023년 현재 9~24세 청소년 인구는 791만 3천 명으로 우리나라 총인구 5,155만 명 중 15.3%를 차지하고 있다. 성별 구성비를 보면 남자가 51.8%, 여자가 48.2%로 남자가 3.6%p 더 많은 것으로 확인되며, 2022년 청소년 인구 비중(814만 7천 명, 총인구의 15.8%) 대비 0.5%p 감소한 것으로 보인다. 1983년 1,419만 6천 명이었던 청소년 인구는 2060년에는 총인구의 10.7%인 454만 5천 명으로 감소할 것으로 전망하고 있다. 학교급별 학령인구 비중은 초등학교(6~11세) 5.1%, 중학교(12~14세) 2.6%, 고등학교(15~17세) 2.6%, 대학교(18~21세) 3.7%이며, 이에 따라 청소년 인구의 급속한 감소를 예방하는 대책 필요하며, 청소년을 위한 사회적 인프라 및 지원 시스템을 강화할 필요성이 있어 보인다.

|그림 1-1| 청소년(9~24세) 인구 및 구성비

출처 : 통계청(2022). 장래인구추계.

2. 청소년의 발달적 이해

청소년은 발달의 변화가 크며, 다양한 질적인 변화가 일어난다. 보통 청소년은 '사춘기'라고 일컬으며, 성적 성숙, 논리적 추론, 부모로부터의 독립 요구 등 다양한 변화의 시기라고 할 수 있다. 청소년 발달은 크게 신체적, 정서적, 사회적, 인지적, 도덕적 발달 영역으로 구분할 수 있다.

1) 신체적 발달 특징

신체적 발달은 뇌의 발달, 신장과 체중의 증가, 운동기능, 호르몬의 변화 등 청소년 발달에 있어서 생물학적 변화를 의미한다.

(1) 신장과 체중의 발달

청소년기에는 신장과 체중이 급격히 늘어난다. 보통 남자 청소년의 신장은 21세까지 지속되는 반면, 여자 청소년의 신장은 15세 이후에는 큰 변화를 보이지 않는다. 체중의 증가는 남자 청소년에게는 근육의 증가와 관련이 있으며, 피하지방은 여자 청소년의 체중 증가를 가속화시킨다. 남자 청소년들은 12~13세, 여자 청소년들은 10~11세경부터 성장 급등이 일어나는데, 여자 청소년들이 남자 청소년들보다 2년 정도 앞서는 것으로 나타난다(홍인종, 1994). 프로이트(Freud)는 성 발달에 근거해서 청소년기는 잠복기(6~12세)와 생식기(12~18세)의 단계를 지나고 있는 것으로 본다.

(2) 뇌와 신경계의 발달

청소년기 뇌의 발달은 대뇌피질과 관련이 있다. 대뇌피질은 인간 고유의 정신 기능을 하는 곳으로 뇌 구조 중 가장 많은 수의 뉴런과 시냅스를 가지고 있다. 청소년기에 접어들면 뉴런과 시냅스 간의 정보를 전달하는 신경전달물질의 수준 변화를 보인다.

(3) 내분비선의 변화

신체 내의 각 부위에 있는 내분비선은 각각 특수한 호르몬을 만들어 낸다. 청소년기에 주요한 역할을 하는 내분비선으로는 뇌하수체, 생식선이 있다. 뇌하수체는 신장과 체중의 변화를 조절하는 성장호르몬을 분비하고 성호르몬의 생성과 유출을 자극한다. 생식선은 사춘기 발달에 중요한 역할을 하는 안드로겐(남성 호르몬)과 에스트로겐(여성 호르몬)을 분비한다.

(4) 성적 성숙

사춘기가 시작되면 남자 청소년은 고환과 음낭, 음경이 커지고, 음모와 턱수염이 나고, 목소리가 변성된다. 여자 청소년은 초경을 시작하고, 유방이 발달하고, 자궁이 발달하며, 음모가 나오며, 골반이 커진다.

〈표 1-2〉 청소년의 신체적 특징

남자 청소년	여자 청소년
• 수염과 음모, 겨드랑이, 다리에 털 • 굵어지는 음성 • 어깨가 넓어지고 근육발달 • 몽정 경험	• 음모, 겨드랑이에 털 • 지방층이 형성되어 곡선미를 형성 • 골반이 넓어지고 생식기관이 발달 • 초경 경험

2) 정서적 발달 특징

청소년 시기에는 정서적 변화를 경험하는데 긍정적 정서로는 행복, 기쁨, 사랑, 애정의 감정이 있고, 부정적 정서로는 우울, 공포와 불안, 죄책감, 분노 등의 정서가 있다. 청소년기에 가장 조절하기 힘든 정서는 성적 충동과 관련된 정서이다. 청소년기의 심리발달과 관련하여 감정의 발달에도 주의를 기울여야 하는데, 이 시기는 다채로운 감정 및 정서표출이 특징적이다(박선숙 외, 2023). 청소년기의 다양한 감정에 대해 이해할 필요가 있다.

3) 사회적 발달 특징

청소년기는 많은 변화와 더불어 자신이 누구인지를 발견하는 자아정체감을 확립하는 시기이다. 청소년의 자기에 대한 인식은 자아개념과 자아존중감, 자기효능감을 발달시킨다.

(1) 자아개념

청소년들의 자아개념(self-concept)은 신체적 특징, 개인적 특성, 가치관, 희망, 사회적 역할 등을 깨닫게 하며, 자신이 독특하고 타인과 구별되는 분리된 실체라고 인식하는 데서 발달한다.

(2) 자아존중감

자아존중감(self-esteem)은 자신의 존재에 대한 긍정적 또는 부정적 느낌으로, 청소년은 학업, 신체, 사회성 측면에서 자아존중감을 형성하고 연령에 따라 세분화된다.

(3) 자기효능감

자기효능감(self-efficacy)은 자신이 스스로 상황을 극복할 수 있고, 자신에게 주어진 과제를 성공적으로 수행할 수 있다는 신념이나 기대를 말한다. 높은 자기효능감은 긍정적인 자아개념을 촉진하고 지속적으로 과제지향적 노력을 하여 높은 성취 수준을 도달하게 한다.

(4) 자기통제

자기통제(self-control)는 목표를 달성하기 위해 순간의 충동적인 욕구나 행동을 억제할 수 있는 능력이다. 자기통제 능력은 유혹에 저항하는 능력, 만족을 지연하는 능력, 충동을 억제하는 능력을 말한다.

(5) 자아정체감 형성

자아정체감은 '나는 누구인가'에 대한 의문을 가지고 자신이 다른 사람들과 다른 독특한 인식을 가지고 자신의 욕구, 태도, 동기, 행동양식 등이 전체적으로 통합되어 있다는 느낌을 이야기한다. 에릭슨(Erikson)은 자신의 '8단계 이론'에서 청소년기를 5단계 '정체감 대 역할 혼미'의 시기로 본다.

〈표 1-3〉 에릭슨의 발달 단계

인생의 시기	프로이트	에릭슨
생애 첫 1년	구강기(oral stage) 어머니의 젖을 빠는 것은 음식과 쾌락에 대한 필요를 충족시킨다. 신생아들은 기본적인 양육을 얻을 필요가 있고, 이후 탐욕과 욕심에 대한 감정이 발달될 수도 있다. 구강기 고착은 신생아기의 구강 만족감의 결여로 인해 나타난다. 이후 나타날 수 있는 성격 문제는 타인에 대한 거절, 사랑 또는 친밀한 관계를 형성할 수 없거나 이에 대한 두려움을 가지는 것으로 나타나게 된다.	유아기(infancy) : 기본적 신뢰 대 불신 만일 중요한 타인이 기본적인 신체적 및 감정적 필요를 제공한다면, 유아는 신뢰감을 발달시킨다. 만일 기본적인 필요가 충족되지 않으면 세상, 특히 대인관계에서 불신의 태도가 나타나게 된다.

1~3세	**항문기(anal stage)** 항문 부위가 성격 형성을 위한 중요한 정보의 원천이 된다. 주요 발달과업은 독립심을 배우고, 개인의 능력을 수용하고, 분노와 공격성과 같은 부정적인 감정들을 표현하는 것을 배우는 것이다. 부모의 훈육 양식과 태도가 아동의 이후 성격 발달에 중요한 영향을 미친다.	**초기아동기(early childhood) : 자율성 대 수치심과 의심** 자율성을 발달시키는 시기이다. 기본적인 경쟁은 자기의존과 자기의심 간에 이뤄진다. 아동은 탐색하고 실험하고, 실수를 범하고, 한계를 실험해야 할 필요가 있다. 만일 부모가 의존성을 조장한다면, 아동은 자율성이 억제되고 성공적으로 세상을 다루는 능력은 방해를 받는다.
3~6세	**남근기(phallic stage)** 기본 갈등은 무의식적인 근친 간 욕망에 의해 시작된다. 이는 아이들이 이성 부모에 대해 발달시키는 것으로서, 그 위협적인 본질 때문에 의식에서는 억압된다. 오이디푸스 콤플렉스가 진행되는 것으로 알려져 있는 남성 남근기는 어머니가 남아의 사랑의 대상이 된다. 엘렉트라 콤플렉스로 알려진 여성 남근기는 여아가 아버지의 사랑과 인정을 얻으려고 노력하는 것이 포함된다. 부모들이 유아의 성 성향에 언어적으로나 비언어적으로 어떻게 반응하는지는 유아가 발달시키는 성적 태도와 감정에 영향을 미친다.	**취학 전 연령(preschool age) : 주도성 대 죄의식** 기본 과업은 주도성을 성취하는 것이다. 만일 유아에게 개인적으로 의미 있는 활동을 선택할 수 있는 자유가 주어진다면, 스스로에 대한 긍정적인 관점을 발달시키고 자신의 프로젝트를 완수하는 경향이 있다. 만일 스스로 결정을 내리는 것이 허용되지 않는다면, 주도성을 얻기보다 죄의식을 발달시키는 경향이 있다. 그러면 적극적인 입장을 취하는 것을 피하게 되고 다른 사람이 대신 선택하도록 만든다.
6~12세	**잠복기(latency stage)** 이전 시기에서 성적 충동에 의한 고통을 겪은 후여서 상대적으로 잠잠한 시기이다. 성적인 흥미는 학교에서의 흥미, 놀이 친구, 스포츠, 다양한 새로운 활동들로 대체된다. 아이들이 외부에 눈을 돌리면서 다른 사람들과 관계를 형성하는 사회화의 시기이기도 하다.	**학령기(school age) : 근면성 대 열등감** 아동은 세상에 대한 이해를 확대시키고, 적절한 성 역할 정체성을 계속 발달시키며, 학업에서 성공하기 위해 필요한 기본 기술들을 배우기 시작할 때이다. 기본 과업은 근면성을 얻는 것으로, 이는 개인적인 목표를 설정하고 이루어 감을 통해 얻는다. 이에 실패하면 열등을 경험한다.

12~18세	**생식기(genital stage)** 남근기의 오래된 주제가 다시 나타난다. 이 단계는 사춘기와 함께 시작되고 노년이 시작될 때까지 지속된다. 사회의 규제와 금기가 있음에도 불구하고, 청소년들은 교우관계를 형성하는 것과 같은 사회적으로 허용될 만한 다양한 활동에 성적 에너지를 투자하거나, 예술이나 스포츠에 참여하는 것이나, 직업에 대한 준비에 참여함으로써 성적 에너지를 다룰 수 있다.	**청소년기(adolescence) : 정체성 대 역할 혼미** 아동에서 성인이 되는 과도기이다. 의존적 연대감을 통해 자신의 한계를 시험해 보기도 하며 새로운 정체성을 형성하는 시기이다. 주요 갈등은 자아정체성, 삶의 목표, 삶의 의미를 명확히 해가는 가운데 생겨날 수 있다. 정체성을 확립하지 못하면 역할 혼미를 경험하게 된다.
18~35세	**생식기가 계속됨** 성숙한 성인의 핵심적 특징은 자유롭게 "사랑하고 일함"에 있다. 이와 같은 성인으로 향해 가는 이동은 부모의 영향으로부터 벗어나서 자유롭게 됨과 다른 사람을 돌볼 수 있는 능력을 지닌다는 것을 의미한다.	**초기 성인기(young adulthood) : 친밀감 대 고립감** 이 시기의 발달과업은 친밀한 관계를 형성하는 것이다. 친밀감을 형성하는 것에 실패하면 소외와 고립으로 이어진다.
35~60세	생식기가 계속됨.	**중기 성인기(middle adulthood) : 생산성 대 침체감** 자신과 가족을 넘어서 다음 세대에 도움을 주고자 하는 욕구가 있다. 이 시기는 개인의 꿈과 실제 성취 간의 불일치가 맞춰지도록 조정해 가는 시기이다. 생산성을 심리적으로 경험하지 못하면 심리적 정체를 야기할 수 있다.
60세 이상	생식기가 계속됨.	**후기 성인기(later Wife) : 자아통합감 대 절망감** 만약 삶을 되돌아 볼 때 몇 가지 후회가 있지만 개인적으로 보람이 있었다고 느끼면 자아통합감을 얻게 된다. 자아통합감을 얻지 못하면 절망감, 무망감, 죄책감, 그리고 좌절감을 야기할 수 있다.

출처 : 조현춘 외(2003). 심리상담과 치료이론의 실제, p. 71.

마르시아(Marcia, 1980)는 에릭슨의 이론을 발전시켜 정체성 상태에 관한 연구를 진행하였으며, 정체성 상태를 정체성 위기 경험 여부(자신의 현재 상태와 역할에 대해 의문을 제기하고 여러 대안을 탐색하는 과정)와 과업에 대한 전념(자신에게 주어진 역할과 과업에 신념을 가지고 몰입하는 것을 뜻함)에 따라 네 가지로 구분하였다.

① 정체감 성취(identity achievement)

위기를 경험하고 일정한 직업과 이데올로기를 자기의사로 선택한 후 적극적으로 관여하고 있는 유형이다. 이 유형의 경우, 의사결정이나 선택이 부모의 희망과 같다 해도 그것은 신중한 검토와 고민의 과정을 거쳐 해결에 이른 것이다. 따라서 이 유형은 스스로 선택한 것에 자신감을 가지고 급변하는 환경과 예기치 않는 환경에 대해서도 능동적으로 대응한다. 또한 안정된 대인관계를 유지하고 적극적으로 이에 참여한다.

② 정체감 유예(identity moratorium)

현재 위기를 경험하고 있고 의사결정을 모색하고 있는 상태이다. 직업적 결정이 없기에 관여 정도는 애매하고 초점이 없다. 그러나 자기선택에 대해 노력하고 있는 것이 특징이며 정체성 혼미와는 구별된다.

③ 정체감 유실(identity foreclosure)

어떤 의사결정의 위기경험이 없으면서 특정한 직업과 이데올로기에 적극적으로 관여된 상태이다. 자기와 부모의 목표 간에 불화가 없으며 경직성이 특징이다. 적극적인 관여와 허세 부리는 태도로 인해 마치 획득형처럼 보일 수 있으나 부모의 가치관이 통용되지 않는 상황에 놓이면 즉시 당황하고 정체감 혼미에 빠지게 된다. 이 유형의 특징은 의사결정의 위기가 분명하지 않다는 것이다.

④ 정체감 혼미(identity diffusion)

과거위기의 경험 유무에 따라 위기 전 혼미형과 위기 후 혼미형으로 나뉜다. 위기 전 혼미형은 지금까지 자기가 진실로 어떤 인간이었는가의 검토경험이 없기에 자신에 대한 객관적 이해가 곤란한 경우이다. 부모의 방임적 교육태도, 즉 성장과정에서 본보기가 없고 자녀와 부모를 비교할 수 있는 일관된 모델이 제공되지 못한 경우이다. 위기 후 혼미형은 적극적으로 관여해야 할 일에 적극적으로 관여하지 않는 상태로서 무기력해 있는 상태이다.

관여 \ 위기	유	무
유	**정체감 획득** 성공적인 정체감 성취	**정체감 유실** 부모나 사회가 일반적으로 제시하는 가치체계에 대해 의문을 제기하지 않고 수용
무	**정체감 유예** 정체감 확립을 위한 적극적이고 능동적인 노력	**정체감 혼미** 정체감 확립을 위한 노력이 없고 정체감 확립에 대해 무관심함

|그림 1-2| 마르시아의 정체감 유형

4) 인지적 발달 특징

청소년의 지적 발달과 인지발달은 급격한 성장을 보인다. 아동기에 비해 훨씬 빠르게 지적 과업을 성취하며, 추상적인 사고와 연역적인 사고, 은유에 대한 이해가 가능해진다. 인지발달을 대표하는 이론으로 피아제(Piaget)의 인지발달이론과 비고츠키(Vygotsky)의 사회문화적 인지이론이 있다.

(1) 피아제의 인지발달이론

인간의 지식 획득은 선천적으로 주어진 인지기능을 가지고 내외부의 자극을 개인의 능동적인 활동을 통해 변형하고 재구성하는 과정 속에서 일어난다. 환경을 인식하고 이해하며 문제상황을 해결하려고 하며, 지식들을 보다 체계적으로 조직화하는 인지기능을 가지고 있다. 인지기능은 동화와 조절, 평행화를 통해서 이루어진다. 인지발달 단계는 감각운동기, 전조작기, 구체적 조작기, 형식적 조작기로 발달한다.

〈표 1-4〉 피아제의 인지발달 단계

단 계	연 령	주요 특징
감각운동기	출생~2세	• 감각과 운동을 통한 인지구조 발달 • 반사행동에서 목적을 가진 의도적 행동으로 발전 • 대상영속성 개념 획득
전조작기	2~7세	• 언어, 상징과 같은 표상적 사고능력의 발달 • 중심화 : 자아중심적 언어와 사고 • 직관적 사고
구체적 조작기	7~11세	• 구체적 경험중심의 논리적 사고 발달 • 보존개념 획득 • 유목화와 서열화 가능
형식적 조작기	11세 이후	• 추상적 상황의 논리적 사고 가능 • 명제적, 가설연역적 추리 가능 • 조합적 추리 가능

한편 엘킨드(D. Elkind, 1967)는 청소년기 사고의 특징을 '청소년기 자아중심성'으로 정의하고, 상상의 청중과 개인적 우화의 두 가지 문제로 나타난다고 하였다.

① 상상의 청중

자의식을 지나치게 과장한 나머지 자신의 행동이 모든 사람의 관심 대상이라고 생각하는 현상으로, 실제적이거나 가상적인 상황에서 자신에 대해 다른 사람이 어떤 반응을 할 것인지를 예측해 보는 것으로 항상 누군가가 자신을 지켜보고 있으며, 관심을 가지고 있다고 믿는 경향이다. 상대방을 깊이 이해하기보다는 타인이 자신을 어떻게 생각할까에 더 신경을 쓴 결과 상대방에 대한 이해의 폭과 깊이를 스스로 축소시킨다(박세영 외, 2017).

② 개인적 우화

자신의 경험은 독특하다 못해 특이하기 때문에 다른 사람과는 다르다는 강한 믿음으로 자신을 남들과는 다른 아주 특별한 존재로 느끼는 상태이다. 다른 사람이 경험하는 위기, 위험, 죽음이 자신에게는 일어나지 않으며, 혹시 일어나더라도 피해를 입지 않을 것으로 확신하고 성인에 비해 청소년이 보다 많은 위험 행동을 하는 것이다.

(2) 비고츠키의 사회문화적 인지이론

비고츠키는 인지발달의 결정요인으로 문화를 강조한다. 인지발달에 언어의 역할은 필수적이며, 문제를 해결하거나 중요한 목표를 달성하는 데 있어서 언어가 큰 역할을 한다. 아동이 스스로의 힘으로 문제를 해결할 수 있는 수준이 실제적 발달수준과 성인이나 유능한 또래로부터 도움을 받아 문제를 해결할 수 있는 수준인 잠재적 발달수준 간의 영역으로 정의된 근접발달영역의 확장은 인지발달에 큰 영향을 미친다.

(3) 청소년기의 사회인지

사회인지는 사회적 관계를 이해하는 능력이다. 다른 사람이 무슨 생각을 하는지, 어떻게 느끼는지를 아는 것은 다른 사람과의 원만한 관계를 유지하며, 청소년을 이해하는 데 필수적이다.

셀만(Selman, 1980)은 타인의 사고에 대한 아동의 조망수용능력의 발달을 사회적 조망수용의 발달 단계이론으로 체계화하였다(심리학용어사전, 2014).

〈표 1-5〉 사회적 조망수용 단계

단 계		연 령	주요 특징
0수준	자기중심적 관점 (egocentric viewpoint)	만 3~5세	개개인이 서로 다른 사고와 내적 세계를 가질 수 있다는 것을 이해하는 분화된 조망을 지니지만 각자의 조망 차이를 정확하게 판단하는 능력에는 한계를 갖는 주관적 조망
1수준	사회정보적 조망수용 (social-informational)	만 6~8세	타인과 자기 자신이 서로 구별되는 존재임을 인식할 수는 있으나 타인의 생각이나 감정 등 사회적 관점을 자신의 것과 구별하지는 못함
2수준	자기 반영적 조망수용 (self-reflective)	만 8~10세	타인이 그 사람만의 추론을 기반으로 하는 사회적 관점을 지니고 있으며, 이것이 자신의 관점과는 다를 수도 있다는 것을 알게 됨. 그러나 통합적인 관점보다는 하나의 관점에 초점을 두는 경향을 지님
3수준	상호적(mutual) 조망수용	만 10~15세	청소년기가 되면 상호적이고 동시적으로 자신과 타인 모두 서로를 대상으로 바라볼 수 있음을 깨달음. 제3자의 입장에서 나와 상대의 관점을 모두 통합하는 일반화된 타인조망 또는 상호적 조망 가능
4수준	사회 관습 체계적 조망수용 (social and conventional system)	만 14세~성인	사회의 전체적인 조직이나 체계의 관점에서 모든 것을 조망하는 사회 또는 심층적 조망 가능

(4) 지능과 창의성

지능은 일반적으로 어휘력이나 독해력과 같은 언어 능력, 논리적 사고와 건전한 판단을 수반하는 문제해결 능력, 그리고 환경적응 능력 등으로 정의된다. 창의성은 참신하고 색다른 방법으로 사고하고, 독특한 해결책을 생각해 낼 수 있는 능력으로 정의된다.

5) 도덕적 발달 특징

콜버그(Kohlberg)는 인지적 발달에 따라 도덕적 판단도 발달하는 것으로 본다. 콜버그의 도덕성 발달 단계에 따르면 청소년기는 '대인관계 조화(착한 소년과 착한 소녀) 지향'단계와 '법과 질서 지향'단계에 해당한다.

〈표 1-6〉 콜버그의 도덕성 발달 단계

수 준	단 계	연 령	주요 특징
전인습 수준	법과 복종의 지향	0~10세	처벌을 피하기 위해 도덕적 행동을 함
	개인적 보상 지향		자신의 욕구와 필요가 도덕성 판단의 기준이며 공평성 혹은 상호성이 중요
인습적 수준	대인관계 조화 지향	11~15세	착한 소년, 소녀를 지향하며 다른 사람의 기대와 인정을 받기 위해 행동함
	법과 질서 지향		사회적 질서와 권위를 지향하며 사회 기준에 따라 행동을 평가
후인습 수준	사회 계약 지향	20세 이후	최대다수의 최대행복을 지향하며 사회계약에 의해 의미를 이행하고 타인의 의지나 권리에 위배되는 행동을 피함
	보편적 도덕원리 지향		자신의 도덕적 가치에 따라 스스로 개인적 양심적인 행위가 올바른 행위라고 판단

피아제의 도덕성 발달은 타율적 도덕성과 자율적 도덕성으로 나뉜다. 타율적 도덕성은 6~10세에 해당하며 권위적 인물들의 규칙은 수정할 수 없는 것으로 보며, 행위자의 의도보다는 객관적인 결과에 근거해 행동의 옳고 그름을 판단한다. 청소년기는 자율적 도덕성 단계로 자율성 도덕성은 10~11세로 아동은 규칙이 사람들 간의 합의에 따라 도전을 받거나 변할 수 있는 임의적인 동의임을 깨닫는다. 행동의 결과보다는 행동의 의도를 파악하여 옳고 그름을 판단하며, 사람들의 필요에 따라 규칙을 위반할 수 있다고 생각한다. 사회적 규칙의 위반이 발견되지 않거나 처벌받지 않을 수 있다는 것을 경험으로부터 배우기 때문에 더 이상 내재적 정의를 믿지 않는다.

3. 청소년의 또래 관계

청소년은 가족관계에서 점차 벗어나 또래 집단의 영향력이 커지는 시기이다. 청소년의 중요한 발달과업 중 하나도 또래와의 친밀한 관계를 형성하는 것이다. 또래 집단(peer group)라는 용어는 다양한 의미로 해석할 수 있다. 비슷한 연령대의 매우 친한 친구들의 소집단을 의미하기도 하며, 반드시 친구는 아니더라도 연령이 비슷한 사람의 집단을 의미하기도 한다(오윤선 외, 2016). 또래 집단 구성원들은 상호작용하는 가운데 다른 집단과 구별되는 또래 집단 특유의 문화를 형성하기도 하는데 이를 또래 문화(peer culture)라고 한다. 또래 문화로서 비슷한 스타일을 통해 정체성을 확인하는 현상은 강요나 강제 없이 자발적, 암묵적으로 이루어지고, 이는 곧 '유행'하는 또래 문화가 된다. 특히 청소년은 사회적 역할의 확대 및 적응 문제를 겪으며, 남과 자신을 비교하여 열등감이나 우월감에 빠지기도 하는 정서적 변화의 특징을 갖는 시기이다. 또한 다른 사람의 생각을 자기중심적으로 추리하고 판단하여, 자신에 대해 생각하는 바를 잘 안다고 믿는 특성을 가진다(Robbins, 2012). 청소년의 또래 집단은 동년배 집단으로 연령과 신분이 비슷하며 함께 느끼고 행동하는 사람들끼리 자연스럽게 형성되는 모임을 말한다. 학교의 교사보다 또래 집단과 더 많은 시간을 보내고 공감대를 형성하는 과정에서 사회적인 관계를 배워나가고, 상호작용을 통해 역할 변화의 경험과 모방 및 사회적 비교를 하며 서로의 역할 모델이 된다. 따라서 또래 집단에 잘 적응해 가는 일은 청소년이 당면하는 가장 중요한 문제이기도 하다(서민경, 2012). 이 시기의 정체감 형성의 준거 틀로서 또래 집단의 교육관계는 큰 의미를 갖는다. 반면 또래 집단에 잘 적응하지 못하고 교육관계가 빈약할 경우 불안, 우울, 외로움 등의 정서적 문제에 영향을 미쳐 사회부적응을 초래하고(차은진 외, 2015) 원만하지 못한 교육관계는 학교생활에 적응하지 못하고 좌절을 겪는 등의 문제로 이어진다(안은영, 2020). 이처럼 청소년기 대다수의 청소년들이 소집단이나 또래 집단의 구성원이 되기를 원하는데, 또래 집단은 그 구성원에게 고유한 안정감과 지지를 부여함으로써 청소년들의 불확실한 자아의식에 편안함을 주며 또래 집단 내에서의 사회적 상호작용을 통해 행동규범과 가치를 발달시킨다. 냅(S. E. Knapp) 이론에 의한 청소년 또래 관계 형성과정은 〈표 1-7〉과 같다.

〈표 1-7〉 또래 관계 형성 과정

단 계	내 용	행동수준
1단계 시작	상대방에게 매력을 느끼고 관계를 맺고자 하는 마음을 갖는 단계	더 이상 관계 포기 피상적 수준의 관계 유지 더 깊은 관계 유지
2단계 실험	잘 모르는 상대방의 특성에 대해 알아보는 단계	관계 유지 여부에 대한 탐색
3단계 심화	단순히 '아는 관계' 수준에서 '친한 관계' 수준으로 넘어가는 단계	사적, 개인적 부분을 공유
4단계 통합	심리적으로 하나가 되는 단계	태도, 견해, 흥미 분야가 비슷해짐. 신뢰 및 자기 노출 심화
5단계 동맹	앞으로 모든 관계에서 만족하고 서로 간의 관계를 공식화하는 단계	서로에 대한 기여, 헌신 요구 새로운 규정 및 행동 규율 마련 윈윈(win-win) 관계

출처 : 유수현(2009). 인간관계론, p. 72.

이러한 또래 관계는 연령 증가에 따라 그 특성이 달라지는데, 청소년 초기(11~13세)에는 친구 간의 상호작용, 깊은 감정 등은 아직 생기지 않고 오히려 무엇인가 같이 활동할 수 있는 대상이라는 관념이 강하여 단순한 활동에 중점을 두고 친구 관계가 형성된다. 청소년 중기(14~16세)에는 서로 간의 안정-충실성에 바탕을 두고 서로 버림받거나 배반당하지 않는 신뢰성이 중심 주제가 된다. 청소년 시기에 같은 문제를 안고 살아가는 친구를 통해 자기 자신을 비추어 보고, 또 자신이 가진 감정 비밀을 공유할 대상으로서의 친구가 필요하기 때문이다. 청소년 후기(17세 이후)에 와서는 친구 관계가 긴장이 이완된 상태로 굳어져 서로 버림받을 위험성과 불안은 중요하지 않고, 개인의 성격과 흥미가 더 중요한 요소가 된다(윤 진, 1992). 이러한 청소년 또래 집단의 기능은 다음과 같이 나누어 볼 수 있다(정재걸, 1992). 첫째, 또래 집단은 청소년들 개개인을 가족으로부터 독립시키는 개별화, 분리화 과정을 돕는다. 둘째, 또래 집단은 사회화의 기능을 한다. 청소년들의 또래 집단은 타인과의 대등한 관계에서 인간관계를 맺어 볼 수 있는 유일한 곳으로, 청소년들은 또래 관계 속에서 자신의 주장을 관철시켜 보기도 하고, 다른 친구의 주장에 굴복하기도 하며, 서로 타협해 나가며 장차 시민사회의 구성원으로서의 자질을 배움으로써 사회화의 기능을 담당한다. 셋째, 또래 집단은 유희의 충족기능을 한다. 청소년 또래 집단은 학생들의 삶 속에 잠재되어 있는 유희성을 충족시켜 청소년의 삶을 보다 활발하게 만들어 준다. 넷째, 또래 집단은 정보의 확인 기능을 한다. 청소년들이 정보를 얻는 통로는 교사, 부모, 스마트 미디어, 대중매체 등 다양하다. 그러나 학습과 관련된 정보를 제외한 일체의 정보는 또래 집단의 준거를 통해 수용되거나 혹은 배제된다. 청소년들은 어른들이 하는 이야기나 매체에서 얻은 지식의 타당성을 같은 집단의 성원으로 이루어진 또래 집단을 통해 확인하게 된다.

생각해 보기

- 청소년기의 개념과 정의에 대해 각자의 논리대로 정리해 보자.
- 청소년기의 다양한 특성인 신체적, 정서적, 사회적, 인지적, 도덕적 발달, 또래 관계의 특징을 각자의 논리대로 정리해 보자.
- 과거 자신의 청소년기를 생각해 보면서, 어떤 특성을 보였는지 이론과 연관 지어 생각해 보자.

참고문헌

박선숙 · 윤기혁 · 이솔지 · 김남숙 · 송나경(2023). **청소년지도방법론**. 서울 : 학지사.

박세영 · 권혁철 · 박창호 · 강혜자 · 이영순 · 김호영 · 강정석 · 서장원(2017). **심리학 개론**. 서울 : 센게이지러닝코리아.

서민경(2012). 학교 내 또래문화의 형성과 전파 : 노스페이스 현상을 중심으로. 부산대학교 교육대학원 석사학위논문.

심리학용어사전(2014). 네이버지식백과.

안은영(2020). SNS 이용이 청소년의 교육관계에 미치는 영향 : SNS중독과 사이버 폭력 또는 사이버블링을 중심으로. **사회복지경영연구, 7**(2), 257-273.

오윤선 · 황인숙(2016). **청소년지도방법론**. 경기 : 양서원.

유수현 · 오수희 · 길기숙 · 이재령 · 이재호(2009). **인간관계론**. 경기 : 양서원.

윤 진(1992). 청소년에 관한 심리학적 연구방향. **청소년학연구**, (1), 21.

정옥분(2008). **정서발달과 정서지능**. 서울 : 학지사.

정재걸(1992). 한국교육의 종합이해와 미래구상 학생들의 삶과 문화편. 한국교육개발원, p. 58.

차은진 · 김경호(2015). 중학생의 또래 애착이 휴대전화 의존에 미치는 영향 : 우울의 매개효과 검증. **한국사회복지조사연구, 444**, 79-108.

최상진(2004). 한국문화에서 청소년이란 무엇인가?. **한국심리학회지 : 문화 및 사회문제, 10**(4), 11-28.

통계청(2022). 장래인구추계.

홍인종(1994). 상담학에서 본 청소년. **성격에 나타난 청소년 상담학**. DBpia.

Carter, Betty & McGoldrick, Monica(1996). **가족생활주기와 가족치료**. 정문자 역. 서울 : 중앙적성출판사.

Corey, G.(2003). **심리상담과 치료이론의 실제**[*Theory and practice of counseling and psychotherapy*]. 조현춘 · 조현재 공역. 서울 : 시그마프레스.

Danid Elkind(1967). Egocentrism in Adolescence David Elkind. *Child Development, 38*(4), 1025-1034.

G. Stanley Hall(1904). *Adolescence : Its Psychology and its Relations to Physiology,*

Anthropology, Sociology, Sex, Crime, Religion, and Education. 2 vols. New York : D. Appleton & Co.

Robbins, S. Robbins, P. Chatterjee, & E. Canda(2012). *Contemporary Human Behavior Theory : Critical Perspective for Social Work*(3rd ed.). Boston, MA : Allyn & Bacon.

Selman, R.(1980). *The growth of interpersonal understanding*. New York : John Wiley & Sons, Inc.

02

Chapter

청소년지도의 기초

학습목표

- 지도대상 청소년의 지도공간에 대한 명확하고 객관적인 기준점을 마련한다.
- 청소년들의 다양한 욕구를 충족시키고, 건전한 인성을 육성하고, 대안교육으로서의 바람직한 사회구성원으로의 성장을 지원한다.
- 자율적인 참여를 원칙으로 흥미와 관심, 즐거움이 있는 지도를 한다.

학습개요

청소년지도자는 청소년지도의 올바른 개념을 정확히 이해하여 청소년들이 바람직하고 건전하게 성장할 수 있도록 지원하고자 하며 청소년 개개인의 긍정적 잠재능력을 다양한 지도방법으로 개발한다.

Chapter 02

청소년지도의 기초

1. 청소년지도의 개념과 의미

1) 청소년지도의 개념

청소년지도를 위한 프로그램의 기초 개념의 이해를 위해서는 청소년활동에 대한 개념을 명확하게 할 필요가 있다. 현재 청소년활동에 관한 정의는 명확하게 밝혀지지는 않았지만, 기존의 학교 교육에서 부족한 부분을 보완하는 보조적 수단으로 여겨지고 있다.

청소년이 바르게 성장하도록 학습 및 학습 이외의 모든 자원을 총동원하여 인체의 오감을 활용한 다양한 영역의 경험을 일정한 양식과 구체적인 틀에 의하여 받아들임으로써 건강한 성장이라는 의도한 목적을 얻도록 하는 행위를 일컫기도 한다.

청소년지도의 개념은 특정으로 규정될 수 있는 것이 아니다. 사회문화적 변화와 시대의 흐름에 따라 그 강조점이 달라질 뿐만 아니라, 오늘날의 청소년지도의 의미가 일제강점기나 1960~1970년대의 의미와는 다르기 때문이다(한국청소년개발원 편, 1993).

'청소년지도'라는 개념이 등장한 것은 최근의 일이지만, 일상생활에서는 청소년지도를 기반으로 하는 유사한 개념과 용어들이 널리 사용되어 왔다. 한국청소년개발원(2000)에서는 청소년지도의 개념이 전근대적인 농업사회가 산업혁명을 통해 산업사회로 전환되는 과정에서 필연적으로 생겨날 수밖에 없는 사회교육의 필요성에 대한 응답으로서 생겨난 것이라고 정의하였다.

청소년지도의 정의에 대한 변화를 본다면 1960년대에는 학교 교육의 보충 수단이었고, 1970년대 이후에는 부적응 청소년의 선도에 대한 개념으로, 1980년대 들어서는 이러한 청소년선도의 개념을 불순하게 인지시키는 정의가 되기도 하였다.

그러나 학문적 개념은 일상생활 속의 용어와 다르게 정의되기도 한다. 학문연구를 위한 학문 세계에서의 정의는 엄밀하게 합의된 개념으로 도출되어야 한다. 따라서 '청소년지도'라는 개념을 여러 학자들이 다음과 같이 정의하였다.

- **문용린(1997)** : "청소년지도는 청소년들에게 포괄적인 삶의 경험을 제공해서 그들 나름대로의 삶을 즐기고 영위해 나가게 함으로써 성인이 되어가는 그들의 노력을 적극적으로 지원해 주는 것이다."
- **오치선 외(2001)** : "청소년지도는 학교 교육에 있어서 교사가 수행하는 역할을 의미하는 교수(teaching)에 대응하는 개념으로서, 청소년육성의 영역에서 그 내용과 관련한 구체적 상황에서 청소년들을 지원함으로써 그들의 도덕적 능력을 함양하고자 하는 활동을 말하며, 보다 좁은 의미로는 일정한 자격과 능력을 가진 청소년지도사가 청소년수련을 지원하는 활동을 뜻한다."

- **김진화(2004)** : "청소년지도는 청소년들이 그들의 생활세계에서 직면한 여러 가지 문제(교육적, 가정적, 사회적, 직업적, 신체적, 정서적 문제)를 해결할 수 있도록 적극적으로 개입하고 지원하며, 청소년들의 재력(인지적, 사회적, 정서적, 신체적 영역)이 바람직하고 건전하며 온전한 상태로 성장할 수 있도록 조력하고 지원하는 조직적인 일련의 과정을 말한다."
- **한상철(2004)** : "청소년지도는 전문지도사가 청소년을 지도하는 행위 또는 과정으로서 상담의 의미를 내포하고 있으며, 청소년들로 하여금 자기주도적 능력을 갖도록 환경을 조성하고 안내하고 지원하는 일련의 조력 활동이다."

2) 청소년지도의 의미

여러 학자들이 다양하고 폭넓게 청소년지도에 대한 개념을 언급하였다. 이들의 청소년지도에 대한 공통의견을 중심으로 청소년지도에 대한 개념을 정의해 보았다.

- '그들 나름대로의 삶을 즐기고 영위', '도덕적 능력을 향상', '바람직하고 건전하며 온전한 상태로 성장', '자기주도적 능력을 갖도록' 등과 같은 어휘에서 알 수 있듯이 청소년지도의 목적 지향성, 가치 함축성을 담고 있다. 청소년지도는 몰가치적이거나 자유방임적인 것이 아니라 일정한 가치와 목적을 지향한다(가치 지향성은 청소년지도가 청소년을 위한 활동이라는 점을 나타내는 것이다).
- '지원', '조력', '조성', '안내' 등과 같은 용어에서 보듯이 청소년지도의 실체적 지도활동 내용을 담고 있다. 청소년지도의 실체는 청소년활동을 지원하고 안내하는 과정이지 어떤 이념이나 가치, 내용을 처방적으로 지시하거나 주입하는 것이 아니라는 점이다. 또한 청소년지도는 정태적, 일지시적, 비체계적인 것이 아니라, 어떤 과정을 통해서 이루어지는 동태적, 지속적, 체계적인 일련성을 지닌다는 것이다.
- 청소년지도의 주체와 객체를 포함하고 있다. 청소년지도의 주체는 '전문지도사'라는 용어에서 보듯이 전문적 능력과 경험을 갖추고 있는 청소년지도사, 청소년상담사로 대표되는 청소년지도 전문가를 의미한다고 할 수 있다. 청소년지도의 객체는 당연히 청소년이다. 따라서 청소년지도는 청소년에 대한 활동이다. 오늘날 청소년의 참여가 강조되면서 청소년지도에 있어서도 청소년의 참여기회가 다양하게 주어져 있지만, 청소년지도는 청소년지도 전문가와 청소년의 관계 속에서 이루어진다.

청소년지도에 대한 정의에는 다양한 용어와 개념이 들어 있지만 공간적 범주에 대한 언급이 없는 것이 아쉬움으로 남는다. 최근에는 청소년지도활동이 다양한 모습으로 전개되면서 청소년의 긍정적인 문화 형성에 주목하고 있다. 이전의 선도, 계도, 인도하는 차원의 지도가 아니라 조화롭고 바람직하게 살아갈 수 있도록 공동체의 삶을 체험시키는 방향으로 이루어지고 있는 것이다. 이러한 청소년지도는 과거 특정 문제 청소년에 대한 지도가 아니며, 청소년단체나 기관들이 일회성으로 하는 행사의 모습이 아니라는 것이다. 이는 청소년 개인의 성장과 공동체적 삶의 체험증가를 조력하는 모습으로 청소년지도가 이루어지고 있다는 것을 의미한다.

이러한 방향성은 청소년 인성의 성장에 도움을 주지만 청소년지도의 외적인 부분이 지나치게 확장되어 개념의 범주가 모호하게 되기도 한다. 이러한 모호성에 대한 리스크를 감소하게 하기 위해서는 '지도공간'에 대한 요인이 포함되어야 한다. 현재 '지도공간'에 대한 명확하고 객관적인 기준점을 마련하기는 어렵지만, 학교 교육과 대비되어 청소년지도의 역사성과 청소년 현상에 대한 적절한 대응이라는 기준에 입각하여 생각해 볼 수 있어야 한다.

청소년지도의 다양한 개념 정의는 공통적으로 추구하는 내용을 담고 있다.

첫째, 청소년은 단순히 수동적이며 일방적인 서비스 수혜자가 아닌 자기의사결정의 주체이자 청소년지도자와 수평적이고 유기적인 상호작용 관계를 맺고 변화를 일으키는 동력으로서의 의미를 지니고 있다(오윤선 · 황인숙, 2018).

둘째, 청소년지도는 "여러 가지 문제를 해결할 수 있도록 적극적으로 개입하고 지원", "바람직하고 건전하게 성장", "도덕적이고 전인적인 인간", "청소년의 긍정적인 잠재적 역량을 최대한 계발하여 인간적 성장과 시민적 역량 강화", "청소년문제의 발생을 예방하고 위험요인으로부터 보호", "청소년을 긍정적으로 보고 청소년의 역량을 계발하고 강화" 등과 같은 문장에서처럼 가장 최우선의 목적은 청소년이 조화롭게 발달된 모습으로 성장하는 것이다.

2. 청소년지도의 중요성과 필요성

1) 청소년지도의 중요성

청소년지도의 중요성은 청소년들에게 직접적으로 자연과 일상생활 등에 필요한 여러 가지의 경험과 탐색의 기회를 제공하는 데 있다. 이러한 활동을 통하여 청소년들이 일상의 긴장과 스트레스에서 벗어나 건강한 인성을 함양하도록 하고, 청소년지도에서의 집단적 활동을 통하여 연대와 단결을 강화하여 인간관계를 증진시키기도 한다.

이처럼 청소년지도의 중요성은 광의적 의미와 협의적 의미로 나누어진다.

- 광의적 의미의 중요성 : 청소년의 성장을 위한 목적을 달성하기 위한 모든 계획적인 활동을 연구하는 학문적 활동을 의미한다. 즉, 청소년지도에 필요한 많은 수단과 행위를 포함한 일체의 운영방법 및 개발에 대한 연구를 의미한다.

- 협의적 의미의 중요성 : 청소년지도에 있어서 효율적으로 도움을 주기 위해서 청소년을 기술적으로 지도하는 것을 포함한다. 전략과 지도기법, 기술 등이 포함되는 개념으로 볼 수 있다.

이러한 광의와 협의의 지도 중요성과 더불어 청소년 스스로가 자신이 원하는 체험기회에 참여함으로써 경험의 내적 강화를 이루게 되고 자신이 속한 집단 속에서 해야 할 역할과 참여의 위치 등을 스스로 정함으로써 내적 동기화를 유발하는 데 청소년지도는 중요한 의미를 가진다(권일남 외, 2010).

청소년지도는 청소년들의 발전과 안녕을 촉진하기 위해 중요한 역할을 한다. 청소년기는 개인적, 사회적, 심리적으로 많은 변화가 일어나는 시기로 적절한 지도와 지원이 필요하다. 이에 따라 청소년지도의 중요성은 〈표 2-1〉과 같다.

〈표 2-1〉 청소년지도의 중요성

주요 항목	주요 세부 내용
자아개발	• 청소년기는 자아개발과 신체적 성장이 두드러짐 • 자신의 능력과 관심사를 발견 • 진로 및 학업 방향을 결정 • 청소년지도자는 과정지원과 조언제공
문제해결과 의사소통	• 대인관계, 갈등, 스트레스 등 다양한 문제발생이 쉬움 • 문제에 대한 대처능력을 지도 • 청소년지도자는 문제해결 기술과 적절한 의사소통방법 지도
리더십 및 시민의식	• 리더십 기술개발 • 사회적 책임감 양성 • 미래 시민으로서의 역할수행과 사회적 기여역할
위험행동 예방	• 위험행동 시도 및 알코올, 마약 등의 중독위험이 있음 • 건강한 생활습관과 안전한 선택 촉진

심리적 지원	• 정신적으로 어려운 시기를 겪고 있으며, 스트레스, 우울, 불안과 같은 문제에 직면 • 심리적 지원을 제공 • 전문가에게 연결해 주는 역할
가치와 윤리교육	• 윤리적인 가치와 도덕적인 선택을 배워야 하는 시기 • 가치교육을 통한 도덕적으로 성숙하고 사회적 책임감 있는 시민으로서 성장하도록 도움
사회통합	• 다양한 배경과 문화를 가진 청소년 포용 • 사회적인 다양성을 존중하고 활용하는 방법을 습득 • 사회통합과 포용적인 사회를 형성하도록 도움

2) 청소년지도의 필요성

청소년들은 문화의 주력과 혼동을 동시에 경험하는 세대로 이루어져 있으며, 이러한 청소년들을 이해하기 위해서는 궁극적으로 청소년기를 형성하고 있는 외적 환경과 문화 속성을 이해하여야 한다. 기존세대는 사회적 변화에 대한 걱정이 많이 있는 반면에 청소년기는 새로운 사회를 선도하는 SNS와 앱, 기기의 선두적인 소비계층이기 때문이다.

특히 새로운 SNS나 정보 매체의 변화는 청소년들에게 기존세대가 잘못하고 있다는 개념과 정보를 사실(fact)확인 없이 제공하고 있어서 이를 견제하거나 억제하려 하지만 실질적으로 통제할 수 있는 방법이 없다. 사실 전 세계적으로 정보의 통제방안을 강구하고 있기는 하지만 통제가 심할 경우 미디어 공황과, 청소년과 기성세대, 부모세대와의 교육적 갈등을 유발하는 심각한 요인으로 대두되고 있다.

SNS와 여러 전산망이 여가시간 활용이나 교육적 의미로 활용되고 있는 상황에서 가정, 학교, 직장 등에서 경계지역 없이 이루어지고 있어서 이를 통제하기에는 쉽지가 않다.

코헨(Stanley Cohen)은 『무모한 사람과 도덕성 상실(folk devils and moral panic)』(1972)이라는 저서를 통해 '도덕적 패닉'이라는 용어를 규정하고 도덕성 상실에 대하여 사회과학자들이 청소년들의 개별성과 창의성을 있는 그대로 인정하거나 사회에서 세력을 유지하는 세대로 보기보다는 단순하게 문제를 야기하는, 그리고 보호를 해줘야 하는 세대로만 규정하도록 하였다.

도덕적 패닉 현상들은 대체로 청소년문화와 연계되어 있으며, 그들의 행동은 일탈과 범죄행위로 규정되기도 한다. 사회적 일탈행동은 문화의 흐름을 타서 유행하거나 자의식과 인지에 대한 윤리적 개념이 형성되지 않은 청소년들에게 맹목적으로 흡수되기도 한다. 최근 '묻지마 범죄'나 불특정 다수를 향한 분노에 의한 범죄들이 발생하면 대중매체는 어떤 상황이 발생했는지를 영상으로 보여주며, 기사들은 왜곡되고 과장된다. 즉, 이러한 사건은 극도로 위협적인 것으로 묘사되고 몇몇 항목들은 상징적으로 묘사된다(상징화). 청소년들이 이러한 상징성을 무개념적으로 받아들이며 어리석은 행동을 따라하기도 한다. 이러한 범죄를 청소년기는 현실도피적 개념으로 꾸미기도 한다. 청소년 시기에 현실도피는 청소년 발달에서 위험한 요소이다. 사회 · 심리적으로 불안한 청소년 시기에는 이러한 현실도피를 통하여 불안정성을 해소하고자 한다.

즉, 청소년 개개인들에게 쾌락적 충동에 대한 통제 부족, 신경질적인 반사회적 사고, 콤플렉스 등으로 나타나는 낮은 자아개념들을 사회적으로 지도하고, 바른 인성을 교육하기 위해 청소년지도는 필수 교육요소가 되어야 한다.

최근에는 문화 창출로서의 청소년지도 필요성이 강조되고 있다.

기존의 청소년지도는 학습지도의 보조 개념으로서 필요성을 강조하여 왔다. 그러나 학습시장의 변화는 개인 중심으로 이루어지고 있으며, 교육의 양적 · 질적 변화는 학습여건의 변화와 더불어 자연스럽게 이루어지고 있다. 청소년지도와 비교하여 본다면 그간 청소년교육의 핵심은 제도권 내 학교 교육이 중심이 되어 벗어나는 것에 대한 긍정적 인정을 하지 않았다. 이에 대한 문제점과 비판의식이 거세지면서 대안교육의 형태로 청소년지도의 필요성이 야기되기도 하였다. 청소년들이 성장하면서 사회적 지위와 관련된 정보는 성인으로 성장하는 데 중요한 역할을 한다. 청소년들을 매 시기 '새로운 세대'로 규정하는 것은 청소년들이 여가 산업과 스포츠 시장, 노동시장의 문화를 형성하기 때문이다. 청소년들이 오늘날과 같은 복잡한 사회구조 속에서 자신들의 올바른 문화 형성과 분위기를 형성하는 세력으로 나아감에 있어서 적절한 정보획득이 선행되어야 한다. 이는 종종 정보화 사회(Meuwese, 1992 : 59) 속의 청소년 역할이라는 의미로 받아들여지고 있다.

그러나 실제 청소년들은 그들이 생활하고 있는 지역사회와 다양한 공익적 문화 활동에는 만족하지 못하고 있으며 흥미를 느끼지도 못하고 있다. 대다수의 청소년들은 성인들의 안내와 지도를 전혀 받지 못하고 있으며, 여러 위협에 노출되어 있기도 하다.

청소년기는 도전을 위한 시기로 표방되었지만 현재 청소년은 많은 사회적 위험의 노출에 직면하고 있다. 많은 청소년들이 흡연, 알코올 남용, 불법 마약 복용, 불법 도박의 유혹에 시달리고 있다.

지역사회와 가정에서의 삶의 양식이 변화하고 있고 그 안에서 청소년들은 보호를 받지 못하여 심리적 소외감을 느끼는 대상이 되고 있다. 이러한 생각은 그동안의 청소년지도가 본 기능을 제대로 하지 못하였거나 효과적이지 않았음을 의미한다. 크게 이슈가 되는 사건(청소년자살, 청소년 중심의 비행사건)이 발생하면 청소년지도의 효율성을 언급하지만 시간이 흐르면 자연스레 제자리로 돌아와 있는 경우가 많다.

지난 시기 동안 청소년지도에 있어서 예방적 논의와 실행을 하였지만 빠르게 변화하는 청소년문제의 위험에 대한 대응으로 청소년지도가 인식되고 있는 것이 현실이다.

청소년지도는 청소년들의 전반적인 발전과 안녕을 촉진하며, 그들이 미래에 대비하고 성공적인 어른으로 성장할 수 있도록 지원하는 중요한 역할을 해야 한다.

(1) 다양한 청소년들의 욕구충족

청소년들이 신체적 성장과 변화를 경험하는 시기에 심리적 혼란과 정서적 불안감을 극복하고 자아의 독립을 발견하는 동기가 되는 활동을 해야 하며, 따라서 새로운 가치관과 인성, 윤리성 등을 발현할 수 있도록 다양한 청소년들의 욕구를 충족시켜 주어야 한다.

(2) 건전한 인성의 육성

청소년들이 새로운 것을 직접 보고 경험하는 과정을 통해서 새로운 인성과 자아를 탐색하고, 자신의 내면에 존재하는 능력을 개발하도록 해주어야 한다. 청소년만의 건전한 인성에 대한 의미를 더욱 명확하게 하고, 어려움과 역경을 극복하는 과정을 통해 건전하게 육성하여 건강한 성인으로 성장할 수 있게 된다.

(3) 대안교육

청소년들이 수련활동 등을 통해 체험교육이 주는 중요한 의미를 알아가고, 지식과 이론 중심의 교육에서 벗어난 교육을 경험할 수 있도록 한다. 청소년들이 경험할 수 있는 여러 사회적 상황과 문제에 있어서 해결하기 위한 사전 대안교육으로 지도할 수 있어야 한다.

(4) 바람직한 사회구성원으로서의 성장

청소년들이 중요한 인격적 성장을 위해서 수련하는 과정을 안전하게 제공하는 것이 청소년지도의 중요성이다. 청소년들이 자발적 참여를 통하여 몸과 마음을 단련하고 본인의 진로개발과 탐색을 경험하는 기회를 가질 수 있도록 한다.

이처럼 청소년들을 위한 지도는 중요한 사회적 역할을 하고 있으며, 청소년들의 수가 감소하고 있는 오늘날에 더욱더 그 필요성이 강조되고 있다.

3. 청소년지도의 원리

청소년지도의 원리는 자발적이고 자기주도적인 참여 촉진과 학습활동에 초점을 맞춘다. 물론 청소년과 참가자의 상호 학습의 효과를 증대시키는 것에 초점을 맞추기는 하지만 수련활동이 전개되는 현실성을 고려하여 적절한 지도방법을 적용할 수 있어야 한다.

청소년지도 원리의 기본은 다양한 방법을 융통성 있고 조화롭게 활용하는 지도방법에 초점을 두면서도 능률적이고 효과적인 지도방법에 관심을 기울이고 있다. 이러한 이론적인 원리는 청소년과 참가자의 참여를 촉진시키는 데 초점을 맞추며 유희·오락적 기능을 발휘할 수 있는 지도방법의 활용으로 이어진다.

2000년도 한국청소년개발원에서는 청소년지도의 실행에 있어서 여러 가지 고려해야 할 사항이 존재한다는 것을 인지하고, 청소년지도의 실행에 있어서 일반적으로 간주해야 할 실천원리를 다음과 같이 제시하였다.

첫째, 청소년지도는 청소년의 욕구를 충족시킬 수 있어야 한다. 청소년지도는 사회교육의 한 영역으로서 청소년의 직접적인 욕구와 관심에 초점을 맞추어 필요한 도움과 급부를 제공할 필요가 존재한다. 청소년활동이 청소년의 자율참여를 기본으로 한다면, 이 자율참여는 청소년의 욕구가 가장 큰 요소로 작용한다. 어떠한 욕구를 가지고 있느냐에 따라 그들을 활동 프로그램에 참여하게 하는 방향점이 되기 때문이다. 인간은 욕구를 가지며 그 욕구를 충족시키기 위한 노력을 한다. 그 욕구가 충족될 때 행복감을 느낀다. 하지만 이 행복의 반대편에서는 비판적 의견도 존재한다. 모든 욕구에 대한 직접적 만족과 충족이 거부되어야 하는 경우도 있다. 이 점에서 볼 때, 청소년지도는 이러한 상반된 관계를 어떤 전략으로 만족시켜 가면서 행해져야 하는지에 대한 명료한 해답을 찾아야 하는 과제를 가지고 있다.

둘째, 청소년지도는 자기결정 능력을 향상시킬 수 있어야 한다. 청소년기는 시기적으로 성인으로서의 발달과정에서 개인적 자율성, 스스로의 책임성 등을 열망하는 시기이다. 이런 열망의 충족과 그들의 자기결정 능력을 키워 나가는 데 도움을 주는 청소년지도 과업이 존재한다. 이 과업은 청소년이 비판적인 문제 직시와 해결 능력, 사회 연대적이고 책임감 있는 행위, 그리고 자발적 참여 능력을 키우는 것으로 볼 수 있다. 청소년지도 원리에 있어서 자발적 참여는 자발적 행동으로 연결된다. 함께 행함이란 참가한 또래 청소년들과의 활동에 적극적으로 참여함을 의미한다.

셋째, 청소년지도는 자율참여를 원칙으로 한다. 청소년지도는 청소년에게 강제성을 띠어서는 안 된다. 반강제적 또는 뒤에서 밀어붙이는 식으로 청소년을 동원하며 활동 프로그램에 참가시킨다면 그 사업은 도덕적으로 실패한 것이다. 자율적 참여는 교육적 의미뿐만 아니라 민주주의 기본 원칙을 학습해 나가는 청소년지도의 이론적 정의를 형성하는 의미를 갖는다.

넷째, 청소년지도는 청소년의 흥미와 관심이 중요하다. 관심은 주로 언어적 형태로 표현된다. 청소년이 자신의 관심을 언어적 형태로 표현했을 때 지도자는 그것을 관심으로 알 수 있게 된다. 관심은 항상 의식적, 표현적 모습을 보인다. 흥미는 만족을 추구할 뿐만 아니라 실현 가능성을 높여준다. 흥미는 청소년사업 외에도 이미 교육 사업에서 중요한 요소로 자리 잡고 있다. 이 점에서 볼 때, 흥미와 관심은 청소년지도의 중요한 요소가 된다.

다섯째, 청소년지도는 청소년을 존중해야 한다. 고대로부터 현대에 이르기까지 청소년을 보는 관점은 문제와 일탈, 그리고 비행을 일삼는 소수 집단으로 보는 부정적 입장이 팽배하였다. 하지만 대다수의 청소년은 부모나 친구들과 원만한 관계를 유지하는 동시에 사회적인 가치도 아무런 문제없이 수용하며 행동하는 등 순조롭게 적응한다. 지도자가 청소년을 어떠한 관점으로 바라보느냐 하는 것은 청소년지도자가 청소년을 대하는 태도는 물론 청소년과 청소년지도자의 관계 형성 및 프로그램의 효과, 그리고 궁극적으로 청소년의 전인격에 영향을 미친다. 청소년은 비인격적 존재가 아니라 이 시기만의 독특한 발달 특성을 지니고 있으며 자율성, 책임성, 권리, 참여, 시민성을 지닌 존재라는 점을 인식해야 한다.

여섯째, 청소년지도는 즐거움이 있어야 한다. 청소년을 지도하는 방법에 있어 강조되어야 할 가장 중요한 요소 중 하나는 즐거움이다. 영상매체의 숲에서 자란 오늘날의 청소년은 과거에 비해 매우 감각적이고 감수성이 풍부하다. 심각하고 따분한 것은 싫어하고 재미있고 즉각적인 반응을 추구한다. 이들은 '지금-여기'의 현실 중심적 가치를 추구하며 일상의 소중함과 즐거움을 추구하는 행동양식을 지니고 있다. 따라서 청소년지도방법에 있어서도 오락적 기능을 발휘할 수 있는 지도방법을 활용하는 것이 요구된다. 청소년이 프로그램을 통하여 진심으로 즐거움을 느끼고 감동을 받을 때 비로소 그들은 자발적, 적극적으로 참여하게 되고 지도자가 의도했던 변화에 도달할 것이다. 다만, 유의해야 할 사항은 청소년지도가 단순 즐거움만으로 끝나지 않도록 목적 및 방향성을 유지하는 것이다.

이처럼 청소년들은 제각기 다양한 특성과 욕구를 가지고 있다. 때문에 청소년지도자들은 청소년들의 욕구를 획일적이 아닌 다양한 방법과 원리로 지도할 수 있어야 하며, 크게 세 가지 원리의 틀을 가지고 있다.

〈표 2-2〉 청소년지도의 필요성

구 분	필요성
자율참여의 원리	• 청소년 스스로가 청소년활동 참여의 주체가 되며, 자신의 참여목적을 달성하도록 하는 원리이다. • 자발적이고 능동적인 참여는 효과의 증진 및 지속적인 참여를 유발하는 동기가 된다. • 공급자 중심의 청소년지도 활동이 수요자 중심의 유연한 청소년지도로 패러다임이 변화하며 피동적 존재가 아니라 주체적인 능동적 존재가 된다.
인간관계 개선의 원리	• 인간관계 개선의 원리는 청소년들이 인간에 대한 이해의 폭을 넓혀서 삶의 주체성과 사회성 등을 긍정적인 자아개념으로 형성하도록 하는 원리이다. • 청소년지도 과정에서 다양한 인간관계를 하게 되며 이러한 관계를 통해 통찰력과 대인관계 개선의 성장을 체험하게 된다.

문제해결의 원리	• 현실적인 원리에 입각하여 볼 때 문제해결 능력이란 문제를 중심매개로 하여 바르게 해결하고 이를 통한 간접경험 및 직접적 해결방안에 대한 학습으로 볼 수 있다. • 현실에서 발생할 수 있는 많은 청소년문제에 대한 안전한 경험과 간접해결을 통한 문제해결 능력을 함양하게 된다.

〈표 2-3〉 청소년지도의 의의

구 분	의 의
자율참여의 원리	자율참여를 self-directed participation과 같은 용어로 본다면 '참여'를 중심에 두는 것을 알 수 있다. 이는 외적인 강압과 구속에서 자유롭다는 것을 의미하며 개인적 가치관과 신념을 중심으로 청소년지도 활동에 참여하는 것으로 본다. 참여는 주어진 역할을 부여받아 그 수행을 하는 것을 의미한다.
인간관계 개선의 원리	청소년을 포함한 모든 인간은 관계의 산물이다. 인간은 태어나면서부터 관계의 구조 속에서 살아가며 만남을 통해 타인의 삶을 이해한다. 인간관계는 집단을 형성하며 집단 응집력과 집단과정을 통하여 독특한 구조형성과 발전을 만들어 낸다. 그리고 그러한 인간관계에서 개선을 청소년지도를 통해 시기적으로 이루어 낸다.
문제해결의 원리	문제해결의 원리는 청소년지도에 있어서 문제의 인식단계를 시작으로 하여 대안을 결정하고, 정보를 수집한다. 이러한 단계를 거쳐 대안을 평가하고 실행 가능한 해결책을 선택한다. 마지막 단계로 선택을 실행하고 결과를 평가한다. 이러한 문제해결의 원리는 청소년지도에 있어서 구조화된 문제해결 방법을 제시하는 의의를 가진다.

〈표 2-4〉 청소년지도방법

구 분	방 법
자율참여의 원리	청소년이 참여할 수 있는 방법은 다양하다. 청소년수련 및 활동시설에서 청소년프로그램의 기획 및 지도, 평가자 등으로 참여가 가능하다. 청소년지도 원리 방법으로서 청소년의 자율참여는 청소년들이 프로그램의 기획과정에 참여를 함으로써 청소년들의 욕구를 반영할 수 있다. 또한 청소년들이 자신이 갖고 있는 능력과 장점을 가지고 여러 지원을 할 수 있다. 평가의 자율참여에서는 설문조사 및 인터뷰 조사 등을 통하여 앞으로 발전해야 할 청소년지도의 방향성을 제시할 수 있으며 청소년 운영위원회의 참여는 기본적이고 매우 적극적인 자율참여로 볼 수 있다.

인간관계 개선의 원리	인간관계 개선의 청소년지도방법은 성장을 기본으로 한다. 칼 로저스(Carl Rogers)의 경우 인간관계 개선의 기본은 인간의 성장에 있으며 인간관계의 진실성을 통하여 이루어진다고 하였다. 조화로운 인간관계 개선을 위해서는 개방, 방어성의 부재, 정확한 의식, 무조건적인 자애, 타인들과의 조화 있는 관계를 통한 기능으로 보았다. 이러한 인간관계 개선을 위해서는 자기노출을 통한 의사소통을 중심적인 지도방법으로 보았다.
문제해결의 원리	문제해결의 청소년지도방법은 학습과정을 통하여 문제해결을 하는 것에 초점을 두었다. 그러한 초점은 브레인스토밍 방법을 중심으로 둔다. 브레인스토밍은 창의성과 자율성이 좋은 청소년들에게 적합하며, 몇 가지 기본 원칙을 제시한다. 첫째, 어떠한 의견이 나와도 비판하지 않는다. 둘째, 자유로운 의사표현을 존중한다. 셋째, 질보다는 양적인 부분을 강조한다. 넷째, 결합과 개선에 의한 발전을 향해 나아간다. 아이디어의 결합 등을 환영한다. 이러한 원칙을 기준으로 하여 브레인스토밍은 좋은 아이디어에 대한 선별과 선발 평가를 통하여 문제해결 방법을 제시하며 청소년지도에 도움을 주는 방법이다.

생각해 보기

- 청소년지도 개념을 공통적으로 추구하는 내용을 정의하여 논의해 보자.
- 청소년지도의 중요성에 관한 주요 내용에 대하여 알아보자.
- 청소년지도의 필요한 역할 및 실행 원리에 대하여 알아보자.

참고문헌

권두승 · 조아미(1996). 청소년 사회교육기관 유형별 청소년지도사의 직무만족도와 직전경험 일치도의 관계. 한국청소년연구.

권명희 (2006). 청소년지도사의 역할, 직무만족, 수련거리 만족에 관한 연구 : 서울 · 경기 청소년수련원 중심으로. 광운대학교 대학원 석사학위논문.

권석만(2008). **인간관계의 심리학**. 서울 : 학지사.

권일남 · 정철상 · 김진호(2003). **청소년활동지도론**. 서울 : 학지사.

권일남 · 최창욱(2011). 청소년활동 개념 재정립에 관한 연구-역량개발을 중심으로. 서울 : 한국청소년정책연구원.

길은배 · 이미리 · 문성호(2005). 청소년지도사 근로실태 및 전문화 방안 연구. 서울 : 한국청소년개발원.

김정열(2015). **청소년지도방법론**. 경기 : 공동체.

남세진(1986). **집단지도방법론**. 서울 : 서울대학교출판부.

문호영(2013). 청소년지도사의 직무만족 예측요인에 관한 연구. **청소년복지연구, 15**(1), 101-119.

서희정(2018). 청소년지도사의 활동역량모델 개발 및 타당화 연구. **청소년문화포럼, 54**, 125-153.

성열준 · 강석기 · 김정일 · 한상훈(2009). **청소년지도방법론**. 경기 : 양서원.

오윤선 · 황인숙(2018). **청소년지도방법론**. 경기 : 양서원.

오헌석(2006). 전문성 개발과정 및 핵심요인에 관한 연구. 한국직업능력개발원.

유금자(2009). 청소년지도자의 직무만족에 대한 연구. 충주대학교 행정대학원 박사학위논문.

이혜영 · 김도영 · 진은설(2020). **청소년지도방법론**. 서울 : 학지사.

조수연 · 양미진(2013). 청소년상담연구. 서울 : 한국청소년연구원.

한국청소년상담복지개발원(2000). 청소년상담연구 제8월 제1호.

한상철(1998a). **청소년학 개론**. 서울 : 중앙적성출판사.

03

Chapter

청소년지도자의 역할과 역량

학습목표

- 청소년들의 다양한 욕구충족을 위해 지도자로서의 기본 자질을 갖추도록 한다.
- 청소년을 대상으로 직무를 수행하기 위해 다양한 역할들을 정확히 이해한다.
- 청소년시설의 환경이나 특성에 따라 전문성의 중점역량을 발휘할 수 있다.

학습개요

청소년지도는 청소년들의 성장에 직간접적으로 지원을 하는 것이고, 청소년지도자는 그 과업을 충실히 해내기 위해 전문적인 능력과 자질이 우선되어야 한다. 청소년지도자의 역할을 해내기 위해 기본적 자질을 함양하고, 그에 따른 지도자의 역량개발 향상에 노력한다.
청소년이 경험적 특성을 최대한 살리되 자발적이고, 자주적인 삶을 살아가도록 하는 기회의 평등성을 부여한다.

Chapter 03

청소년지도자의 역할과 역량

1. 청소년지도자의 이해

지도자란 남을 가르쳐 이끄는 사람이란 사전적 의미가 있으며, 목적이나 지향하는 방향에 따라 가르치고 이끌어 주는 사람을 말한다.

청소년기본법 제3조제7호에 따르면 청소년지도자란 청소년지도사 및 청소년상담사와 청소년시설·청소년단체 및 청소년관련기관에서 청소년육성에 필요한 업무에 종사하는 사람이며, 한국청소년개발원(2003)은 "청소년의 건전한 성장과 발달을 책임지고 지도하는 사람, 청소년들의 일상생활 속에서 활동을 제공하고 도움을 주는 사람들까지 지도자"로 포함하여 정의하였다.

오치선(1999)은 "청소년지도자란 광의적으로 국가나 사회가 기대하는 청소년을 지도하는 데 종사하는 모든 사람을 지칭하는 것이며, 협의적으로는 청소년 관계 전문지식을 가지고 전문직업인으로서 청소년을 주대상으로 그들을 교육, 육성지도, 보호, 선도하는 활동에 종사하는 자"를 말하였으며, 신명철(2000)은 청소년지도자를 "국가로부터 공인된 자격증을 취득하고, 청소년 관계 전문지식을 가지고 전문직업인으로서 청소년을 대상으로 교육·육성·지도·보호·선도하는 활동에 종사하는 사람"이라고 하였다. 이교봉(2008)은 "삶의 다양한 상황과 과정 속에 긍정적 변화와 성장을 이끌어 주는 대상을 중요한 타자로서 인식하게 되며, 그들의 유언·무언의 행동과 가르침이 삶의 지표가 되어 큰 영향을 미치게 되고, 긍정적 변화로 이끌어 주는 대상을 지도자라고 표현할 수 있다"고 하였고, 한준상(1999)은 "청소년지도자는 청소년들 속에서 청소년들과 더불어 청소년들을 위해 청소년활동을 전개하는 사람"이라고 하였다.

김진호 등(2009)은 "청소년들의 개인적 성장과 사회적응을 전문적으로 지원하고 조력하는 사람으로서, 청소년을 위해, 청소년과 더불어, 청소년들의 자발적인 활동을 안내해 주는 사람"으로 정의하고 있으며, 청소년 관련 학자 및 정부의 관련법과 정책적 개념의 청소년지도자는 위와 같이 비슷한 양상으로 정의되고 이러한 의견들을 비추어 보면 청소년지도자는 청소년의 건전 육성 및 보호 등을 위해서 꼭 필요한 상호관계로 맺어져 있다.

광의적인 개념으로 본 청소년지도자는 청소년과 관련된, 일상생활의 모든 것에 관심을 가지고 청소년육성을 위해 지도하는 사람을 말하는 것으로, 학교 교사, 청소년 관련 단체 지도자 및 지역사회에서 인성적, 지적, 교육적 등의 자질을 갖춘 사람들로서의 조력을 말할 수 있다. 협의적인 개념의 청소년지도자는 청소년지도사, 청소년상담사 및 청소년기관 등에서 육성 및 지도업무에 종사하는 사람을 말한다. 청소년 관련학과를 전공하여 졸업하거나, 청소년지도사 이수 과정을 수료하여 자격 검정에 합격하고 국가로부터 부여하는 자격증을 소지하고 현장에서 청소년과 함께 생활하며 직접 실무를 지도하는 사람으로서 실천적 개입이 가능한 사람이라고 할 수 있다.

급격한 사회적 변화에 따른 청소년의 특성을 이해하고 청소년들의 다양한 욕구와 역량을 함께 개발하고 발전시켜 전인적인 성장을 지원함으로써 미래사회에서 행복한 삶의 주인공이 되도록 적극적인 개입과 맡은 바 지도 업무를 효율적으로 성실히 수행해 낼 수 있어야 한다.

청소년지도자는 전문지식을 가지고 청소년을 교육, 육성, 보호, 선도하여 긍정적인 변화와 성장을 함께 도모하여야 하며, 지도 현장의 전문가로서 자부심과 사명감, 긍지와 책임감을 가지고 청소년과 함께 성장해 나아가야 할 것이다.

2. 청소년지도자의 역할과 역량

1) 청소년지도자의 역할

청소년지도자는 청소년들의 올바른 성장을 위해 청소년시설이나 단체에서 활동하고 있다. 청소년을 지도하기 위해서는 직무와 연관된 전문지식 등이 중요하기 때문에 청소년지도자는 청소년과 자기 발전을 위해 전문성을 강화해 나가는 노력이 필요하다. 청소년지도자로서 훌륭히 과업을 달성하기 위해 기본적으로 청소년 분야의 업무에 대한 전문적인 능력이나 실력이 되는 자질이 우선시되어야 한다.

청소년지도자의 자질에 대하여, 한국청소년정책연구원(2015)에서는 청소년지도자의 자질을 구체적으로 제시하였다. 그 내용을 살펴보면 다음과 같다. 첫째, 자기 이해이다. 청소년지도자는 청소년이라는 대상의 특수성과 지도내용 및 방법의 특수한 성질로 인하여 지도자의 인격과 관련된 개인적 성장이 무엇보다 중요시된다. 청소년지도자는 자기 자신의 정체성, 목표, 동기, 요구, 제한, 장점 및 단점, 가치관, 문제 등을 자각하고 있어야 한다. 즉, 자신의 신체적, 정서적, 사회적인 면을 객관적으로 이해하고, 있는 그대로의 자신을 수용하며 자기 자신을 진실하게 개방할 수 있어야 한다. 이렇게 자기 인식과 성장이 이루어진 지도자는 청소년과 첫 만남의 관계를 형성할 수 있고 생산적이고 합리적으로 행동할 수 있으며 자신의 모든 잠재성을 최대한 발휘할 수 있다. 둘째, 전문지식을 갖추고 있어야 한다. 청소년지도사는 청소년 발달 특징, 청소년심리, 청소년정책, 청소년문화 등 청소년지도방법을 설계하고 실행하는 데 필요한 전문지식을 구비해야 한다. 셋째, 전문기술이다. 청소년지도자가 습득해야 할 전문기술은 크게 조정 및 통합의 기술, 인간관계 기술, 실무적 기술로 구분할 수 있다. 조정 및 통합의 기술은 상급 지도자나 관리자 수준에서 특히 요구되는 기술이다. 지역 내 청소년 집단 간의 요구를 조정하고 통합하는 기술, 지역 내 청소년기관 간의 업무를 조정 및 통합하는 기술, 지도자와 청소년 간의 관계를 조정하는 기술, 성인과 청소년의 요구를 조정하는 기술 등을 포함한다. 인간관계 기술은 중간관리자로서 요구되는 핵심적 기술로, 상급 지도자와 실무 지도자 사이를 중재하는 데 중요시되는 기술이다. 마지막으로 실무적 기술은 청소년지도를 직접 담당하는 활동지도자에게 특별히 요구되는 기술로, 직접적인 청소년활동과 관련된 지도 기술이라 할 수 있다.

이러한 자질을 기본바탕으로 청소년지도에 임하여야 한다. 청소년현장에서의 청소년지도사는 청소년활동(수련활동, 문화활동, 교류활동) 등 다양한 형태의 활동을 중점적으로 지도하는 역할이다. 그에 따라 활동의 범위나 대상에 따라 그 역할들의 차이는 조금씩 다를 수 있어 청소년지도현장에서 청소년지도자의 역할은 상당히 중요한 부분으로 자리 잡고 있다. 청소년지도자는 다양한 직무를 수행하기 위해 전문가로서의 역할, 촉진자로서의 역할, 비판 분석가로서의 역할, 예술가로서의 역할로 구분하여 네 가지를 제시하였고(최윤진, 1993), 장수한(2014)은 청소년지도자의 역할을 청소년사업가(Youth Worker)로서의 역할, 청소년수련활동 지원자로서의 역할, 청소년교류 촉진자로서의 역할, 청소년유익환경 조성자로서의 역할, 청소년의 잠재능력 개발을 위한 교육자로서의 역할 등으로 해석할 수 있다고 하였다. 한상철(2004)은 청소년지도사의 역할로 전문가, 프로그램 설계자 또는 개발자, 촉진자, 지역사회 지도자, 과학자 및 예술가로서의 역할을 제시하였다. 이렇듯 청소년 관련 학자들은 청소년지도자의 다양한 역할들을 제시하였다. 또 다른 정의를 살펴보면 함병수(1996)는 청소년활동 조직이나 단체의 목적을 효과적으로 달성하기 위하여 청소년의 행동을 이끌고 도와주면서 청소년 개개인의 욕구에 관심을 가지고, 계획 및 절차를 구체화하여 실행하고 그 결과를 평가하여 집단의 유지 · 강화에 힘쓰는 사람이라고 정의하였고, 한국청소년활동진흥원(2017)은 청소년지도사는 청소년활동(수련활동, 문화활동, 교류활동)을 전담하여 학생, 근로, 복무, 무직 청소년 등 전체 청소년의 신체단련, 정서함양, 자연체험, 예절수양, 사회봉사, 전통문화활동 등을 지도하는 역할을 하는 것이라고 하였다.

과거에는 청소년지도자의 역할이 한정적이고 제한적이었으나 현재는 청소년지도자가 세부적으로 접근하여야 하며, 각 분야의 전문가로서의 다양한 역할이 제시되고 있다. 청소년지도자의 폭넓은 역할들은 청소년들의 욕구와, 문제해결, 잠재능력 개발 등에 직접적인 영향을 미친다. 청소년지도자의 역할을 충실히 해내기 위해서는 그에 걸맞은 전문성과 역량이 필요하다. 생활권수련시설이나 자연권수련시설, 청소년단체, 청소년복지 · 보호시설 등 시설 성향과 특성에 따라 필요한 전문성의 중점역량은 그 지역의 기관건립 위치나 프로그램 등에 의해 다를 수 있다.

2) 청소년지도자의 역량

청소년지도자의 역량은 시설의 환경적 상황에 따라 발휘할 수 있어야 한다. 청소년활동 현장에서 필요한 전문적 역량은 대학 교육, 자격 연수, 현직 연수, 자발적인 학습, 현장경험 등을 통해서 강화될 수 있다. 역량이란 비교적 최근에 등장한 개념으로 조직구성원이 역할과 직무를 성공적으로 실행하기 위해 갖추어야 할 능력과 자질을 의미한다(권혁운, 2010)고 하였으며, 청소년지도자의 역량은 대학에서 청소년 또는 청소년상담 관련 학문을 전공함으로써 길러지기 시작한다(김영인 · 김 민, 2016)고 하였다. 김창현(2018)은 청소년지도사 자격증을 소지했다는 것은 그가 청소년지도에 필요한 지식과 기술을 습득하여 효과적으로 청소년을 지도할 수 있는 자격이 있다는 것이라고 하였다.

싱가포르의 NCSS와 NYC(2006)는 청소년지도자의 역량을 가족, 청소년, 조직, 지역사회 자원으로 구분하고, 가족 자원 측면에서는 가족관여 능력을, 지역사회 자원 측면에서는 지역사회 파트너로서의 참여 능력과 지식을, 조직 자원 측면에서는 프로그램 개발 능력과 지식에 대한 프로그램과 윤리적 실천 의식을 제시하였으며, 청소년 자원 차원에서는 발달 단계 지식, 멘토링과 청소년 관여 능력, 행동관리와 개입기술, 집단역동성 관리와 집단사업기술을 제시하였다(이광호, 2012). OECD에서는 특정 맥락의 복잡한 요구를 태도, 감정, 가치, 동기 등과 같은 사회적 · 행동적 요소뿐만 아니라 인지적 · 실천적 기술까지 가동하여 성공적으로 충족시켜 나가는 능력이라고 정의하였다.

청소년지도자는 청소년을 대상으로 효과적인 업무를 수행하기 위해 관련된 지식과 기술 등을 겸비하여야 한다. 청소년지도자는 현대사회에서 꼭 필요한 특수 업무의 한 분야로서 사회적으로 그 전문성을 인정받기 위해서 많은 노력과 헌신적인 자세가 중요할 것이다. 청소년과 함께 공감하고, 청소년들에게 모범이 되는 긍정적인 언행과 행동으로 청소년들이 신뢰할 수 있어야 하며, 청소년들의 욕구를 반영하는 프로그램을 기획 · 실행하며, 청소년들의 잠재능력을 마음껏 발휘할 수 있는 체계적인 지도가 필요하다. 이처럼 청소년활동을 활성화하고, 활동 목표를 효율적으로 달성하기 위해서는 청소년지도자의 역할이 청소년활동 전반에 걸쳐 청소년들에게 미치는 영향이 매우 크고 중요하므로, 시대 흐름의 특성을 고려하는 청소년지도자가 되어야 하며, 청소년지도 전문가로서의 그 역량을 꾸준히 강화하고 성장시켜 나가야 한다.

3. 청소년지도자 양성과 배치

청소년기본법 제17조에 의하면 청소년시설(청소년활동에 제공되는 시설, 청소년복지에 제공되는 시설, 청소년보호에 제공되는 시설)을 설치, 운영과 청소년지도자의 양성과 자질향상을 위하여 필요한 시책을 마련하여야 한다. 주요 시설을 살펴보면 청소년수련시설에는 청소년수련관, 청소년수련원, 유스호스텔, 청소년야영장, 청소년문화의 집, 청소년특화시설 등이 있고, 청소년 복지 및 보호시설에는 청소년쉼터, 청소년자립관, 청소년치료 재활센터, 청소년상담복지센터, 청소년지원센터 꿈드림 등이 있다. 또한 평생교육법 제26조에서는 유아교육법, 초·중등교육법, 고등교육법에 의해 평생교육 프로그램 운영에 필요할 때는 평생교육사를 채용할 수 있다고 하였다. 청소년을 지도하기 위해서는 청소년에 대한 이해와 청소년 분야에 대한 지식과 실천 능력을 배양하고 현장 중심의 교육 및 정보습득을 통한 청소년활동 현장의 이해와 전문성을 강화한 현장 중심의 청소년지도사를 양성하여야 한다(청소년지도사종합정보시스템).

청소년지도현장에서 대표적인 전문 청소년지도자로 볼 수 있는 청소년지도사, 청소년상담사, 평생교육사의 검증기준과 배치기준, 자격 기준, 양성 현황은 다음과 같다.

1) 청소년지도사

청소년지도사는 자격검정에 합격하고 청소년지도사 연수기관에서 실시하는 연수과정을 마치고 여성가족부 장관으로부터 자격을 부여받은 사람이다(청소년기본법 제21조). 1993년부터 국가 자격제도에 의해 양성되기 시작하여, 현재 여성가족부가 주관이 되어 한국산업인력공단에 위탁하여 자격검증을 하고 한국청소년활동진흥원에서 30시간 이상으로 자질과 전문성을 함양할 수 있는 내용으로 실시한 후 등급별로 청소년지도사 자격증을 교부받는다.

청소년지도사 자격검정의 합격기준은 필기시험 매 과목 40점 이상, 전 과목 평균 60점 이상의 점수를 얻어야 한다. 또한 2008년 1월부터는 2급 자격 기준 중 대학 졸업(예정)자 또는 이와 동등 이상의 학력이 있는 자로서 2급 청소년지도사 자격검정에 필요한 과목 모두를 전공과목으로 이수한 자와 3급 지도사의 경우 전문대학 졸업(예정)자 또는 이와 동등 이상의 학력이 있는 자로서 3급 청소년지도사 자격검정에 필요한 과목 모두를 전공과목으로 이수한 자는 해당 급수의 청소년지도사 자격검정 필기시험을 면제한다(청소년백서, 2017).

청소년지도사 자격의 법적 기준인 등급 및 응시자격 기준과 자격검정의 과목 및 방법을 알아본다. 먼저 청소년지도사 등급별 응시자격 기준은 〈표 3-1〉과 같다.

〈표 3-1〉 청소년지도사 등급별 응시자격 기준

등 급	응시자격 기준
1급 청소년지도사	1. 2급 청소년지도사 자격 취득 후 청소년활동 등 청소년육성업무에 종사한 경력이 3년 이상인 사람
2급 청소년지도사	1. 대학 졸업(예정)자 또는 이와 동등 이상의 학력이 있는 사람으로서 2급 청소년지도사 자격검정에 필요한 과목 모두를 전공과목으로 이수한 사람 2. 2005년 12월 31일 이전에 대학을 졸업하였거나 이와 같은 수준 이상의 학력을 취득한 사람으로서 별표 1의2에 따른 과목을 이수한 사람 3. 대학원의 학위과정 수료(예정)자로서 2급 청소년지도사 자격검정에 필요한 과목 모두를 전공과목으로 이수한 사람 4. 2005년 12월 31일 이전에 대학원의 학위과정을 수료한 사람으로서 별표 1의2에 따른 과목 중 필수영역 과목을 이수한 사람 5. 대학 졸업 또는 이와 같은 수준 이상의 학력이 있다고 다른 법령에서 인정받은 후 청소년활동 등 청소년육성업무에 종사한 경력이 2년 이상인 사람 6. 전문대학 졸업 또는 이와 같은 수준 이상의 학력이 있다고 다른 법령에서 인정받은 후 청소년활동 등 청소년육성업무에 종사한 경력이 3년 이상인 사람 7. 3급 청소년지도사 자격 취득 후 청소년활동 등 청소년육성업무에 종사한 경력이 2년 이상인 사람

	8. 고등학교 졸업 또는 이와 같은 수준 이상의 학력을 인정받은 후 청소년활동 등 청소년육성업무에 종사한 경력이 8년 이상인 사람
3급 청소년지도사	1. 전문대학 졸업(예정)자 또는 이와 같은 수준 이상의 학력이 있는 사람으로서 3급 청소년지도사 자격검정에 필요한 과목 모두를 전공과목으로 이수한 사람 2. 2005년 12월 31일 이전에 전문대학을 졸업하였거나 이와 같은 수준 이상의 학력을 취득한 자로서 별표 1의2에 따른 과목을 이수한 사람 3. 전문대학 졸업 또는 이와 같은 수준 이상의 학력이 있다고 다른 법령에서 인정받은 후 청소년활동 등 청소년육성업무에 종사한 경력이 2년 이상인 사람 4. 고등학교 졸업 또는 이와 같은 수준 이상의 학력이 있다고 다른 법령에서 인정받은 후 청소년활동 등 청소년육성업무에 종사한 경력이 3년 이상인 사람

비고

1. 청소년활동 등 청소년육성업무 종사경력의 인정 범위와 내용은 여성가족부장관이 별도로 정하여 고시한다.
2. 2급 청소년지도사 자격증을 소지하고 대학원에서 1급 자격검정에 필요한 과목을 전공과목으로 이수한 석사학위 소지자 또는 박사학위 소지자는 각각 2년 또는 3년의 경력을 가진 것으로 인정한다.
3. 제18조에 따른 청소년지도자 연수 등 청소년육성 관련 연수 또는 교육을 받은 경우 그 내용에 따라 점수로 환산하여 청소년지도사 자격 취득에 필요한 청소년활동 등 청소년육성업무 종사경력으로 인정할 수 있다. 이 경우 연수 및 교육을 받은 사람의 경력환산 점수는 여성가족부장관이 별도로 정하여 고시한다.
4. 고등학교, 대학, 전문대학 및 대학원이란 각각 「초 · 중등교육법」 제2조제4호에 따른 고등학교, 「고등교육법」 제2조제1호 · 제4호에 따른 대학 · 전문대학, 「고등교육법」 제29조에 따른 대학원을 말한다.

출처 : 청소년기본법 시행령[별표 1]. 국가법령센터 http://www.law.go.kr.

청소년지도사 자격검정의 과목 및 방법은 〈표 3-2〉와 같다.

〈표 3-2〉 청소년지도사 자격검정의 과목 및 방법

구 분	검정과목	문항수	검정방법
1급 (5과목)	1. 청소년연구방법론 2. 청소년 인권과 참여 3. 청소년정책론 4. 청소년기관 운영 5. 청소년지도자론	과목당 20문항	주 · 객관식 필기시험

2급 (8과목)	1. 청소년육성제도론 2. 청소년지도방법론 3. 청소년심리 및 상담 4. 청소년문화 5. 청소년활동 6. 청소년복지 7. 청소년프로그램 개발과 평가 8. 청소년문제와 보호	과목당 20문항	객관식 필기시험	면접 (3급 청소년지도사 자격증 소지자는 면접시험 면제)
3급	1. 청소년육성제도론 2. 청소년활동 3. 청소년심리 및 상담 4. 청소년문화 5. 청소년지도방법론 6. 청소년문제와 보호 7. 청소년프로그램 개발과 평가	과목당 20문항	객관식 필기시험	면접

비고 : 청소년지도사 자격검정 과목과 관련된 전공과목의 인정 범위는 여성가족부장관이 별도로 정하여 고시한다.
출처 : 청소년기본법 시행령 제20조제2항 관련.

청소년기본법에 의해 시설과 단체에서는 청소년지도사를 의무 배치하여야 하고, 배치기준은 〈표 3-3〉과 같다.

〈표 3-3〉 청소년지도사의 배치기준

유형	배치대상	배치기준
청소년 수련시설	청소년 수련관	• 1급 또는 2급 청소년지도사 각각 1명 이상을 포함하여 4명 이상의 청소년지도사를 두되, 수용인원이 500명을 초과하는 경우에는 500명을 초과하는 250명당 1급, 2급 또는 3급 청소년지도사 중 1명 이상을 추가로 둔다.
	청소년 수련원	• 1급 또는 2급 청소년지도사 1명 이상을 포함하여 2명 이상의 청소년지도사를 두되, 수용정원이 500명을 초과하는 경우에는 1급 청소년지도사 1명 이상과 500명을 초과하는 250명당 1급, 2급 또는 3급 청소년지도사 중 1명 이상을 추가로 둔다. • 지방자치단체에서 폐교시설을 이용하여 설치한 시설로서 특정 계절에만 운영하는 시설의 경우에는 청소년지도사를 두지 않을 수 있다.

	유스 호스텔	• 청소년지도사를 1명 이상 두되, 숙박정원이 500명을 초과하는 경우에는 1급 또는 2급 청소년지도사 1명 이상을 추가로 둔다.
	청소년 야영장	• 청소년지도사를 1명 이상 둔다. 다만, 설치 · 운영자가 동일한 시 · 도 안에 다른 수련시설을 운영하면서 청소년야영장을 운영하는 경우로서 다른 수련시설에 청소년지도사를 둔 경우에는 그 청소년야영장에 청소년지도사를 별도로 두지 않을 수 있다. • 국가, 지방자치단체, 그 밖에 공공법인이 설치 · 운영하는 청소년야영장으로서 청소년수련거리의 실시 없이 이용 편의만 제공하는 경우에는 청소년지도사를 두지 않을 수 있다.
	청소년 문화의집	• 청소년지도사를 1명 이상 둔다.
	청소년 특화시설	• 1급 또는 2급 청소년지도사 1명 이상을 포함하여 2명 이상의 청소년지도사를 둔다.
청소년 단체	청소년 단체	청소년회원 수가 2천 명 이하인 경우에는 1급 청소년지도사 또는 2급 청소년지도사 1명 이상을 두되, 청소년회원 수가 2천 명을 초과하는 경우에는 그 초과하는 2천 명마다 1급 청소년지도사 또는 2급 청소년지도사 1명 이상을 추가로 두며, 청소년회원 수가 1만 명 이상인 경우에는 청소년지도사의 5분의 1 이상은 1급 청소년지도사로 두어야 한다.

비고 : 청소년수련시설은 「청소년활동진흥법」 제10조제1호에 따른 청소년수련시설을 말한다.
출처 : 청소년기본법 시행령[별표 5]. 국가법령센터 http://www.law.go.kr.

청소년지도사 자격증 소지자를 등급별로 살펴보면 1급 지도사 2,473명, 2급 지도사 47,866명, 3급 지도사 15,756명 총 66,095명이 2022년도까지 배출되었으며, 1993년도부터 2022년도까지의 청소년지도사 양성현황은 〈표 3-4〉와 같다.

〈표 3-4〉 연도별 청소년지도사 양성현황

(단위 : 명)

연도 \ 급수	인원	1급	2급	3급
계	66,095	2,473	47,866	15,756
2022	3,759	322	2,778	659
2021	4,317	179	3,404	734
2020	4,244	107	3,293	844
2019	3,929	135	2,966	828
2018	3,872	64	3,024	784
2017	3,781	51	3,032	698
2016	4,096	76	3,346	674
2015	4,062	28	3,275	759
2014	106	–	62	44
2013	3,837	41	3,041	755
2012	3,262	8	2,502	752
2011	3,051	82	2,262	707
2010	3,295	53	2,374	868
2009	2,931	34	2,165	732
2008	2,744	27	2,086	631
2007	909	31	695	183
2006	1,248	90	792	366
2005	1,392	31	456	905
2004	1,317	74	663	580
2003	1,370	90	700	580
2002	1,429	117	837	475
2001	1,583	97	990	496
2000	958	113	585	290
1999	868	128	530	210
1998	593	120	280	193
1997	635	131	314	190
1996	341	47	193	101
1995	715	101	361	253
1994	708	96	375	237
1993	713	–	485	228

출처 : 청소년지도자 종합정보시스템.

청소년기본법에 의거 청소년지도사 보수교육 운영지침에 따라 직무수행에 요구되는 전문지식, 기능, 정보제공으로 청소년지도사의 역량을 강화하고 청소년을 둘러싼 성장환경 변호와 시대적, 사회적 요구에 대응하기 위한 청소년지도사의 전문성 증진과 인문 사회학적 소양을 기반으로 청소년 분야의 전반적인 흐름을 이해하기 위하여 청소년시설, 청소년단체 및 학교 등에서 각각 그 업무에 종사하는 청소년지도사는 자질향상을 위하여 대상기관에 최초 채용된 경우에 당해연도에 보수교육을 받거나 익년도에 선택해서 보수교육을 받을 수 있다. 이후 2년마다 정기적으로 보수교육 15시간을 받아야 한다. 청소년지도사 보수교육을 받지 않는 경우 1차 위반 30만 원, 2차 이상 위반 50만 원이 부과된다. 단 6개월 이상 업무에 종사하지 아니한 경우나 보수교육 연기신청 승인을 받은 경우에는 과태료 대상에서 제외된다. 청소년지도사 보수교육 대상자는 청소년지도사 자격증을 소지하고 있다고 보수교육을 이수해야 하는 것은 아니다. 비대상기관에서 근무하거나 청소년시설에서 종사하고 있지만, 청소년활동 및 지원업무를 담당하지 않는 간호사, 영양사, 시설관리, 운전원, 경비원 등의 종사자는 제외된다.

2) 청소년상담사

청소년상담사는 청소년기본법(제22조제1항)에 의거 실시하고 있는 청소년 상담과 관련된 국내 유일의 국가자격증이며, 상담 관련 분야를 전공하고 실무능력이나 기타 자격을 갖춘 자로서 여성가족부 주관으로 한국청소년상담복지개발원에서 위탁한 한국산업인력공단에서 자격검증을 실시하여 합격하고, 청소년상담사 연수기관에서 청소년상담의 전문성, 상담사의 자질, 상담 프로그램 개발, 청소년 진로상담, 청소년위기 개입, 청소년 발달 문제 등을 대면 또는 비대면 집합교육을 통해 연수과정을 마치고 자격을 부여받은 자를 말한다. 청소년상담사의 합격기준은 필기시험 과목은 1급 5과목, 2급과 3급은 각각 6과목이며, 100점 만점에 과목별 40점 이상, 전 과목 평균 60점 이상이고, 최종 면접시험에 합격하여야 된다. 연수시간은 1급, 2급, 3급이 동일하게 집합교육 56시간, 사전과제 45시간으로 총 100시간 이상 실시하며, 사전과제와 이론 및 실습 등으로 연수과정이 구성되어 있다. 청소년상담사는 청소년관련기관 및 교육기관, 사회복지기관 등 지역사회의 다양한 곳에서 폭넓은 서비스를 제공하고 있다. 이러한 청소년상담사 법적 기준인 등급 및 응시자격 기준과 자격검정의 과목 및 방법을 알아본다. 먼저 청소년상담사 자격검정의 등급별 응시자격 기준은 〈표 3-5〉와 같다.

〈표 3-5〉 청소년상담사 자격검정의 등급별 응시자격 기준

등 급	응시자격 기준
1급 청소년상담사	1. 대학원에서 청소년(지도)학 · 교육학 · 심리학 · 사회사업(복지학 · 정신의학 · 아동(복지)학 분야 또는 그 밖에 여성가족부령으로 정하는 상담 관련 분야 이하 "상담 관련 분야"라 한다)의 박사학위를 취득한 사람 2. 대학원에서 상담 관련 분야의 석사학위를 취득한 후 상담 실무경력이 4년 이상인 사람 3. 2급 청소년상담사로서 상담 실무경력이 3년 이상인 사람 4. 제1호 및 제2호에 규정된 사람과 같은 수준 이상의 자격이 있다고 여성가족부령으로 정하는 사람
2급 청소년상담사	1. 대학원에서 상담 관련 분야의 석사학위를 취득한 사람 2. 대학 또는 다른 법령에 따라 이와 동등한 학력을 인정받는 기관에서 상담 관련 분야 학사학위를 취득한 후 상담 실무경력이 3년 이상인 사람 3. 3급 청소년상담사로서 상담 실무경력이 2년 이상인 사람 4. 제1호부터 제3호까지에 규정된 사람과 같은 수준 이상의 자격이 있다고 여성가족부령으로 정하는 사람
3급 청소년상담사	1. 대학 및 「평생교육법」에 따른 학력이 인정되는 평생교육시설의 상담 관련분야 졸업(예정)자 2. 전문대학 또는 다른 법령에 따라 이와 동등한 학력을 인정받는 기관에서 상

	담 관련 분야 전문학사를 취득한 사람으로서 상담 실무경력이 2년 이상인 사람 3. 대학 또는 다른 법령에 따라 이와 동등한 학력을 인정받는 기관에서 학사학위를 취득한 후 상담 실무경력이 2년 이상인 사람 4. 전문대학 또는 다른 법령에 따라 이와 동등한 학력을 인정받는 기관에서 전문학사학위를 취득한 후 상담 실무경력이 4년 이상인 사람 5. 고등학교를 졸업하고 상담 실무경력이 5년 이상인 사람 6. 제1호부터 제4호까지에 규정된 사람과 같은 수준 이상의 자격이 있다고 여성가족부령으로 정하는 사람

비고

1. 상담 실무경력의 인정 범위와 내용은 여성가족부장관이 별도로 정하여 고시한다.
2. 고등학교, 대학, 전문대학 및 대학원이란 「초 · 중등교육법」 제2조제3호에 따른 고등학교, 「고등교육법」 제2조제1호 · 제4호에 따른 대학 · 전문대학, 「고등교육법」 제29조에 따른 대학원을 말한다.
3. 응시자격을 갖추었는지 여부는 자격검정 공고에서 정하는 서류제출 마감일을 기준으로 판단한다.

출처 : 한국청소년상담복지개발원. 국가법령센터 http://www.law.go.kr.

청소년상담사 자격검정의 과목 및 방법은 〈표 3-6〉과 같다.

〈표 3-6〉 청소년상담사 자격검정의 과목 및 방법

등 급	검정과목		검정방법	
	구 분	과 목		
1급 청소년상담사 (5과목)	필수 (3과목)	• 상담사 교육 및 사례지도 • 청소년관련법과 행정 • 상담연구방법론의 실제	필기 (과목당 25문항)	면접
	선택 (2과목)	• 비행상담 · 성상담 · 약물상담 · 위기상담 중 2과목		
2급 청소년상담사 (6과목)	필수 (4과목)	• 청소년상담의 이론과 실제 • 상담연구방법론의 기초 • 심리측정 평가의 활용 • 이상심리	필기 시험 (과목당 25문항)	면접
	선택 (2과목)	• 진로상담 · 집단상담 · 가족상담 · 학업상담 중 2과목		

3급 청소년상담사 (6과목)	필수 (5과목)	• 발달심리 • 집단상담의 기초 • 심리측정 및 평가 학습이론	필기 시험 (과목당 25문항)	면접
	선택 (1과목)	• 청소년이해론 · 청소년수련활동론 중 1과목		

출처 : 청소년기본법 시행령 제23조제3항. 한국청소년상담복지개발원.

청소년기본법 시행령에 의해 시설과 단체에서는 청소년상담사를 의무 배치하여야 하고, 배치기준은 〈표 3-7〉과 같다.

〈표 3-7〉 청소년상담사의 배치기준

배치대상 청소년시설	배치기준
가. 「청소년복지지원법」 제29조에 따라 특별시 · 광역시 · 도 및 특별자치도에 설치된 청소년상담복지센터	• 청소년상담사 3명 이상을 둔다.
나. 「청소년복지지원법」 제29조에 따라 시 · 군 · 구에 설치된 청소년상담복지센터	• 청소년상담사 1명 이상을 둔다.
다. 「청소년복지지원법」 제31조에 제1호부터 제3호까지의 규정에 따른 청소년복지시설	• 청소년상담사 1명 이상을 둔다.

출처 : 청소년기본법 시행령 제25조, 별표 5. 국가법령정보센터 http://www.law.go.kr.

청소년상담사 자격증 소지자를 등급별로 살펴보면 1급 상담사 1,194명, 2급 상담사 13,077명, 3급 상담사 19,546명 총 33,817명이 2022년도까지 배출되었으며, 2003년도부터 2022년도까지의 청소년상담사 양성현황은 〈표 3-8〉과 같다.

〈표 3-8〉 연도별 청소년상담사 양성현황 (단위 : 명)

연 도 \ 급 수	인 원	1급	2급	3급
계	33,817	1,194	13,077	19,546
2022	3,504	225	2,137	1,142
2021	3,949	84	1,558	2,307
2020	3,463	179	1,824	1,460
2019	3,303	87	1,593	1,623
2018	2,411	109	787	1,515
2017	2,724	88	1,042	1,594
2016	3,010	39	830	2,141
2015	2,147	52	564	1,531
2014	1,982	15	409	1,558
2013	1,227	12	225	990
2012	1,292	29	335	928
2011	735	19	298	418
2010	486	14	140	332
2009	771	15	239	517
2008	691	47	194	450
2007	474	1	177	296
2006	407	30	171	206
2005	343	21	171	151
2004	214	21	90	103
2003	684	107	293	284

출처 : 한국청소년상담복지개발원.

청소년기본법에 의거 청소년상담사 자격증 취득 이후 청소년상담사 보수교육 규정에 따라 청소년상담사로서의 전문성과 윤리성을 강화하고 청소년상담에 필요한 자질향상 및 전문지식 함양을 목적으로 보수교육을 시행하고 있다. 보수교육대상자는 청소년단체 중 여성가족부 장관이 정하여 고시하는 단체, 한국청소년상담복지개발원, 청소년상담복지센터, 청소년복지시설, 이주 배경 청소년지원센터와 학교 및 Wee클래스 · 센터 · 스쿨 등이 있으며, 보수교육 대상에 해당하지 않는 기관, 단체의 청소년상담사 자격증 소지자도 보수교육을 받을 수 있다. 보수교육 과정은 2013년부터 청소년기본법에 따라 정기적으로 보수교육을 받도록 규정하였다. 보수교육 시간은 자격 취득 익년도부터 매년 8시간 혹은 8차시 이상 이수하여야 하며, 1급, 2급, 3급 급수 통합과정으로도 개설할 수 있다(청소년상담복지개발원 보수교육 규정). 청소년기본법 시행령에 의거하여 보수교육을 받지 않는 경우에는 1차 위반 30만 원, 2차 이상 위반 시 50만 원을 부과한다. 단, 6개월 이상 종사하지 않는 경우, 면제신청 승인을 받은 경우에는 과태료 부과 대상에서 제외된다.

3) 평생교육사

평생교육사는 평생교육법 제24조에 따라 평생교육의 기획 · 진행 · 분석 · 평가 및 교수업무 등 평생학습 관련 업무의 전반을 담당하는 현장 전문가를 말한다. 평생교육사의 주요 직무는 효과적인 운영을 위한 행정사무 및 기관 경영업무와 객관적인 자료와 정보를 과학적으로 분석하고, 비전 및 추진전략을 수립 · 기획, 실행계획안 설계, 통합적 추진과 참여 촉진을 위한 네크워크 구축, 고객 특성을 고려한 프로그램 개발, 학습자의 생애 설계 자문 및 상담, 역량개발, 발굴 · 육성 · 변화 촉진, 학습자의 특성과 능력에 맞는 교수법으로 프로그램을 전개하고 평생학습 사업의 필요한 인적 · 물적 자원 확보 및 지원관리, 평생학습 사업의 결과 및 성과를 유지하고 확산하여야 한다(국가평생교육진흥원, https://www.nile.or.kr). 이러한 직무수행을 위해 자격조건에 해당되는 자에게 평생교육법에 따라 평생교육사 자격증을 교부하고 평생교육사의 전문 역량 강화를 위한 연수 운영 등을 국가평생교육진흥원에 의해 양성하고 있다. 평생교육사는 1982년에 사회교육전문요원이란 명칭을 사용하였으나 1999년도에 평생교육사로 명칭이 변경되고, 이후 평생교육법 전면 개정(2007.12.)에 의해 등급별 평생교육 관련 과목, 학점 수, 교육 시간, 대상 기관별 평생교육사 배치 규정 등이 강화되고 확대되었다. 평생교육사 자격증을 취득하기 위해서는 필수과목과 선택과목으로 나누어진다. 필수과목 5과목, 선택과목인 평생교육 실천영역 8과목, 평생교육 방법영역 13과목 총 21과목으로 구성되어 있으며, 또한 필수과목 중 평생교육 실습시간 160시간도 포함되어 있다. 평생교육사는 1급, 2급, 3급으로 구분되어 있으며, 2급은 선택과목 5과목, 3급은 2과목을 이수하여야 한다. 국가자격증인 평생교육사 자격증 취득을 위해서는 필수과목 5과목은 반드시 이수해야 한다. 교육부장관 명의로 일원화하여 국가평생교육진흥원에 위탁하여 평생교육사를 양성하고 있다. 평생교육사 자격 취득을 위해 필요한 등급별 자격요건, 관련 과목·이수 과정(승급 및 양성과정) 등이 필요하다. 평생교육법 평생교육사 등급별 자격요건은 〈표 3-9〉와 같다.

〈표 3-9〉 개정 평생교육법 평생교육사 등급별 자격요건

등 급	자격요건
평생교육사 1급	• 평생교육사 2급 자격증을 취득한 후, 평생교육 관련 업무 5년 이상 종사한 경력이 있는 자로서 국가평생교육진흥원이 운영하는 평생교육사 1급 승급과정을 이수한 자(2급 자격 취득 이후 경력만 인정)
평생교육사 2급	1. 대학원에서 필수과목 15학점 이상 이수하고 석사 및 박사학위를 취득한 자 2. 대학 또는 학점은행기관에서 평생교육 관련 과목을 30학점 이수하고 학위를 취득한 자

	3. 대학을 졸업한 자로서 대학 또는 학점은행기관에서 평생교육 관련 과목을 30학점 이수한 자 • 평생교육사 3급 자격증을 보유하고 평생교육 관련 업무에 3년 이상 종사한 경력이 있는 자로서 국가평생교육진흥원이 운영하는 2급 승급과정을 이수한 자(3급 자격 취득 이전/ 이후 학력 모두 인정)
평생교육사 3급	1. 대학 또는 학점은행기관에서 평생교육 관련 과목을 21학점 이수하고 학위를 취득한 자 2. 대학을 졸업한 자로서 대학 또는 학점은행기관에서 평생교육 관련 과목을 21학점 이수한 자

출처 : 국가평생교육진흥원.

평생교육사 자격 취득을 위해 필요한 관련 과목은 〈표 3-10〉과 같다.

〈표 3-10〉 개정 평생교육 관련 과목

필수과목
평생교육론, 평생교육방법론, 평생교육경영론, 평생교육프로그램개발론, 평생교육실습(4주, 160시간 이상 현장실습 포함)

※ 평생교육사 자격 취득을 위하여 필수과목 5과목은 반드시 이수하여야 한다.

선택과목	
실천영역	노인교육론, 문자해득교육론, 성인학습 및 상담, 시민교육론, 아동교육론, 여성교육론, 청소년교육론, 특수교육론
방법영역	교수설계, 교육공학, 교육복지론, 교육사회학, 교육조사방법론, 기업교육론, 문화예술교육론, 상담심리학, 원격(이러닝, 사이버)교육론, 인적자원개발론, 지역사회교육론, 직업 · 진로 설계, 환경교육론

※ 평생교육사 2급은 선택과목 5과목, 3급은 2과목을 이수하여야 한다.
※ 선택과목은 실천영역과 방법영역에서 각각 1과목 이상을 반드시 포함하여 이수하여야 한다.
출처 : 국가평생교육진흥원.

국가자격증인 평생교육사는 1급, 2급, 3급으로 구분되며, 이수 방법에 따라 승급과정과 양성과정으로 구분되어 〈표 3-11〉과 같다.

〈표 3-11〉 개정 평생교육사 이수과정

이수과정	
승급과정	일정 자격을 갖춘 평생교육사 자격증 소지자가 상위 급수로 승급하기 위해 이수하는 연수과정(1급 승급과정, 2급 승급과정)
양성과정	대학, 학점은행기관 등 평생교육사 양성기관에서 운영하는 관련과목을 이수하여 일정 학점 이상 취득하는 과정(2급, 3급 진입 가능)

출처 : 국가평생교육진흥원.

승급과정과 양성과정을 그림으로 살펴보면 |그림 3-1|과 같다.

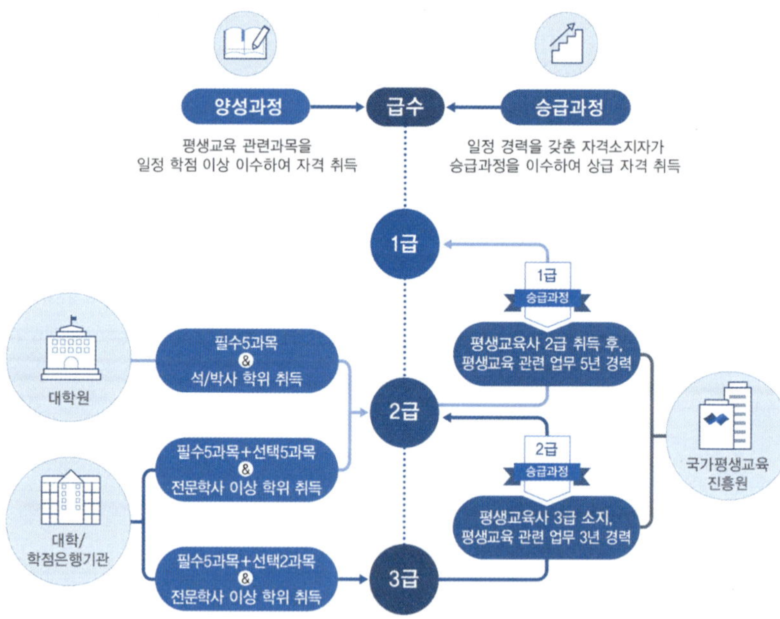

|그림 3-1| 평생교육사 자격요건

출처 : 국가평생교육진흥원.

평생교육법에 따라 평생교육사를 배치하는 대상기관과 배치기준은 〈표 3-12〉와 같다.

〈표 3-12〉 평생교육사 배치대상기관 및 배치기준(제22조 관련)

배치대상	배치기준
1. 진흥원, 시 · 도진흥원	• 1급 평생교육사 1명 이상을 포함한 5명 이상
2. 장애인평생교육시설	• 평생교육사 1명 이상
3. 시 · 군 · 구 평생학습관	• 정규직원 20명 이상 : 1급 또는 2급 평생교육사 1명을 포함한 2명 이상 • 정규직원 20명 미만 : 1급 또는 2급 평생교육사 1명 이상
4. 법 30조에서 제38조까지의 규정에 따른 평생교육시설(학력 인정 평생교육시설은 제외한다). 「학점인정 등에 관한 법률」 제3조제1항에 따라 평가인정을 받은 학습 과정을 운영하는 교육훈련기관 및 법 제22조제2호 다목의 시설 · 법인 또는 단체	• 평생교육사 1명

출처 : 평생교육법 시행령[별표 2](개정 2017.5.29).

평생교육사 자격증 소지자를 등급별로 살펴보면 1급 교육사 940명, 2급 교육사 120,890명, 3급 교육사 5,704명 총 127,527명이 2021년도까지 배출되었다. 2000년도부터 2021년도까지의 평생교육사 연도별 자격증 양성현황은 〈표 3-13〉과 같다.

〈표 3-13〉 평생교육사 양성현황

(단위 : 명)

평생교육사				
구 분		1급	2급	3급
합 계	127,527	940	120,890	5,704
2000	1,914	22	1,548	344
2001	3,416	25	2,878	513
2002	3,631	38	2,957	636
2003	3,614	31	2,982	601
2004	3,359	32	2,776	551

2005	4,250	26	3,734	490
2006	3,911	33	3,735	143
2007	4,898	16	4,566	316
2008	5,754	33	5,448	273
2009	5,764	57	5,447	260
2010	7,135	55	6,697	383
2011	7,059	30	6,808	221
2012	8,153	70	7,900	183
2013	7,847	58	7,633	156
2014	7,946	42	7,791	113
2015	8,404	44	8,278	82
2016	7,042	38	6,923	81
2017	6,496	43	6,386	67
2018	6,788	87	6,618	83
2019	6,671	76	6,532	63
2020	6,741	38	6,626	77
2021	6,734	44	6,625	65

출처 : 국가평생교육진흥원 내부 자료 수정.

생각해 보기

- 청소년지도자의 광의적 개념과 협의적 개념에 대하여 알아보자.
- 청소년지도에 있어서 지도자의 역할과 역량 및 자질에 대하여 알아보자.
- 청소년지도사, 청소년상담사, 평생교육사의 양성과정과 배치기준 등에 대하여 알아보자.

참고문헌

권혁운(2010). 초등학교 교사의 직무기준 설정에 관한 연구. **한국교원교육연구, 27**(3), 191-214.

김영인 · 김 민(2016). **청소년지도방법론**. 서울 : 한국방송통신대학교출판문화원.

김진호 외(2009). **청소년활동론**. 서울 : 한국방송통신대학교출판부.

김창현(2018). **청소년지도방법론**. 경기 : 정민사.

서희정 · 구경희 · 이은진(2016). 청소년지도사의 활동역량 탐색. **청소년포럼, 48**, 29-60.

손진희 · 이해경(2019). 청소년지도자의 역량에 관한 연구. **한국청소년활동연구, 5**(1), 151-172.

신명철(2000). 청소년지도자 자격검정제도에 대한 청소년지도자 의견조사 연구. 중앙대학교 사회개발대학원 석사학위논문.

오치선(1999). **청소년지도학**. 서울 : 학지사.

이광호(2012). **새로운 청소년 육성제도 및 정책론**. 서울 : 창지사.

이교봉(2008). 청소년의 역량개발을 위한 청소년활동 프로그램의 발전방안에 관한 연구. 명지대학교 대학원 박사학위논문.

장수한(2014). **청소년활동론**. 경기 : 양서원.

최윤진(1993). 청소년지도자연수과정개발연구. 서울 : 한국청소년개발원.

한국청소년정책연구원(2015). **청소년학개론**. 경기 : 교육과학사.

한국청소년개발원 편(2003). **청소년수련활동론**. 경기 : 교육과학사.

한국청소년개발원 편(1993). 청소년지도론. 서울 : 한국청소년개발원.

한상철(1998). **청소년학개론**. 서울 : 중앙적성출판사.

한상철 외(2001). **청소년지도론**. 서울 : 학지사.

한상철(2004). **청소년 문제행동**. 서울 : 학지사.

한준상(1999a). **청소년학 연구**. 서울 : 연세대학교출판부.

함병수(1996). 청소년지도자의 역할과 자세. 문화체육부. '96청소년육성정책지역공청회자료집. 문화체육부.

NCSS & NYC(2006). Core Competencies for Youth Workers and Volunteer Youth Worker In Singapore, from http://www.nyc.pa.gov.sg.index. php?option=com_content&view=article&id=31&Itemid=53.

OECD(2001). *DeSeCo Country Contribution Process*(CCP). Paris : OECD.

기타 자료

청소년기본법(2014).

청소년기본법 시행령.

청소년백서(2017).

평생교육법(2021).

사이트

국가평생교육진흥원. https://www.nile.or.kr.

청소년지도사종합정보시스템. https://www.youth.go.kr.

한국청소년정책연구원. https://www.nypi.re.kr.

KESS교육통계서비스. https://kess.kedi.re.kr.

Chapter 04

청소년프로그램

학습목표

- 청소년들의 성장과 발달을 지원하기 위해 다양한 유형의 프로그램을 개발 · 운영한다.
- 청소년지도프로그램의 유형은 프로그램의 개발과정에서 각각 다른 과업 수행을 필요로 하기 때문에 매우 중요하게 고려되어야 한다.
- 청소년지도자들이 꾸준한 협력관계를 통해서 지역 청소년들의 욕구를 반영시킬 수 있는 프로그램을 지속적으로 개발한다.

학습개요

청소년프로그램의 의미와 특성을 명확하게 이해하고 폭넓게 활용하고, 청소년지도프로그램에서의 모든 곳, 모든 여건, 모든 장소에서 청소년들이 철학, 흥미, 관심, 재능과 힘을 얻도록 프로그램을 설계하고 지도하여야 한다. 자발적이고 경험을 통해 체득되는 프로그램을 통하여 청소년 8대 역량을 향상시킬 수 있게 된다.

Chapter 04

청소년프로그램

1. 청소년지도프로그램의 의미와 특성

청소년지도를 위한 프로그램의 기초 개념의 이해를 위해서는 청소년활동에 대한 개념을 명확하게 할 필요가 있다. 한상철(1998)은 "체계적인 프로그램을 통해서 지도목표를 효과적이고 효율적으로 달성할 뿐만 아니라 청소년들에게 의미 있고 매력적인 경험을 제공함으로써 그들로 하여금 바람직한 방향의 행동 변화를 유도하기 위한 활동이 청소년지도인 것이다."라고 하였고, "청소년활동은 청소년의 균형 있는 성장을 위해 필요한 활동과 이러한 활동을 소재로 하는 수련활동 · 교류활동 · 문화활동 등 다양한 형태의 활동을 말하는 것이고, 청소년활동프로그램은 이러한 청소년활동을 지원하기 위한 목적으로 만들어진 것이다(청소년기본법 제3조제3호)."라고 하였다. 청소년활동프로그램은 청소년관련기관이나 시설, 단체, 그리고 지도자의 역량이나 프로그램 대상에 따라 의도하는 목적과 내용이 달라질 수 있으므로 그 환경에 맞춰 다양한 분야에서 폭넓게 활용하면서 유연하게 대처할 필요가 있다.

청소년지도자가 프로그램의 개념을 명확하게 알지 못한 상태에서 프로그램을 지도하게 된다면 참여 청소년에게 또 다른 영향을 미칠 것이다. 청소년활동프로그램은 "청소년의 건전한 육성을 위해 청소년활동 영역에서 청소년을 지도할 수 있도록 체계적으로 구조화된 일련의 경험과 활동의 총체"라고 할 수 있다. 이러한 청소년프로그램은 기본적으로 청소년활동의 독특한 성격을 가지게 된다. 청소년활동프로그램은 청소년의 건전한 육성을 목적으로 하는 다양한 청소년활동을 보다 효과적이고 효율적으로 실현하기 위해 필요한 활동들의 집합이라고 볼 수 있다(한국청소년개발원, 1997). 따라서 특정한 목적을 달성하기 위하여 한 가지 또는 여러 가지 서비스를 사전 계획에 따라 전달하는 의도적이고 조직적인 활동(유진이, 2013)을 전개하여야 한다. 현재 청소년활동에 관한 정의는 명확하지 않지만, 청소년교육의 연장선에서 비추어 볼 때 청소년활동프로그램은 학교 밖에서 이루어지는 것으로, 학교 교육을 보완하는 보조적 수단으로 여겨지고 있다고 보는 것이 현실적일 것이다. 또한 청소년이 바르게 성장하도록 학습 및 학습 이외의 모든 자원을 총동원하여 인체의 오감을 활용한 다양한 영역의 경험을 일정한 양식과 구체적인 틀에 의하여 받아들임으로써 건강한 성장이라는 의도한 목적을 얻도록 하는 행위를 일컫기도 한다.

청소년의 발달 특성과 성장과 성숙의 기폭제라는 점에서 청소년지도프로그램을 이해하기 위해서는 청소년지도프로그램에서의 모든 곳, 모든 여건, 모든 장소에서 청소년들이 철학, 흥미, 관심, 재능과 힘을 얻도록 프로그램을 설계하고 지도하여, 그 결과에 대한 성과를 어떻게 바라보며 수정과 보완을 해나가느냐는 것으로 큰 틀을 이해할 수 있다.

청소년지도프로그램에서 청소년지도자가 청소년활동의 개념 및 관련 요소를 구체적으로 파악해야 하는 이유는 청소년에 대한 제대로 된 이해를 바탕으로 청소년프로그램의 기획 및 설계가 이루어지면서 긍정적인 가치관 확립과 올바른 성장을 끌어낼 수 있기 때문이다.

청소년프로그램은 양적인 부분보다 질적인 부분으로 이루어져야 하며, 해당 결과를 바탕으로 나타나는 성과에 대한 상호관계성을 구축할 수 있기 때문이다. 이는 기본적으로 청소년이 중심이 되는 프로그램을 의미하며, 청소년의 성장과 변화에 대한 기대를 충족시켜 줄 수 있는 방향으로 접근해야 청소년들이 자발적으로 참여를 하려고 한다. 이러한 자발적 참여를 통해 청소년지도프로그램은 학교생활의 적응과 삶의 만족도를 향상시키는 데 기여하며, 청소년기에 필요한 발달과정에서 특정한 성과를 얻고자 하는 수단으로써 역할과 신체를 이용하여 자신의 내면에 대한 변화를 이끌어 내는 수단으로써 기능도 한다.

청소년지도프로그램은 교과 연계와 거리가 멀고 야외활동에 치중되어 있으며, 과학적이고 체계적이지 않다는 부정적 평가를 받기도 한다. 때로는 학교에서 부적응 청소년의 교정 수단으로 활용하기 때문이다.

이러한 부정적 평가에 변화를 주기 위하여 청소년기본법과 청소년활동진흥법의 재·개정을 통하여 청소년프로그램의 법적 의미를 부여하였고, 청소년프로그램이 개인 중심 변화와 성장을 위한 역량 요소의 수단으로 발전하였다. 자발적이고 경험을 통해 체득되는 프로그램을 통하여 청소년 8대 역량을 〈표 4-1〉과 같이 향상시킬 수 있게 되었다.

〈표 4-1〉 청소년활동 8대 역량

순 번	역량 요소	세부 내용
1	창의적 사고력	새로운 아이디어를 생각하고 창의적으로 문제를 해결하는 능력을 말한다. 청소년들이 상상력을 발휘하고 창의적인 사고를 통해 새로운 해결책을 찾을 수 있도록 도움을 준다.
2	소통과 협력 능력	효과적으로 의사소통하고 다른 사람들과 협력할 수 있는 능력을 의미한다. 이는 대인관계 형성과 문제해결, 그리고 팀워크를 발전시키는 데 도움을 준다.
3	문제해결 능력	복잡한 문제를 인식하고 분석하여 해결하는 능력을 의미한다. 청소년들이 문제를 파악하고 논리적으로 생각하여 다양한 방법으로 문제를 해결할 수 있도록 도움을 준다.
4	자기관리능력	목표를 설정하고 자기 조절하는 능력을 말한다. 청소년들이 자기의 감정을 인식하고 효과적으로 관리하며, 시간을 관리하고 목표를 달성할 수 있는 능력을 갖출 수 있도록 도움을 준다.
5	도전과 성취감	새로운 도전에 대해 두려움 없이 시도하고 성취감을 얻는 능력을 의미한다. 청소년들이 적절한 도전을 경험하고 성공과 실패를 통해 성취감을 느낄 수 있도록 도움을 준다.
6	긍정적 자아 이미지	자신을 긍정적으로 인식하고 존중하는 자아 이미지를 갖추는 능력을 의미한다. 청소년들이 자신의 강점과 장점을 인식하고 자신에 대한 긍정적인 자아 이미지를 형성할 수 있도록 도움을 준다.
7	사회적 책임감	사회의 일원으로서 책임감을 느끼고 행동하는 능력을 말한다. 청소년들이 타인을 배려하고 사회적 가치와 규칙을 준수하는 책임감을 갖추도록 도움을 준다.
8	다문화 이해와 협력	다양한 문화와 가치에 대하여 이해하고 다문화 사회에서 협력할 수 있는 능력을 의미한다. 청소년들이 다른 문화를 이해하고 존중하며, 다문화적인 환경에서 협력하여 삶을 함께 나눌 수 있도록 도움을 준다.

청소년지도프로그램은 위의 8대 역량을 중심으로 이루어지며, 세부적으로는 청소년지도프로그램의 동태적인 요소와 역동성을 근간으로 경험적 요소를 중시하고 있음을 지각하여야 한다. 청소년이라는 대상이 존중과 인격적 차별성을 경험하여서는 안 된다는 인본주의적 가치에 우선권을 부여하

여 경제적 자주권, 자발적 의사결정권 등을 통하여 다양성을 인정하여야 한다.

이는 청소년이 경험적 특성을 최대한 살리되 자발적이고, 자주적인 삶을 살아가도록 하는 기회의 평등성을 부여하는 의미가 있다. 청소년지도프로그램은 활동을 통하여 스스로가 균형적 성장, 바람직한 성장, 전인적인 성장, 역량 강화의 영향을 얻게 되는 필요성을 충족하기 위해서 개인의 지, 덕, 체 인간양성의 역량증진을 할 수 있도록 한다. 청소년들이 스스로 행하는 자발적, 비조직적 활동과 조직적이고 체계적인 목적을 가지고 수행하는 활동을 통해 청소년 개개인의 내외적 역량을 발현시켜 사회인으로서 살아가는 데 필요한 능력을 갖추는 것을 의미한다.

곧 청소년지도프로그램은 청소년들의 성장과 발달을 지원하고 돕기 위해 설계된 프로그램으로 볼 수 있다. 다양한 분야에서 도움을 주고 자기 계발과 사회적, 정서적 발달을 촉진하기 위한 지도와 지원을 제공한다.

청소년기는 개인의 성장과 사회적 변화가 많이 일어나는 중요한 시기로, 이 시기에 청소년들은 자아 성찰, 정체성 형성, 독립성 획득 등의 과정을 거치게 된다. 청소년지도프로그램은 이러한 과정을 지원하고 청소년들이 건강하게 성장할 수 있도록 돕는 역할을 주도적으로 한다.

청소년지도프로그램은 청소년들에게 다음과 같은 의미와 가치를 제공한다.

첫째, 자기 계발과 성장 : 청소년들은 자기의 잠재력을 발견하고 발전시킬 수 있는 기회를 얻을 수 있다. 프로그램은 청소년들이 자기 자신을 이해하고, 강점을 발휘하며, 미래에 대한 목표를 설정하고 실현할 수 있는 도구를 제공한다.

둘째, 사회적인 관계와 연결 : 청소년들은 프로그램을 통해 다른 청소년들과의 교류와 협력의 경험을 할 수 있다. 이는 사회적인 관계 형성과 협력

능력의 발달을 도울 뿐만 아니라, 친구나 동료를 만나는 장소로의 역할을 한다.

셋째, 리더십과 책임감 : 프로그램은 청소년들이 리더십 역량을 발휘하고, 책임감을 키울 수 있는 기회를 제공한다. 리더십의 경험과 책임감은 청소년들이 미래에 사회적인 기여를 할 수 있는 능력을 키우는 데 도움이 된다.

넷째, 문제해결과 자기 조절력 : 청소년들은 프로그램을 통해 문제해결과 자기 조절력을 향상시킬 수 있다. 프로그램은 도전과 실패를 경험하고, 문제를 해결하는 과정을 통해 청소년들이 자신의 능력을 믿고 스스로 해결책을 찾을 수 있는 자신감을 키운다.

청소년지도프로그램은 청소년들의 자기 계발과 성장, 사회적인 관계 형성, 리더십과 책임감의 발달, 문제해결과 자기 조절력 등을 지원하여 청소년들이 건강하게 성장하고 사회적으로 성공적인 성인으로 성장할 수 있도록 돕는 의미를 지니고 있다. 이를 통해 청소년들은 자신의 잠재력을 발견하고 발전시키며, 사회와의 연결을 형성하고 사회적인 기여를 할 수 있는 능력을 갖추게 된다. 청소년지도프로그램은 청소년들의 참여와 지원을 통해 개인과 사회적인 변화를 이루는 중요한 역할을 수행한다.

청소년지도프로그램은 청소년들의 성장과 발달을 지원하기 위해 설계되었으며, 다음과 같은 특성을 가지고 있다.

첫째, 청소년 중심 : 청소년들의 요구와 필요에 맞추어 개발되며, 청소년들의 참여와 의견을 존중한다. 청소년들이 프로그램에 적극적으로 참여할 수 있는 기회를 제공하고, 그들의 의견과 욕구를 수용한다.

둘째, 종합적 접근 : 청소년들의 다양한 측면을 고려하여 신체, 정서, 사회, 학업 등 다양한 영역을 다룬다. 이는 청소년들의 온전한 발달을 지원하기 위한 목적을 가지고 있다.

셋째, 개별화 : 청소년들의 개별적인 특성과 요구에 맞추어 개별 지도와 지원을 제공한다. 청소년들은 다양한 배경과 개인적인 차이를 가지고 있기 때문에, 프로그램은 그들의 다양성을 존중하고 각 개인에게 맞춤형 지원을 제공한다.

넷째, 협력과 협업 : 학부모, 교사, 상담사, 지역사회와의 협력을 통해 온전한 환경에서 충분한 지원을 제공한다. 이는 청소년들의 온전한 발달에 긍정적 영향을 미치는 좋은 환경을 사회적으로 책임지고 지역사회에서 개발하는 것을 의미한다.

다섯째, 실용적인 접근 : 청소년들이 실생활에서 적용 가능한 기술과 지식을 제공하고, 문제해결 능력을 키운다. 이는 청소년들이 프로그램에서 배운 것을 실제 상황에서 적용하고 활용할 수 있도록 지원한다.

여섯째, 평가와 개선 : 청소년지도프로그램은 평가와 개선을 통해 효과적인 지원을 제공한다. 프로그램의 효과와 품질을 평가하고, 그 결과를 토대로 프로그램을 수정하고 발전시킨다.

청소년지도프로그램의 특성은 청소년들의 발달과 성장을 온전하게 지원하는 것을 목표로 한다. 이를 통해 청소년들은 온전한 발달과 사회적 지원을 받으며, 성공적으로 성장할 기회를 얻는다.

청소년지도프로그램은 다양한 구성요소로 성장과 발달을 지원한다. 이런 구성요소는 청소년들의 온전한 참여와 발전을 돕고, 목표를 달성하는 데 중요한 역할을 한다. 주요한 구성요소는 다음과 같다.

첫째, 프로그램의 목표와 디자인 : 청소년지도프로그램은 명확한 목표를 가지고 설계되며, 그 목표를 달성하기 위한 구체적인 디자인이 필요하다. 프로그램의 목표는 청소년들의 온전한 발달과 건강한 삶을 지원하고, 그들의 관심사와 요구에 부합해야 한다.

둘째, 활동 및 교육자원 : 프로그램은 청소년들에게 다양한 활동과 교육지원을 제공한다. 이는 체험활동, 그룹 활동, 교육 세션, 토론, 참여형 게임 등을 포함할 수 있다. 이러한 활동은 청소년들의 참여와 동기부여를 촉진하며, 학습과 성장을 도울 수 있다.

셋째, 리더십 및 멘토링 : 프로그램은 리더십 개발과 멘토링 활동을 통해 청소년들에게 지원을 제공한다. 리더십 개발은 청소년들이 자신의 잠재력을 발휘하고 책임감을 갖추는 데 도움을 주며, 멘토링은 성인 멘토와의 상호작용을 통해 지도와 조언을 제공한다.

넷째, 개별 지도 및 상담 : 청소년들은 개별적인 지도와 상담을 받을 수 있다. 이는 청소년들의 개인적인 문제나 관심사에 대해 상담을 제공하고, 발전을 돕는 역할을 한다. 개별 지도와 상담은 청소년들의 발달과 필요에 맞추어 제공되어야 한다.

다섯째, 평가 및 개선 : 프로그램은 평가와 개선을 통해 효과적인 지원을 제공한다. 청소년들의 참여와 성과를 평가하고, 프로그램의 효과와 품질을 개선하기 위한 피드백을 수집한다.

청소년지도프로그램의 구성요소는 프로그램의 목표와 디자인, 활동 및 교육자원, 리더십 및 멘토링, 개별 지도 및 상담, 그리고 평가 및 개선으로 이루어져 있다. 이러한 구성요소들이 조화롭게 작용할 때 프로그램의 목표를 달성하는 데 이바지한다.

2. 청소년프로그램의 유형

청소년지도프로그램은 청소년들의 성장과 발달을 지원하기 위해 다양한 유형의 프로그램이 개발되고 운영된다. 주요한 청소년지도프로그램의 유형은 다음과 같이 정리할 수 있다.

첫째, 교육 및 학업 지원 프로그램 : 청소년 시기에 교육 및 학업에 대한 지원은 기본이자 필수적인 프로그램의 기본 값이라고 할 수 있다. 학업적 성취와 학습 능력을 향상시키기 위한 프로그램으로, 학업적 어려움을 극복하고 학습 방법을 습득하는 데 도움을 준다. 예를 들어, 과외 지도, 학업 자습 프로그램, 스터디 그룹 등이 있다.

둘째, 사회적 기술 프로그램 : 사회적인 기술과 관계 형성 능력을 향상시키기 위한 프로그램으로, 소통, 협력, 리더십, 문제해결 등의 사회적 기술을 배우고 발전시키는 데 도움을 준다. 예를 들어, 커뮤니케이션 교육, 협력 게임, 리더십 훈련 등이 있다. 최근의 사회적 기류로 인하여 청소년 시기의 대인관계적 사회성과 세대 간의 갈등 조절에 대한 사회적 기술에 대한 프로그램 지원이 더욱 강화되고 있다.

셋째, 문화 및 예술 프로그램 : 예술과 문화활동을 통해 창의성과 감성을 발휘하고 문화적 표현력을 향상시키는 데 초점을 둔 프로그램이다. 예를 들어, 미술 작품 창작, 연극 공연, 음악활동, 문학 동아리 등이 있다. 청소년기에 문화에 대한 경험을 직접적으로 하는 것이 진로 탐색 및 자신의 가치관 형성에 많은 도움을 준다는 것을 생각하여, 보다 지원이 강화되어야 할 프로그램이다.

넷째, 체육 및 운동 프로그램 : 체력과 건강을 증진시키고 스포츠 기술을 배우는 데 초점을 둔 프로그램이다. 청소년들의 체력 향상과 운동 습관 형성을 지원한다. 예를 들어, 스포츠 동아리, 운동 트레이닝 프로그램, 야외활동 등이 있다. 청소년프로그램의 근간이 되었던 유형으로 청소년기 신체적 성장과 정서적 성장에 있어서 신체활동은 크게 영향을 주고 있다.

다섯째, 자율성과 리더십 프로그램 : 청소년들의 자율성과 독립성을 발달시키고 리더십 역량을 키우는 데 초점을 둔 프로그램이다. 예를 들어, 자기주도적 학습 프로그램, 청소년 리더십 캠프, 자치 기구 활동 등이 있다. 꾸준하게 청소년프로그램의 중심에 있으며, 청소년기 함양하여야 할 자율성과 독립성을 함께하는 활동을 통하여 향상시킨다.

이러한 유형의 청소년지도프로그램은 청소년들의 다양한 요구와 발달 단계에 맞추어 설계되어 청소년들의 온전한 성장과 발달에 기본이 되는 역할을 하게 된다. 청소년프로그램의 유형은 이러한 기본요소를 중심으로 이루어지며 발전되고 있다.

특히 청소년프로그램의 유형은 개별화를 중심으로 이루어진다. 청소년들은 개별적인 특성과 욕구를 가지고 있으며, 그들의 개인적인 발달 단계에 맞추어 프로그램이 설계되어야 한다. 청소년들이 안전하고 지지를 받는 환경에서 자신의 능력을 발휘하고 발전시킬 수 있도록 유형적 반영이 있어야 하기 때문이다.

청소년들이 프로그램의 유형에 따라 적극적으로 참여할 수 있도록 청소년들을 격려해 주어야 한다. 이를 위해 프로그램 유형은 청소년들의 의견과 흥미를 존중하고, 그들이 자기주도적으로 활동을 기획하고 문제를 해결할 수 있도록 돕는 환경적 바탕이 이루어져야 한다.

청소년프로그램의 유형은 목표 설정, 활동 및 교육내용, 참여방식, 리더십 및 멘토링, 평가와 피드백, 안전 및 관리 등의 구성요소를 가지고 이루어진다.

이처럼 청소년지도프로그램은 청소년들의 다양한 욕구와 사회적 요구에 따라 기관에서 개발하고 있어 이를 어떤 일정한 기준에 의해 명확하게 분류하기가 매우 어렵다. 그리고 어떠한 준거일지라도 그것이 상대적이기 때문에 경우에 따라서는 하나의 유형이 여러 가지 기준에 교집합적으로 포함되기도 한다. 청소년지도프로그램 관련 현상이나 사실은 여러 유형으로 분류되기는 하지만 어떤 내용은 특정한 유형으로 분류하지 못하고 애매한 상태로 남아있기도 한다. 청소년지도프로그램은 공적인 검정이나 인정을 거치지 않고 해당 청소년시설에서 자체 개발하여 운영하는 경우가 많다. 청소년지도프로그램은 청소년의 생활 전체를 포함하는 포괄적인 활동이기 때문에 매우 다양하고 어느 하나의 변인이 아니라 기관의 추구하는 활동 목표, 내용, 대상, 시간, 장소 등 여러 변인이 함께 이루어지기 때문이다. 어떠한 기준이나 준거라 할지라도 절대적이며 배타적이지 않고 상대적이기 때문에 청소년지도프로그램의 유형을 명확하게 구분하기는 제한점이 있다.

청소년기본법 시행령(제3조)에 따르면 수련활동의 주요 유형을 문화적 감성을 함양하기 위한 활동, 과학, 정보화 능력을 함양하기 위한 수련활동, 봉사와 협력 정신 등을 함양하도록 하고 있다.

또 다른 분류 유형으로 집중식과 분산식으로 나눌 수 있다. 집중식의 경우 기존의 주최자 중심의 집단 활동으로 대그룹 활동으로 볼 수 있다. 분산식 프로그램은 소그룹을 통한 활동 중심으로 이루어지는 프로그램이다. 청소년지도프로그램의 경우 분산식 프로그램이 적용되기는 좋겠지만 이에 맞는 지도력이 지원되지 않으면 오히려 공동화 현상이 발생할 수 있다. 절충

된 혼합형의 프로그램이 있기는 하지만 청소년지도프로그램의 유형을 분류하기 위해서는 개발주체의 종류, 구조화의 유무, 구성범위, 지도내용 등의 기준을 설정하여 〈표 4-2〉와 같이 분류한다.

〈표 4-2〉 청소년지도프로그램의 유형과 분류

분 류	프로그램의 유형	세부 내용
개발주체에 따른 분류	국가 및 사회적 공익수준의 프로그램	국가가 청소년지도의 주체적인 활성화를 위하여 개발하고 보급하는 프로그램
	공공기관 수준의 프로그램	공공형태의 청소년시설이 독자적으로 개발하는 사업적인 성격의 프로그램
	지도자 수준의 프로그램	하나의 단위 활동을 전개하는 데 필요한 구체적인 활동 계획을 수립하는 프로그램
구조화에 따른 분류	구조화 프로그램	운영 프로그램의 목적 및 목표가 분명하고 전문적이고 체계화된 프로그램
	비구조화 프로그램	일시적 행사 진행 또는 비정기적 일정에 따른 프로그램
구성범위에 따른 분류	단위 프로그램	하나의 주제를 한 번에 지도하기 위한 일회성 프로그램
	연속 프로그램	하나의 주제를 여러 개의 내용으로 나누어서 일정한 순서에 따라 연결한 프로그램
	통합 프로그램	하나의 주제에 대하여 세분화된 여러 활동이나 비슷한 성격의 활동들을 모아 한 체계 속에 적절하게 연결하여 하나의 활동으로 묶어서 구성하는 프로그램
	종합 프로그램	프로그램의 부분들의 고유한 목표나 성격을 유지시키면서 연결원칙이나 공통적인 문제 또는 관심 영역에서 연계성을 합리적으로 조합한 프로그램
지도내용에 따른 분류	자연 체험활동 프로그램	청소년들이 자연을 이해하고 사랑하는 마음을 갖도록 하는 프로그램
	체육활동 프로그램	청소년들의 시대적, 정신적인 건강을 증진하려는 프로그램
	예능활동 프로그램	청소년들이 예술활동에 대한 기본적인 소양과 안목을 갖추도록 하며, 정서발달과 창조 능력을 증진시키려는 프로그램
	과학활동 프로그램	직접적 관찰과 실험을 통해 과학의 기초지식과 원리를 습득하도록 하고, 과학 현상에 대한 탐구 능력을 기르게 하는 프로그램

	봉사활동 프로그램	지역사회의 봉사활동을 통해 지역애와 시민정신, 인성을 함양할 수 있도록 하는 프로그램
	예절 수양 프로그램	사회구성원으로 갖추어야 할 공동체적 의식과 사회규범을 습득하도록 하는 프로그램
	전통 문화 프로그램	문화정체성을 형성하고 문화의 전달과 유지·창조과정을 익히는 프로그램
	자아 성장 프로그램	청소년기의 주요 발달과업인 자아정체감 형성과 자아에 대한 이해, 수용을 바탕으로 대인관계 형성과 건전한 성격 개발, 사회적응을 조력하는 프로그램

위와 같이 살펴본 청소년지도프로그램의 유형은 프로그램의 개발과정에서 각각 다른 과업 수행이 필요하기 때문에 매우 중요하게 고려해야 한다.

3. 청소년프로그램 개발과 평가

1) 청소년지도프로그램의 개발

프로그램이란 집단이 합의한 목적에 따라 이를 실현하기 위하여 순서를 짜고 예정 계획을 수립, 실행, 평가하는 과정을 포함하여 매우 복잡한 단계들을 밟아 나가는 광범위한 과정이다.

청소년지도프로그램에 대한 이론적 관심은 학교 교육과 비교해 상대적으로 약하다고 할 수 있지만, 청소년지도기관의 특성상 제도적으로 강압성을 가지지 않고, 청소년들의 자발적인 참여에 의존하는 경향을 보이기 때문에 이론보다는 활동 중심으로 이루어질 수밖에 없었다.

프로그램 개발이란 요구분석, 계획, 지도, 개발, 평가, 그리고 피드백 등의 모든 활동을 포함하는 개념으로, 교육대상과 전문교육자가 참여하는 모든 활동의 결과로 생성되는 것이다. 프로그램 개발은 교육에 대한 기획, 설계, 이해, 평가 및 그 효과의 측정에 있어서 사회교육조직, 사회 교육자 또는 학습자들의 개별적인 노력이나 집합적인 노력을 통칭한다.

프로그램 개발의 정의에서 볼 수 있듯이 프로그램 개발이란 학습자의 요구를 사정, 분석하여 목표를 설정하고, 학습자가 행해야 할 경험을 선택 조직하는 한편, 교수전략을 골라 이행하고 결과를 평가하고 평가받는 모든 활동이라고 할 수 있다.

청소년지도프로그램의 개발이란 청소년의 건전한 육성에 공헌할 청소년 활동프로그램을 계획하고 설계하여 활용하려는 시도로, 각 목표에 따라 구현하고자 하는 지표와 개발 적용이 다양하다.

청소년기관은 현장에서 실시하는 지도프로그램을 통해서 그 목적을 달성하고자 노력하며, 청소년지도프로그램이 얼마나 효과적으로 실시되는가의 여부는 프로그램의 내용에 달려 있다. 청소년지도프로그램은 청소년활동을 구체적으로 실행하기 위하여, 필요한 모든 활동 내용으로 목적을 실현할 수 있는 수단이 된다. 청소년지도프로그램은 청소년기관의 기본목적에서 파생하는 구체적이고 세부적인 하위목표를 추구하는 내용을 구체화하여 기관의 목적을 수행하게 된다. 어떤 지도프로그램을 개발하느냐는 청소년기관의 존립과 양상에 중요한 영향을 준다. 그러므로 청소년지도프로그램은 지역사회의 특성과 실제적인 내용으로 개발되어야 한다. 지역 단위의 청소년기관들과 청소년지도자들의 꾸준한 협력관계를 통해서 지역 청소년들의 욕구를 반영시킬 수 있는 프로그램 개발이 지속적인 모임을 통하여 함께 이루어져야 하며, 프로그램 개발은 청소년들의 욕구를 얼마나 잘 반영하였는지와 실현할 수 있는지가 아주 중요하기 때문이다. 지도받고자 하는 그대로의 지도를 받을 수 있고, 개인의 자질 계발과 사회발전에 이바지할 수 있는 방향의 요구들이 충분히 자극받을 수 있는 상태가 바로 청소년지도교육의 이상이라고 한다면 그와 같은 방향으로 청소년지도프로그램을 개발하는 것이 필요하다.

하지만 현재 청소년기관에서 운영하는 다양한 청소년지도프로그램들은 각 지역에 맞게 특성화하려 노력은 하지만, 현실적 상황을 고려할 때 특성화된 프로그램들이 많이 부족하고, 특성이 부족하고, 청소년의 욕구와 흥미를 적절히 반영하지 못하고 있다.

특히 청소년이나 현장의 개별성을 반영하지 못하고 사회적 흐름 또는 중앙에서 일괄적으로 개발 보급하는 프로그램들을 답습하고 있는 형태의 문제점을 지니고 있다. 따라서 청소년의 흥미와 동기부여에 맞으면서 현장 적용이 적절한 프로그램의 개발을 위하여 프로그램 개발과정에 청소년과 현장 실무자들의 참여를 확대하고 다양한 영역의 프로그램을 개발할 필요성이 제기되고 있다. 지속적으로 청소년들의 주도적인 참여가 요구되고 있지만, 청소년지도프로그램을 효과적으로 수행하기 위해서는 목적에 맞는 프로그램이 우선되어야 한다. 내용과 형식에 있어서 다양하고 변칙성이 많은 청소년지도프로그램을 개발할 때는 어떤 일정한 원리나 기준이 없어서 더욱 어렵다. 청소년지도프로그램은 철학을 기본으로 하여 이루어져야 하며, 각 현장의 특성에 맞는 프로그램을 개발하는 데 있어 지도자들이 명심해야 하는 부분일 것이다.

청소년지도프로그램은 다음과 같은 원리를 제시한다.

첫째, 청소년지도프로그램은 청소년들의 특성과 욕구에 적합하게 개발하여야 한다. 청소년지도프로그램은 청소년들의 필요와 요구를 바탕으로 목표가 결정되고 이를 충족시켜줄 수 있도록 구체화하여야 한다.

둘째, 청소년지도프로그램은 원활하게 수행하는 데 관련되는 기본요소를 모두 고려하여 개발하여야 한다. 프로그램이 의도한 목표를 달성하기 위한 기능을 다하기 위해서는 추상적이고 이론적인 방향만 제시되어서는 안 되고, 그 적용과 활용을 위해 제공하여야 하는 여러 가지 요소를 고려하여 실질적으로 적용하고 일반화할 수 있어야 한다.

셋째, 청소년지도프로그램은 가능한 프로그램 개발의 전 과정에서 청소년들의 폭넓은 참여를 보장하도록 개발하여야 한다.

넷째, 청소년지도프로그램은 청소년들의 발달 단계에 적합하게 개발하여야 한다. 청소년들은 지속적으로 성장하기 때문에 청소년지도는 특정한 연령층의 청소년들에게만 국한되는 것이 아니라 전 발달 단계에 걸쳐서 이루어져야 한다.

다섯째, 청소년지도프로그램은 청소년들의 전체 생활과 활동 속에서 통합될 수 있도록 개발하여야 한다.

여섯째, 청소년지도프로그램은 항상 변화하는 요구와 기회에 능동적으로 대응할 수 있게 개발하여야 한다.

일곱째, 청소년지도프로그램은 청소년지도자프로그램과 동시에 함께 개발하여야 한다.

즉, 청소년지도프로그램을 개발할 때는 개별성, 일반성, 자발성, 다양성, 융통성, 지도성 등을 고려하여 개발하여야 한다.

따라서 앞으로 개발되어야 하는 청소년지도프로그램은 청소년들이 경험하게 되는 사회문화적 여건을 충분히 고려하여, 청소년들의 욕구를 양껏 발산할 수 있는 여가생활의 능력을 기를 수 있도록 초점을 두어야 할 것이다. 또한 청소년지도의 중요성에 비추어 기본적인 사항은 공적으로 접근을 하고 청소년 자신이 주도하는 주체성을 가져야 할 것이다.

이상에서 살펴본 바와 같이 청소년지도프로그램 개발은 매우 다양하고, 양적인 확산세 속에서 질적인 과업 수행을 해야 하는 과제를 가지고 있다.

2) 청소년지도프로그램의 평가

평가는 여러 가지 의미를 포함하고 있지만 비교적 복합적인 개념으로 본다면 평가가 이루어지는 수준과 평가의 목적에 따른 개념 규정을 할 수 있다.

프로그램에 있어서 평가란 아주 중요한 마무리 과정으로 공공청소년기관이 운영을 하면서 발생하는 여러 가지 선택과 결정에 대한 정확한 판단을 내리는 데 필요한 정보를 누적하고 보다 나은 다음 프로그램을 위한 과정으로 볼 수 있다.

즉, 평가는 기획했던 프로그램이 그 목적과 내용 등이 잘 진행되고, 추구하고자 하는 목표에 맞게 도출되었는지에 대한 확인이라고 볼 수 있다. 프로그램을 실행한 후 참여자들의 호응도와 만족도, 욕구 등에 부합되었는지에 대한 자료는 프로그램 진행 중에 부족했던 부분이나 잘 되었던 내용들을 더 나은 방향으로 개선해 나갈 수 있는 결과물로서 중요한 자료로 쓰이므로 꼭 확보하여야 한다.

평가란 청소년지도프로그램의 가치나 효용에 관한 판단이다. 그런 만큼 평가에서는 기준점이 중요하다. 또한 평가란 행동 변화의 증거를 수집하는 과정으로 그 증거는 양적인 것뿐만 아니라 질적인 것까지를 포함한다. 질적·양적 피드백은 청소년프로그램을 통한 행동의 변화, 즉 지도와 교육의 목표달성도에 대한 것이다.

이러한 피드백은 다음 청소년지도프로그램 개발을 위한 기초자료로 활용된다. 이렇게 교육의 목표달성도에 대한 양적 분석과 질적 분석을 통하여 지도프로그램의 개선을 계속 이루어 나가는 과정을 평가라고 할 수 있다.

결국 프로그램 평가는 단일 요소에 대한 평가가 아니라 프로그램의 각 구성요소에 대한 평가이며, 성취도 비교를 위한 것이 아니라 프로그램의 가치를 판단하기 위한 것으로, 평가와 피드백의 과정은 광범위한 영역 및 사건과 절차를 포함하고 있는 복합적인 성격을 가지고 있다.

평가의 과정은 ① 평가의 세부 목표 설정, ② 평가내용과 방법의 결정, ③ 평가도구의 제작, ④ 평가의 시행, ⑤ 평가결과의 처리와 분석 및 활용 등으로 볼 수 있다.

결국 평가와 피드백과 관련하여 중요한 것은 참여 청소년의 반응에 대해서, 프로그램 내용이나 상황에 대해서, 계획이나 조직 운영에 대해서, 청소년과 청소년지도자들이 스스로 책임을 지고 평가와 피드백을 할 수 있도록 하는 것이다.

생각해 보기

- 청소년지도프로그램은 어떤 의미와 특성을 가지고 있는지 알아보자.
- 청소년활동의 8개 역량에 대하여 알아보자.
- 청소년지도프로그램 분류에 따른 유형과 세부내용에 대하여 알아보자.
- 청소년지도프로그램의 개발 원리와 평가의 중요성에 대하여 알아보자.

참고문헌

권두승 · 조아미(1996). 청소년 사회교육 기관 유형별 청소년지도사의 직무 만족도와 직전 경험 일치도의 관계. **한국청소년연구**, 7(2), 49-62.

권선덕(2001). 사회복지사의 소진 실태 및 소진요인에 대한 연구. 연세대학교 행정대학교 석사학위논문.

권이종 외(2001). **청소년교육론**. 서울 : 양서원.

권일남(1998). 청소년지도의 학문적 정립 방향에 대한 일 고찰. **한국청소년연구**, 28, 5-30.

길은배 · 문성호 · 이미리(2007). 청소년지도사의 근로환경 실태와 개선방안. **청소년학연구**, 14(1), 237-261.

김정수(2020). 청소년지도사 보수교육 이러닝학습 설계 방안. 한국방송통신대학교 대학원 석사학위논문.

김형주 · 김정주 · 김인규(2015). 청소년수련시설 역할 재정립 및 정체성 확립 방안 연구. 한국청소년정책개발원.

김화연(2011). 청소년지도자의 소진에 영향을 미치는 요인 연구. 명지대학교 대학원 석사학위논문.

문호영(2012). 청소년지도사의 소진유형에 관한 연구. 중앙대학교 대학원 박사학위논문.

박도춘(2018). 국,공립 청소년수련시설 관리 운영에 관한 법적 연구. 동아대학교 대학원. 박사학위논문.

박선영(2012). 청소년지도자의 직무요구, 직무통제, 사회적 지지가 소진에 미치는 영향. 명지대학교 대학원 석사학위논문.

박소영(2013). 청소년지도자의 직무스트레스가 소진과 이직 의도에 미치는 영향에 관한 연구. 명지대학교 대학원 박사학위논문.

선필호 · 하중래(2013). 청소년지도자의 직무만족이 소진에 미치는 영향 : 자기효능감과 사회적 지지의 매개효과를 중심으로. **미래청소년학회지**, 10(3), 161-181.

오현수(2008). 상담전문가 발달과정에서의 좌절극복 경험 분석. 백석대학교 기독교전문대학원 박사학위논문.

온기찬(1996). 전문성의 본질과 직관에서의 역할에 관한 연구. 한국교육학회.

원지윤(2011). 청소년지도사의 전문성 발달과정 연구 좌절 극복 경험을 중심으로. 명지대학교 대학원 석사학위논문.

유금자(2009). 청소년지도자의 직무 만족에 대한 연구. 충주대학교 경영행정 외국어대학원 석사학위논문.

이수연 · 권승기(2003). 청소년지도사의 직무만족 관련 변인에 관한 연구. **청소년학연구, 10**(3), 395-414.

이수영 · 정기수(2012). 청소년지도사의 조직공정성 인식이 조직몰입과 이직의도에 미치는 영향. **한국청소년학회, 19**(4), 271-291.

이효정(2018). 청소년지도사의 직무만족 영향요인 : 부산광역시 생활권 청소년 수련시설 중심으로. 평택대학교 교육대학원 석사학위논문.

최윤진(1993). 청소년지도사의 역할과 과제. **청소년지도자론.** 한국청소년개발원.

하중래(2014). 청소년지도사의 직무만족 잠재계층유형 분석과 변인간 차이에 관한 연구. 명지대학교 대학원 박사학위논문.

한국청소년개발원(2003). **청소년정책론.** 서울 : 교육과학사.

한국청소년수련시설협회(2021). 2021년도 청소년수련시설 관리, 운영지침.

한국청소년정책연구원(2012). 청소년수련시설 운영 개선방안 연구. 12-R18.

한국청소년정책연구원(2015) 청소년수련시설 역할 재정립 및 정체성 확립 방안 연구. **청소년학 연구, 14**(1), 237-261.

한국청소년지도사협회(2020). 청소년지도사현황.

05

Chapter

청소년활동 지도

학습목표

- 청소년활동의 개념과 정의 및 특성에 관해 이해할 수 있다.
- 청소년활동과 역량의 관계에 대해 설명할 수 있다.
- 청소년지도방법의 선정 및 개발의 기본원리에 관해 설명할 수 있다.

학습개요

4차 산업혁명에 따른 디지털 정보화와 세계화, 코로나 팬데믹 등 근래의 각종 사회변화는 청소년이 일상생활이나 자연에서 직접적인 체험활동을 통해 얻을 수 있는 지식습득의 기회를 급격하게 축소시키고 있다. 디지털 혁명에 의한 대량의 정보 유통은 청소년의 간접적인 경험의 양적 확대를 가져오지만, 청소년이 다른 사람이나 자연과의 접촉을 통해 인격을 함양하거나 사회성을 증진시킬 수 있는 기회를 축소시키고 있다. 이 장에서는 청소년활동의 개념과 정의를 알아보고 활동의 가치와 역량과의 관계, 그 속에 지도자의 역할과 지도방법에 관해 논해보고자 한다.

Chapter 05

청소년활동 지도

1. 청소년활동 지도의 이해

1) 청소년활동의 개념 및 특성

청소년의 건전한 발달과 성공적인 성인기로의 이행을 촉진하고 지원하는 청소년정책은 매우 중요한 국가적 과제이다. 특히 21세기 디지털 지식기반 사회, 무한경쟁시대를 맞이하여 청소년들에게 다양한 체험, 경험, 활동기회를 체계적으로 제공함으로써 청소년기의 당면한 다양한 문제들을 긍정적으로 해결하고, 경쟁력 있는 성인으로서의 삶을 위해 필요한 기본적인 역량을 개발하는 것은 개인뿐만 아니라 국가적인 차원에서도 매우 중요한 과제이다.

현재 청소년기본법에 정의된 '청소년활동'의 개념은 "청소년의 균형 있는 성장을 위하여 필요한 활동과 이러한 활동을 소재로 하는 수련활동, 교류활동, 문화활동 등 다양한 형태의 활동"으로 제시되고 있으나, 청소년활동의 개념에 대해서는 명확한 정의가 되어 있지 않으며, 지속적으로 논의가 이루어지고 있다.

청소년활동이 수요자인 청소년과 학부모, 교사, 그리고 지도자 모두에게 인정받는 활동이 되기 위해서는 활동을 제공하는 청소년지도자나 이를 받아들이는 모든 사람들이 청소년활동을 어떻게 인식하는가는 매우 중요하다. 그 이유는 자신이 수행하는 활동의 가치를 스스로 깨닫게 되고 동시에 왜 그러한 활동을 수행하는지 그 필요성과 효과 등을 스스로 알게 됨으로써 활동의 가치가 청소년에게 내적인 능력의 발현으로 작용하게 되기 때문이다.

청소년활동의 초기 청소년기본법 제정을 통해서 활동의 확산을 이루어 오던 시기에는 개념상에 커다란 혼란은 없었지만 오늘날 사회변화가 다양해지면서 여러 영역에서 유사한 활동이나 지원이 많아지고 인접 학문과 특성이 겹쳐지면서 청소년활동의 범주를 더욱 독창적이고 체계적으로 확립해야 한다는 요구가 강화되고 있다.

이러한 요구를 보편적으로 수용하기 위해서는 지금까지 청소년활동을 보편적 가치로 인식하고 있는 많은 사람과 특히 청소년지도자의 전문성을 보장하려는 차원에서도 청소년활동의 개념은 더욱 확고한 차원으로 변모되어야 한다.

서구사회의 청소년활동에 대한 이해와 달리 우리나라의 경우 활동경험의 가치를 재규정해달라는 사회적 요구가 빈번한 이유는 바로 무엇이든 자신이 경험한 영역에 대한 명확한 가치가 결과적으로는 학습이라는 요소와 얼마나 상관성을 갖고 있는가에 모두의 관심이 크기 때문이다. 따라서 청소년활동 역시 이러한 청소년들의 전인적 성장과 인간성 회복에 도움이 되는 차원으로 접근할 필요가 있다.

미국에서는 청소년활동이나 청소년기의 성장을 위한 지원을 통칭적으로

youth development(청소년개발)라는 의미로 설명하고 있다. 여기서 말하는 청소년개발은 청소년들이 성인기에 자신의 능력을 최대한 발현하여 사회 적재적소에 자신의 재능을 일정 능력 이상으로 표출하도록 하는 힘을 말한다. 즉, 학습이 일어나는 사회 모든 곳이 청소년개발에 긍정적 효과를 준다고 믿는 데 반해 우리는 이러한 인식이 다소 부족하다.

동일한 학습효과가 있지만 학교와 학원, 그리고 청소년활동의 관계를 규정할 때 이를 동등한 가치로 인식하는 학부모는 많지 않아 우선순위에서 밀린 청소년활동은 학습의 증진에 미치는 효과가 크지 않다고 여겨져 배척되고 있는 것이다.

그나마 청소년활동이 성과를 갖는 것은 초등학교 수준에서는 효과적이라고 믿는 경향이 크다. 그래서 초등수준에서는 균형성장의 지표로 청소년활동을 당연시하지만 중학교 이상에서는 점차 우선순위에서 밀리게 되어 그 가치를 낮게 평가하게 된다.

오늘날 위험 및 위기청소년으로 분류되는 이들 역시 어려서부터 태생적인 문제행동을 할 것이라고 기대하고 자라는 청소년들은 하나도 없다. 단지 성장과정에서 자신의 내적인 능력을 얼마나 잘 표현하는지 아니면 이와 반대인지에 따라 적응과 부적응의 갈림길에 서는 것이다. 이와 같은 측면에서 본다면 청소년활동을 이들에게 제공하는 근본 목적은 바로 청소년기의 내적 능력인 역량을 얼마나 잘 발현할 수 있는가의 차원에서 중점을 두어야 한다.

오늘날 청소년들에 대한 판단과 평가가 주로 외적으로 보여지는 성적과 성취도에 따라 평가되는 한 청소년들의 내적인 역량을 발현시키기에는 한계가 매우 크다. 따라서 청소년활동이 지닌 가장 중요한 목적은 학교가 학습 중심의 평가에 익숙해져 있는 현실에서 다양한 체험, 경험, 활동 등을 통해 청소년기에 당면한 기본적인 욕구를 충족시키고 성공적인 성인기로의 이행에 필요한 역량을 발달시켜 나가는 과정에서 역량을 외적으로 보완해 주는 기능을 하고 있다는 점에서 청소년활동은 역량의 재발현이라는 점으로 이해되어져야 한다.

〈표 5-1〉 청소년활동의 개념 정의

구 분	개 념
일반적 개념	청소년들이 주어진 환경 속에서 개인적 또는 사회적 가치나 목표를 실현하기 위해서 행하는 모든 정신적 · 육체적 행위를 포함하는 개념(한승희, 1994)
경험학습으로서의 개념	실제적인 경험을 통해 지각의 변화를 일으키고 지각의 변화가 행동의 변화를 초래할 수 있는 학습과정이고 청소년들의 능력 및 역량을 개발할 수 있는 교육과정이며 절차적으로 정의된 활동을 통해 신체 및 정신을 강화할 수 있는 훈련의 과정(조미영, 2010)
법적 개념	청소년의 균형 있는 성장을 위하여 필요한 활동과 이러한 활동을 소재로 하는 수련활동, 교류활동, 문화활동 등 다양한 형태의 활동(청소년기본법 제3조제3항)
과정으로서의 개념	청소년들의 다양한 체험, 경험, 활동 등을 통해 청소년기에 당면한 기본적인 욕구를 충족시키고 성공적인 성인으로서의 삶을 위해 필요한 역량을 발달시켜 나가는 일련의 과정(Benson & Pittman, 2001)
개인의 발달에 영향을 미치는 역량으로서의 개념	청소년기의 성장에 필요한 가치로서 활동체험을 통해 개인의 발달과정에서 효과적인 요소를 역량증진의 측면에 두고 이러한 역량의 요소가 자아성취동기, 문제해결, 대인관계, 갈등해결, 리더십, 신체건강, 시민성 등의 성취를 이룬다는 활동의 개념

출처 : 장수한(2014); 권일남 외(2010).

2) 청소년활동 개념의 구성과 의미

(1) 청소년활동 개념과 역량과의 관계

청소년활동의 목적은 수련, 문화, 교류라는 도구적 활동을 통해 청소년의 균형 있는 성장을 하게 하는 것으로, 이는 성인기에 어느 곳에서 무엇이든 할 수 있는 힘, 즉 '역량'을 갖추는 개념으로 규정하며 |그림 5-1|과 같이 방향을 설정하였다(권일남 외, 2011).

|그림 5-1| 청소년활동의 개념과 역량과의 관계

청소년이 갖추어야 할 역량을 보완하는 데 도움을 주는 요소로서 청소년활동은 교육에서 담당하지 못하는 비교과 학습 이상의 수준과 가치를 가지게 된다. 여기에서 역량의 하위요소는 청소년이 갖추어야 할 핵심능력이며, 이러한 역량은 어느 하나만 중요한 것이 아니라 모든 요소가 핵심역할을 하면서 상호 밀접한 관계를 유지하게 만들어 주는 것을 의미한다.

권일남 등(2011)은 청소년활동의 의미를 |그림 5-2|와 같이 세부적으로 세 가지 형태로 설명하였다. 첫째, 청소년의 성장과 발달에 반드시 필요하되 모든 역량의 요소 중 토대가 되며, 특히 청소년활동과 연계하여 가장 핵심적으로 필요한 것을 '기본역량'이라고 규정하였다. 둘째, 기본역량을 토

대로 청소년 자신이 의도적인 사고와 인지적 태도로서 구체적으로 행동을 하거나 행위과정에서 자신과 함께 타인에게 영향력을 발휘하도록 하는 활동능력을 '실천역량'으로 명명하였다. 셋째, 기초역량과 실천역량을 통해 21세기의 인재상과 연계하여 청소년이 최종적으로 달성해야 할 결과로서 청소년의 통합적 역량을 '시민성역량'으로 구분하여 제시하였다.

청소년활동은 청소년기에 가장 필요한 능력으로서 자아역량과 신체역량을 긍정적으로 형성하고 실천역량을 구체적으로 활용하여 체험하며, 그 결과로서 청소년기에 반드시 배양해야 하는 시민성으로서의 가치를 얻게 될 때 궁극적으로 청소년활동의 성과가 분명하게 나타난다고 할 수 있다.

즉, 청소년기에 청소년활동을 제공하는 목적은 바로 발달과업에서 이루어지는 내적인 능력과 힘을 발현하여 궁극적으로는 자신뿐만 아니라 타인을 위해 헌신과 봉사하는 자세를 실천에 옮길 수 있는 힘을 가짐으로써 더불어 함께 살 수 있는 인재를 양성하는 데 필수적인 기회를 제공하는 것이 바로 청소년활동인 셈이다(권일남 외, 2011).

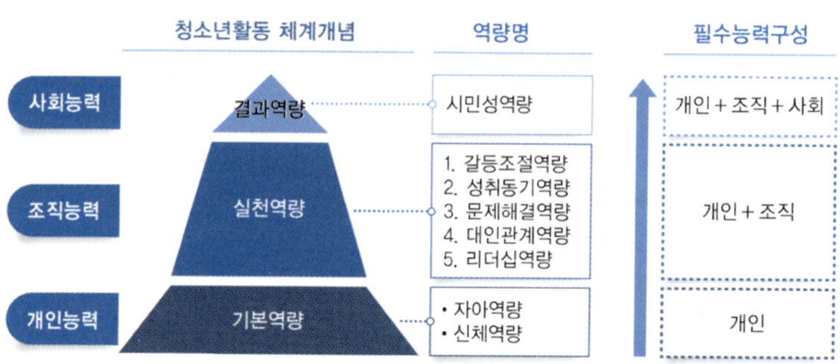

|그림 5-2| 청소년활동의 개념요소와 위계

(2) 청소년활동의 효과와 역량의 의미

청소년활동의 개념구성요소로 제시된 각각의 역량 의미는 다음과 같이 구분할 수 있다.

① 자아역량의 개념

"자아역량"은 인간의 내면적 잠재성을 구성하는 요소로서 인지발달과 정서적 안녕감 등을 모두 포괄하는 폭넓은 개념이다. 인간의 자아상을 어떻게 구현하는가에 따라 자신의 미래에 대한 방향설정도 달라지게 할 수 있다. 자기 스스로를 어떻게 판단하고 행동 가치기준을 형성하는 요소가 바로 자아역량이다. 자아역량은 자기의 삶에 있어 성공이나 실패를 경험하였을 때 극복하거나 벗어나지 못하는 요인이 되는 가장 핵심적인 능력을 말한다.

② 신체역량의 개념

신체역량은 신체적 변화가 왕성하게 이루어지는 청소년기 건강을 유지하고 음식을 고루 섭취하여 신체의 균형 있는 성장을 갖도록 하는 능력으로 규정하였다. 청소년기의 변화 가운데서 가장 두드러진 점은 바로 신체적 성장이 왕성한 시기이다. 신체적 자긍심이 높으면 내적으로 안정적이고 통제력이 강한 내적 귀인능력이 뛰어남을 보여준다. 그리고 균형 잡힌 내적 자기일관성을 가지게 되므로 건강한 신체관리 능력을 갖게 될 수 있다. 적절한 신체활동을 하지 못할 경우 비만과 정서적 불안정성을 경험할 가능성이 매우 크다.

③ 성취동기역량의 개념

"성취동기역량"은 훌륭한 과업을 달성하는 과정에서 만족감을 느끼고 지속적으로 성취 목표를 달성하기 위하여 노력하는 내적 의욕 또는 내적 성향을 말한다. 또한 설정한 과업을 성공적으로 수행하기 위해 자신의 능력을 발휘하여 장애를 극복하고 성공적으로 그 목표를 달성하려는 동기 여부에 대한 정도를 의미한다.

높은 성취동기는 중단된 과제를 완성하려는 경향성과 밀접한 관계가 있으며 성취동기가 높은 청소년들은 활동의 주요 맥락을 다시 찾고자 노력하는 특징이 있다.

따라서 청소년활동은 자신이 경험하고자 하는 영역을 직접 관찰하고 성취동기의 비전을 만들어 가는 동시에 자신의 능력에 비추어 도전할 만한 가치가 있는 일에 책임감과 자신감을 갖고, 미래의 성취결과를 향해 현재의 일에 열중하게 만드는 효과를 제공한다.

④ 문제해결역량의 개념

"문제해결역량"은 자신에게 주어진 상황이나 현상을 적극적으로 해결해 내는 힘으로서 단순한 문제를 파악하는 것에서부터 인지적이고 심리적 연속선상에서 주어진 문제의 연결을 할 수 있는 힘을 보완해 내는 능력을 말한다. 청소년활동을 통해 문제해결역량을 얻는다 함은 청소년이 현실과 도달해야 할 목표와의 차이를 인식하고 그 차이를 유발하는 장애물을 제거하도록 이끄는 힘을 획득하게 한다. 청소년기는 통상적으로 어떠한 문제를 해결하고자 접근하는 과정에서 합리적이지 못한 방법을 사용하게 되는데, 그 이유는 청소년기의 자아중심적 성향이나 개인적 우화와 같은 편향적 사고가 심화되어 현실과 이상의 간극을 제대로 파악하지 못함으로써 원인을 찾는 능력이 부재하기 때문이다.

⑤ 갈등조절역량의 개념

갈등조절역량은 청소년기의 신체적, 정신적 변화가 수반되는 과정에서 관계 형성과 유지에 큰 영향을 미치는 요소인 갈등을 효과적으로 다루어 친구를 사귀고 친구관계를 유지하게 하거나 자신과 관련된 사람과의 긍정적 관계를 형성하고 계발해 나가도록 하는 능력을 말한다. 여기에는 갈등의 처리와 해결의 전략적 요소(협력, 절충, 양보, 지배, 회피 등)를 깨달아 자신의 독특한 방식으로 갈등의 원인을 해소하고 관계를 개선하는 능력 등이 포함된다.

⑥ 대인관계역량의 개념

대인관계역량은 사람 사이에서 서로의 관계를 원활하고 긍정적인 관계로 형성하도록 유지하며 타인과의 간극을 좁히기 위한 개인의 적응력을 의미한다. 타인의 감정이나 생각을 읽어내지 못하면 대화를 해도 상대방의 입장이나 특성을 전혀 고려하지 못하며, 자신의 의견만을 일방적으로 전달하게 되는 경향이 있다. 종국에는 자신의 의견을 효과적으로 전달하지 못할 뿐 아니라 상대방과의 의미 있는 대화가 어렵게 된다.

⑦ 리더십역량의 개념

리더십역량은 구성원으로서의 자신의 역할과 책임을 충분히 인식하고 최선을 다하여 해야 할 일을 수행하며 책임회피와 전가를 하지 않고 끝까지

목표를 완수하는 능력을 의미한다. 일반적으로 리더십은 자신이 가지고 있는 생각이나 지식, 의견을 논리적으로 표현하고 설명하여 타인을 이해시키고 설득하여 원만한 의사소통을 발현해 나가는 능력을 의미한다.

⑧ 시민성역량의 개념

시민성역량은 민주시민으로서의 자질과 능력을 바탕으로 청소년으로서의 권리의식과 사회참여를 위해 노력하며 동시에 이타성과 봉사적 감각을 수반하고 지역사회에 건전한 사회인으로 성장할 수 있는 능력을 말한다. 시민성역량은 기초역량과 실행역량의 지원 속에서 국가와 세계관을 확립하고 나와 더불어 사는 공감을 만드는 유연한 청소년이 바로 가장 한국적이자 세계적인 청소년으로서 종합적 능력을 갖추게 한다.

3) 청소년활동과 청소년관련법과의 관계

1991년 청소년기본법의 제정은 비제도권에서 청소년의 문화 및 여가활동을 제공하던 청소년활동을 수련활동이라는 명칭으로 제도권으로 들어오게 만든 전환점이 되었다. 청소년활동은 이후 약 30여 년 동안 청소년들의 체험과 활동의 기회를 제공하는 중요한 토대가 되었고, 초기의 여가와 문화적 기회증진이라는 차원에서 출발하여 점차 청소년들의 생활효율성과 가치를 증진시키는, 목적이 있는 활동으로 변모해 왔기에 청소년정책에서 청소년활동은 핵심이라고 해도 과언이 아니다.

청소년활동의 정책적 제도권 진입은 단순한 활동의 제공에 그치지 않고 청소년활동의 체계를 이끄는 계기가 되었으며, 이는 국립청소년수련시설

설립과 청소년지도사의 양성 등 활동여건의 제도구축을 위한 전환점이 되었다. 청소년기본법 제정을 통한 청소년활동의 정책적 기반 조성은 청소년활동을 수행하는 각종 인프라 구축과 청소년들에게 다양한 경험의 기회를 증폭시켜 창의적 사고를 포괄적으로 이해하도록 하는 데 많은 기여를 하였다.

그럼에도 불구하고 청소년활동의 의미는 주로 정책적 측면에서 규정되어 왔기에 이를 준용하는 현장의 지도자뿐만 아니라 학부모와 교사 모두에게도 개념의 규정에서 많은 혼란이 있어 왔다.

청소년활동의 개념은 시대를 달리하면서 청소년육성, 청소년수련활동, 청소년활동 등으로 구분되어 지칭되면서 개념에 대한 정확한 특성을 설명하지 못한 채 명목상으로 설명되어 왔으며 주로 제도적이고 현상학적인 측면에서의 논의로 치중되어 왔다.

그동안 청소년활동의 개념은 주로 법적 개념을 충실하게 해석하면서 청소년활동의 학술적 의미를 재정립하기 위한 논의는 매우 부족하였다고 여겨진다. 즉, 대부분의 경우 청소년활동을 인식하는 현장의 시각은 도구적이고 기능적 판단을 하게 되는 준거로 청소년활동을 수련, 문화, 교류의 관점에서 파악하면서 협소하게 해석하고 있다. 즉, 청소년정책이 청소년활동을 청소년수련활동으로 한정지어 고유활동영역, 수련활동영역, 임의활동영역의 구분을 함으로써 수련활동을 청소년활동으로 한정짓는 일련의 과정들은 오히려 정책적인 한계를 드러내게 되었다고 평가하고 있다(김현철 · 최창욱 · 민경석, 2010).

청소년활동의 개념 정립의 필요성은 단순히 학술적인 의미로서의 평가만을 위함이 아니고 청소년활동현장의 비전과 방향을 제시하는 차원이기에 개념의 의미는 매우 중요하다.

통상적으로 청소년활동의 개념은 청소년활동에 대해서 청소년지도자가 해야 할 역할과 기능, 그리고 성과를 일관되게 평가하는 중요한 수단이 된다.

과거 청소년활동에 대해서 청소년기본법, 청소년활동진흥법 등의 일관된 법체계 내에서는 큰 문제가 되지 않았으나 청소년정책부서가 흔들리고 유관부처와 통합 및 재통합의 관계를 경험하면서 청소년활동의 전문성을 담보해야 할 청소년지도자의 위상 역시 많이 낮아지고 있음을 실제로 경험하고 있다.

첫째, 청소년에게 청소년활동의 필요성은 청소년의 성장과 관련하여 어떠한 요구로 자리잡을 것인가의 인식이다. 청소년에게 청소년활동을 제공하는 중요한 목적은 청소년의 개인적 성장을 구현하려는 관점에서 접근되었었다. 청소년에게 체험활동이나 기타 여러 가지 활동을 제공하는 근본적인 취지는 단지 체험이 즐거움이나 경험의 수준에 그치지 않고 그러한 경험이 청소년기의 성장에 어떠한 긍정적인 판단을 수반하게 될 것인가의 차원을 받아들여야 한다고 본 점이다.

둘째, 청소년활동의 개념을 통해서 활동을 이해할 때 청소년활동을 영역이나 범주화로 구분하여 접근하는 것이 과연 정당한지에 대한 인식이다. 청소년활동을 보편적으로 이루게 하는 체험의 장은 청소년들이 살아가는 삶의 모든 공간이 될 수 있다. 작게는 개인이 접하는 삶의 공간으로부터 사회적 공간, 더 나아가서 전 세계적 공간의 의미도 있지만 이러한 공간적 의미가 전부는 아니라는 점이다. 그럼에도 불구하고 그동안 청소년활동의 영역을 분류할 때 대부분 공간적 개념으로 이해하거나 해석하려는 점은 오히려 청소년활동의 다양성을 억제하는 한계를 지닐 수 있다고 볼 수 있다.

셋째, 청소년활동이 청소년의 내적 성장을 수반하는 중요한 기제라고 할 때 이러한 내적 성장의 원인과 요소를 어떻게 한정할 것인가의 한계이다.

청소년의 내적 성장은 어른이 되어서도 자신의 능력을 충분히 발휘할 수 있는 능력의 보유로 정의하고자 할 때, 이는 청소년들이 성인으로서 사회생활을 하는데 필요한 내적인 능력, 즉 "역량"을 갖추는 것으로 규정하였다. 물론 개인의 성장에 영향을 미치는 요소는 보는 시각에 따라서 다르겠지만 21세기 들어서 확산된 개념으로서 역량의 의미가 확대되고 있는 현실에서 청소년기의 능력 갖춤은 곧 역량을 갖춘 인재로 정의할 수 있다.

청소년활동의 개념접근에 대한 방향성을 기존의 도구적, 물리적 접근 대신 청소년의 개인적 성장이라는 차원으로 두고 활동의 필요성을 언급해야 하며 그러한 변화에 도움이 되는 청소년활동이 되기 위해서는 청소년기에 반드시 필요한 능력, 즉 역량이 무엇이며 그러한 역량과 상관성을 가져보는 것이 청소년활동의 개념으로 정의되어야 한다. 청소년기본법 및 청소년활동진흥법에서 명시하고 있는 청소년활동의 개념은 〈표 5-2〉와 같다.

〈표 5-2〉 청소년활동의 개념과 정의에 대한 법적 의미

구분	내용
청소년기본법 제3조	3. "청소년활동"이란 청소년의 균형 있는 성장을 위하여 필요한 활동과 이러한 활동을 소재로 하는 수련활동 · 교류활동 · 문화활동 등 다양한 형태의 활동을 말한다.
청소년활동진흥법 제2조	3. "청소년수련활동"이란 청소년이 청소년활동에 자발적으로 참여하여 청소년 시기에 필요한 기량과 품성을 함양하는 교육적 활동으로서 「청소년기본법」 제3조제7호에 따른 청소년지도자(이하 "청소년지도자"라 한다)와 함께 청소년수련거리에 참여하여 배움을 실천하는 체험활동을 말한다. 4. "청소년교류활동"이란 청소년이 지역 간, 남북 간, 국가 간의 다양한 교류를 통하여 공동체의식 등을 함양하는 체험활동을 말한다. 5. "청소년문화활동"이란 청소년이 예술활동, 스포츠활동, 동아리활동, 봉사활동 등을 통하여 문화적 감성과 더불어 살아가는 능력을 함양하는 체험활동을 말한다.

청소년기본법 제3조에서 청소년의 균형성장을 위한 활동이 청소년활동의 개념으로 정의를 분명히 하고 있으므로 여기에는 문제점은 없다고 본다. 다만, 청소년기에 균형성장이라는 의미가 너무 포괄적이어서 구체화하는 내용이 없다는 점이 아쉽기는 하나 큰 문제는 없다고 본다. 하지만 세부적으로 보았을 때 균형성장의 의미가 무엇인가를 명확하게 알기 어렵다. 청소년활동진흥법에서의 청소년활동에 대한 정의는 청소년기의 균형성장이라는 의미를 설명하는 데 초점을 두어야 하며 수련활동, 문화활동, 교류활동 등 기능적 요소에 초점을 두어서는 안 된다고 할 수 있다. 그럼에도 불구하고 세 가지 요소를 개념규정하고 있으며 수련활동, 문화활동, 교류활동을 제외한 기타 사회적으로 필요한 활동의 범주는 설명하지 못한다는 점이다. 따라서 법적인 의미를 그대로 해석하자면 |그림 5-3|과 같이 청소년활동의 범주에서 설명된 의미가 기본법과 활동진흥법에서 충분히 상호 연관되지 못하고 있다고 할 수 있다.

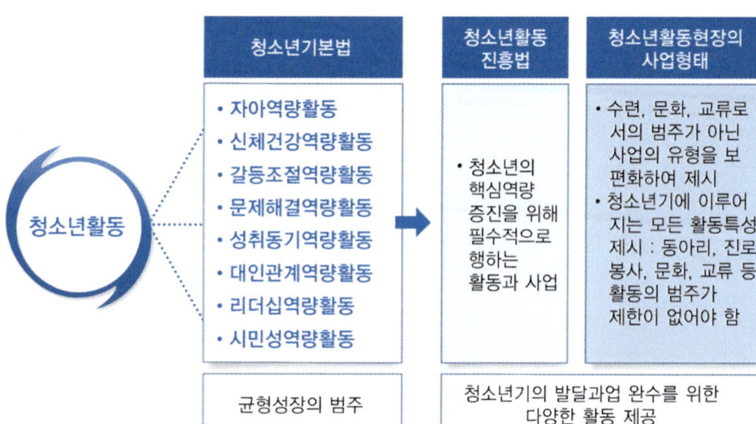

|그림 5-3| 청소년관련법상 청소년활동의 관계

따라서 이러한 측면보다는 |그림 5-4|와 같은 형태로 청소년활동에 대한 개념을 정비해 보는 것도 한 방법이 될 수 있다(권일남 외, 2011).

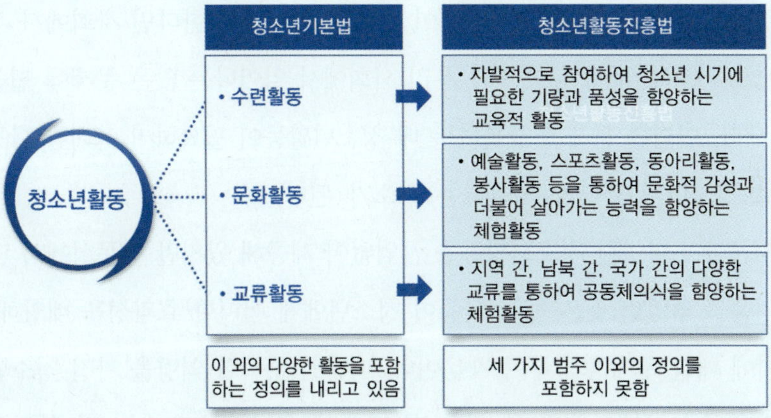

|그림 5-4| 청소년활동의 법적 개념 방향

이와 같이 청소년활동의 개념을 재규정하고 청소년활동에 대한 법적인 토대까지 규정하고 이행하는 이유는 청소년기에 반드시 성취해야 할 기초적 능력이 존재하고 이러한 역량을 갖추지 못했을 때 빚어지는 청소년의 부적응 현상과 함께 사회적으로 부담해야 할 문제에 대한 비용은 더욱 커질 수밖에 없기 때문이다. 그렇다면 청소년활동을 국가가 집행하는 근본적 목적은 바로 공공성 측면에서 청소년의 문제행동을 예방하는 시도이다. 청소년기의 발달과업으로 일정한 수준의 역량을 갖추어야 하는데 이의 부족이 바로 문제행동이나 부적응의 요소로 진행될 가능성이 큰 부분임을 지각하고 해소하는 목표를 제시해 주어야 한다. 이러한 부분이 궁극적으로 사회적 비용을 줄이는 차원의 접근이기도 하다. 그동안 우리는 이를 사교육이나 사적인 요소에 많이 의존하여 왔다. 하지만 청소년활동을 국가가 제공하고 이를 통해 청소년들이 자신의 내적인 역량을 개발하는 데 도움이 된다면 이는 국가가 추구하는 청소년의 미래역량을 담보하는 좋은 계기가 될 것이다.

즉, 청소년 개인 발달과업의 증진에 필요한 능력과 힘을 얻는 것이 바로 역량인데, 이러한 역량을 청소년이 제대로 갖추지 못한다면 사회에서 부적응으로 가출과 문제행동, 기타 우리 사회에서 일어나는 많은 문제에 휩쓸리게 된다. 이러한 문제를 극복하는 데 청소년활동이 필요하며 그러한 활동이 바로 청소년의 역량을 제공하는 요소가 된다.

지금까지 다양한 청소년활동을 끊임없이 제공해 왔지만 전문성에서 많은 어려움을 겪었던 것은 해당 활동이 청소년에게 어떠한 효과성을 배양해 내는가에 대한 구체성의 부족 때문이다. 따라서 부족한 역량을 가진 청소년이 부적응이나 문제요소에 한 걸음 더 다가갈 개연성이 크다는 전제를 갖고 그러한 문제요소를 청소년지도자가 활동을 통해서 해결해 내는 방안을 우리 스스로 확립해 내는 데 청소년활동의 역량요소가 필수적이라고 본다.

따라서 청소년활동은 청소년기에 필요한 여덟 가지의 역량을 제공하는 중요한 요소이며 동시에 청소년들이 건강한 사회구성원으로 성장할 수 있도록 역량을 갖추도록 하는 데 청소년활동이 필요하며 일정 수준 정도는 정책적으로 책임지겠다는 것이 청소년활동의 법적 개념 재구성의 의미라 할 수 있다.

4) 청소년활동의 효과 및 필요성

박경미 외(2020)는 청소년활동의 효과에 대해 삶의 만족, 자아개념, 진로정체감, 학교적응, 문제행동, 시민의식, 개인역량 등의 영역으로 구분하였다. 청소년기는 심리학적, 생물학적, 법적으로 많은 것을 알고 성장하는 단계이지만, 청소년 자신을 책임지기에는 내외적으로 미성숙한 단계라고 할 수 있다. 따라서 청소년활동은 자발적, 능동적 참여가 가장 중요하며 체험활동을 중심으로 이루어진 학습목표를 달성하고 청소년활동이 효율적인 방향으로 접근할 때 다음과 같은 효과를 달성할 수 있을 것이다.

① **자아개발과 자기 신념 형성** : 청소년은 자기 정체성과 가치관을 형성하는 단계에 있다. 따라서 다양한 청소년활동을 통해 자아개발과 자기 신념을 발전시킬 수 있다. 예를 들어, 예술, 스포츠, 독서, 자원봉사 등의 활동을 통해 자신이 어떤 것에 관심과 열정을 갖는지, 자신의 장점과 흥미를 발견하고 개발할 수 있다.

② **사회적, 인간관계 및 소통 기술 향상** : 청소년활동은 사회적 기술과 인간관계 형성에 도움을 줄 수 있다. 청소년들은 다른 사람들과 협력하고 소통하는 기회를 갖게 되며 이를 통해 협업, 리더십, 문제해결, 대인관계 등의 기술을 향상시킬 수 있다. 이러한 경험들은 사회적 상호작용에서 청소년의 발달과 성장에 도움을 준다.

③ **자기표현과 창의력 발휘** : 청소년활동은 자기표현과 창의력 발휘에 좋은 기회를 제공한다. 음악, 미술, 글쓰기, 연기 등의 예술활동이나 토론, 논술, 문학 동아리 등은 청소년들이 자신의 생각과 감정을 표현하고 창의적인 아이디어를 발전시킬 수 있는 장이다. 이를 통해 청소년은 자신에게 주어진 자유로운 환경에서 자신의 잠재력을 발견하고 발전시킬 수 있다.

④ **스트레스 관리와 건강 유지** : 청소년기는 여러 유형의 스트레스가 많이 쌓일 수 있는 시기로, 청소년활동은 스트레스를 관리하고 신체적, 정신적 건강을 유지하는 데 도움을 준다. 스포츠, 요가, 명상 등의 활동

은 청소년들이 스트레스를 해소하고 긍정적인 에너지를 발산할 수 있는 수단이 될 수 있다. 이를 통해 청소년은 스트레스에 대처하는 방법을 배우고 건강한 라이프스타일을 유지할 수 있다.

⑤ **사회참여와 시민의식 함양** : 청소년활동은 사회참여와 시민의식을 키우는 데 기여할 수 있다. 자원봉사, 지역사회 프로젝트, 정치참여, 학교 동아리활동 등을 통해 청소년들은 사회적 문제에 대해 관심을 갖고 봉사하는 경험을 쌓을 수 있다. 이를 통해 청소년은 사회에 기여하는 중요성을 깨닫고, 공동체의 일원으로서 자신의 역할을 이해하게 된다.

⑥ **진로 및 직업 관련 경험** : 청소년활동은 청소년들에게 산업체와 직업에 관련된 경험을 제공할 수 있다. 청소년들이 관심 있는 분야나 직업을 탐색하고, 인턴십, 멘토링, 직업 체험 프로그램 등을 통해 실제 작업 환경과 직업에 대한 이해를 높일 수 있다. 이는 청소년들의 진로 선택에 도움을 주고, 미래의 직업적 성장과 성공을 위한 밑거름이 될 수 있다.

⑦ **학업성취도 향상** : 청소년활동은 학업성취도를 향상시키는 데 도움을 줄 수 있다. 일상생활에서 학교와 관련된 활동이나 동아리활동에 참여함으로써 학습 동기를 높이고, 조직적인 습관과 시간관리 능력을 개발할 수 있다. 또한 청소년활동을 통해 실생활과 관련된 경험을 쌓고, 이를 학업에 적용하는 데 도움이 된다.

⑧ **자기 자신의 발견과 자기평가** : 청소년활동은 청소년들이 자기 자신을 발견하고 자기평가 하는 과정을 지원한다. 다양한 활동을 통해 자신의 장점과 한계를 알아보고, 스스로의 성장과 발전에 대한 인식을 갖게 되며, 이는 자아 이미지 형성과 자신에 대한 자신감을 키우는 데 도움을 준다.

⑨ **문제해결 및 창의적 사고 능력 강화** : 청소년활동은 문제해결과 창의적 사고 능력을 키우는 데 도움을 준다. 다양한 활동에서 청소년들은 도전적인 상황이나 문제에 직면하게 되며, 이를 해결하고 새로운 아이디어와 접근법을 발전시킬 수 있다. 이는 청소년들의 창의력과 문제해결 능력을 향상시키는 데 도움이 된다.

⑩ **장기적인 관심사와 취미 형성** : 청소년활동은 장기적인 관심사와 취미를 형성하는 데 도움을 준다. 청소년들이 다양한 활동을 경험하고 발견하면서 특정 분야에 대한 흥미와 열정을 발견할 수 있다. 이를 통해 청소년들은 자신의 삶에 장기적인 관심사와 취미를 가지게 되며, 이는 삶에 대한 목표와 의미를 발견하는 데 도움을 줄 수 있다.

2. 청소년활동과 청소년지도의 원리

1) 청소년활동 지도의 개념

청소년의 전인적 성장과 잠재력 신장, 사회적응 및 사회공동체의식 함양 등 청소년들의 균형 있는 성장과 발달 및 역량개발에 필요한 다양한 체험활동이 조직적이고 체계적으로 전개되는 전 과정에서 청소년지도자의 적절한 개입과 작용을 통해 청소년활동이 지향하는 본래의 목적을 달성하기 위한 계획적인 활동을 청소년활동 지도의 개념으로 정의할 수 있다.

청소년활동 지도는 청소년들의 바람직한 자아성장과 전인성의 함양을 위해 준비된 교육내용인 청소년지도프로그램을 구체적으로 실천하는 방식, 즉 어떻게 지도할 것인가에 해당되는 개념으로 볼 수 있다.

따라서 이를 바탕으로 한 바람직한 청소년지도방법은 청소년의 특성과 그들의 교육적 필요 및 요구에 적합하며, 청소년의 건전한 육성과 발전을 촉진시킬 수 있는 효율적인 실천전략이 되어야 한다. 특히 청소년지도의 영역에 있어서 주된 범주는 청소년들을 위한 정규 학교 교육과정이 아닌 학교 외 교육으로서의 사회교육적 활동이므로, 청소년지도방법은 사회교육 지도방법의 특성과 원리에 잘 부합되는 것이어야 한다. 따라서 청소년활동 지도는 학교 교육에서의 획일적이고 표준화된 전통적 교육방법을 탈피한 보다 융통성 있고 개방성 있는 다양한 형태가 되어야 할 것이다.

2) 청소년지도방법의 선정 및 개발의 기본원리

청소년지도방법이란 무엇이며, 효율적인 지도방법 탐색을 위한 기본전제에 대한 개념 정립뿐만 아니라, 이들 개념 및 기본전제에 기초하여 청소년지도방법을 선정·활용하고 새로이 개발해 내기 위한 기본방향의 선정을 위한 청소년지도방법의 기본원리들을 탐색·제시해 보고자 한다. 이와 같은 청소년지도방법의 기본원리들은 사회교육 방법의 기본원리에 기초한 것으로, 관점에 따라 또는 프로그램의 성격에 따라 약간씩 달리 제시될 수 있을 것이나 여기서는 청소년지도 시 일반적으로 적용될 수 있는 비교적 넓은 의미의 청소년지도방법의 원리들을 제시해 보고자 한다.

첫째, 지도자가 아닌 지도대상으로서의 청소년이 주체가 되는 청소년 중심의 자기주도적 학습을 촉진시킬 수 있는 지도방법이 강구되어야 한다는 점을 들 수 있다.

청소년활동 지도의 주체는 결코 청소년지도자나 교사가 아니다. 청소년지도프로그램에의 참여는 외부의 강요나 기대에 의해서가 아니라 청소년 스스로의 자발적 의지에 따라 참여동기가 내부적으로 형성되어야 한다. 그들 스스로가 원해서 참여해야 하며 그들이 좋아하는 방식대로, 필요로 하는 내용을 중심으로 지도가 이루어져야 한다. 지도의 목표에서부터 내용 선정 및 방법의 선정에 있어서도, 가능한 한 지도자와 청소년이 하나가 되어 함께 참여하여 의견을 모으고 합의하여야 하며 청소년들의 의견과 요구가 최대로 반영되고 수렴될 수 있도록 해야 한다.

결과의 평가에 있어서도 각각의 활동으로 얻은 성과를 스스로 자체평가하고 그 결과를 깨닫게 함으로써 계속해서 프로그램에 참여하고 싶은 충동을 느낄 수 있도록 하여야 한다. 이를 위해 지도활동의 시작과 중간단계, 그리고 프로그램의 종료 후에도 지속적인 자체 프로그램 평가와 의견수렴, 요구분석의 과정을 거침으로써 청소년 중심의 지도프로그램이 되도록 배려하여야 한다. 이는 또한 차기 프로그램의 개발 및 시행에의 참조 자료로도 반영되어야 한다.

청소년지도자는 학교에서의 교육과정 및 수업시간을 담당하는 교사와는 달리 활동 조력자, 활동 안내자, 활동 상담자, 활동의 방향잡이, 활동 조정자로서의 입장을 견지하며 청소년지도에 임하여야 한다. 청소년 중심의 자기주도적 활동이란 이와 같이 청소년 스스로가 활동의 주체가 되어 어떤 목적으로, 어떤 내용을, 어떤 방법에 의해 언제부터 언제까지 활동할 것인지를 선택하고 결정지으며, 활동 과정의 속도 및 그 결과의 평가에 이르기까지 타인의 판단이나 기준에 의하지 않고 자기주도적으로 결정짓게 되는 과정을 의미한다.

물론 모든 청소년지도프로그램이 이러한 자기주도적 활동원리에 의거하여 실시될 수는 없다. 그러나 그 지도원리는 필요에 따라 청소년지도의 중요한 근간원리로서 기본 이념이 강조되어야 할 것이다.

둘째, 청소년지도에 있어 다양성과 융통성의 원리가 강조되어야 할 필요가 있다. 다양한 요구와 특성을 지니고 있는 청소년들을 획일적이 아닌 다양한 방법으로 지도함으로써 그들의 교육적 욕구를 최대한으로 충족시켜 주고 지도의 능률을 높이는 것이 필요하다.

하나의 지도활동이나 지도내용과 지도과정에는 반드시 하나의 지도방법이 아닌 다양한 지도방법들이 동시에 조화롭게 활용, 병용될 수 있을 것이다. 단조로운 활동이나 획일적인 지도방법이 장시간 계속될 경우 청소년들은 지도프로그램에 쉽게 흥미를 잃게 되며 지도 효과도 거의 없어지게 된다. 따라서 적절한 지도방법들을 병용하거나 또는 중간중간 지도방법을 변형시켜 새로운 지도방법의 형태로 적용시켜 봄으로써 새롭게 활동의욕을 고취시킬 수도 있을 것이다. 청소년들의 지도방법이 다양화되고 융통성이 있어야 함은 기본적으로 청소년들의 교육적 욕구의 다양성에 기초한다. 청소년들의 사회교육적 요구는 매우 다양하게 나타나기 때문이다. 학교 교육과정에서와 같이 교과목에 따라 체계적으로 선정되고 준비된 표준화된 교육과정의 학습에서는 충족되기 어려운 다양한 삶의 과제와 교육적 요구들이 청소년지도프로그램에 대한 교육욕구로 표출되고 있다. 청소년지도방법이 다양화되어야 하는 이유는 이와 같이 청소년들의 교육적 욕구가 다양하며 그로 인해 지도프로그램의 목표와 내용이 다양하다는 점에 있다.

활동프로그램에 대한 청소년들의 요구의 다양성과 실제 지도프로그램의 다양성은 곧 청소년지도방법이 실제에 있어 크게 다양화되어야 함을 시사하고 있다. 청소년지도방법은 이미 전통적인 강의식 교육방법을 넘어서 매우 다양한 형태로 개발 · 활용되고 있기는 하다. 예컨대, 사전단계에서의 청소년지도방법이나 개별수준에서의 개인지도방법, 현장실습 및 실험방법, 현장견학 및 학습여행, 감수성훈련 및 심성계발 방법, 시청각매체 활용 방법 등 많은 지도방법이 개발, 활용되고 있다. 그러나 지도방법이 다양화되어야 한다는 요구에 비해 아직도 새로이 개발되어야 할 지도방법의 영역은 무한한 것으로 보인다. 따라서 청소년지도에서는 다양한 지도프로그램 및 방법에의 요구를 최대한 반영하여 프로그램의 내용과 방법을 다양화해 나가야 함은 물론 지도의 실제에 있어 융통성 있는 지도기법의 활용을 촉구해 나가야 할 것이다.

셋째, 청소년학습자들 상호 간에, 그리고 청소년과 청소년지도자 상호 간에 '상호학습의 원리'가 적용되어야 한다. 청소년지도에 있어서 청소년학습자들은 서로가 서로를 수용하고 이해하며 인정하여 줌으로써 혼자가 아니라 타인들과 함께 있다는 안정감을 갖도록 해야 한다. 서로가 경쟁하는 경쟁자적 입장에서의 상호작용이 아니라 서로가 서로를 보완해 주고 격려해 주는 상호작용을 통해 심리적 후원의 관계를 형성하는 것이 중요하다. 이렇듯 서로 간의 의사소통을 통해 그들의 생각이나 의견, 그들의 문제 등을 동료들과 함께 이야기하게 되고 점차 이러한 의견 교류를 통하여 다른 사람의 의견을 청취하게 되면서 새로운 아이디어나 새로운 내용을 받아들이고 수용하는 상호작용이 자연스러워지고 또 익숙해지게 되는 것이다. 또한 동료들과의 상호작용을 통하여 새롭게 배우고 수용하게 된 제반 아이디어나 생활방식, 태도, 가치관 등에 대한 타인의 지지 및 인정을 받게 되기 때문에 특히 새로운 학습과 관련하여 함께 배우는 동료들과의 상호작용은 커다란 의미를 지니게 된다.

이와 같이 상호작용을 통하여 체험하게 되는 상호학습의 효과가 중요함을 감안하여 청소년지도에서도 상호작용을 통하여 활동의 효과를 높일 수 있도록 여러 가지 집단과정을 저도방법에 활용해야 할 필요가 있다. 상호학습이 이루어질 수 있는 상황은 브레인스토밍이나 집단토의 등과 같이 청소년들이 똑같은 주제를 어떻게 서로 다른 각도에서 보고 이야기할 수 있는가를 집단과정을 통하여 깨닫게 함으로써 서로가 배울 수 있게 되는 경우가 있을 수 있다.

그 밖에 청소년들 속에서 어떤 특정한 부분에 대해 전문적인 지식이나 경험이 있는 사람을 택하여 그들로 하여금 설명하고 가르치도록 기회를 줌으로써 별도의 강사나 지도자 없이도 서로서로 배우고 가르칠 수 있도록 하는 집단 상호학습 과정을 마련할 수도 있을 것이다. 이와 함께 청소년지도자와 청소년들 간에도 심리적 유대감에 기초한 친밀한 관계 형성을 통해 상호학습의 원리가 적용될 수 있어야 한다. 이는 곧 지도자와 구성원이 일체가 되어 활동해 나가면서 서로 수직적이고 위계적 관계가 아닌 수평적이며, 주체적이며 참여적인 관계하에서 상호경험을 공유하고 활동에 적극 참여해야 함을 의미한다. 이때 청소년들은 보다 적극적이고 참여적인 태도를 보이게 될 것이고, 청소년 스스로에 의해서 뿐만 아니라 또래 및 청소년지도자와의 상호적 관계를 통해 상호학습을 함으로써 지도 효과를 높일 수 있게 될 것이다.

넷째, 청소년지도방법에 있어서의 경험중심성과 활동지향성의 원리이다. 청소년지도는 학교 교육과정에서의 암기와 반복에 의한 인지학습과는 달리 정의적 영역에서의 태도와 가치관 및 의식 함양, 그리고 신체 운동적 영역에서의 활동중심 교육에 중점을 두게 된다. 그러므로 청소년지도방법에 있어서도 강의나 연설 등과 같은 전통적 교육방법보다는 청소년 스스로가 실제 체험함으로써 배울 수 있는 실제적 경험학습이나 실습, 견학, 방문, 실제 훈련활동 등과 같이 참여를 통해 배울 수 있는 지도방법들이 보다 강조되어야 한다. 강의보다는 실제적 체험을 통해 학습시키는 활동 중심, 경험 중심의 지도기법이 청소년지도의 특성상 보다 효과적이기 때문이다.

다섯째, 지도의 효율성 제고를 위해 지도방법의 합목적성과 합내용성, 합대상성, 그리고 합상황성의 원리가 강조될 필요가 있다. 아무리 효과적이고 좋은 지도방법이 있다 하더라도 지도프로그램의 목적과 내용, 그리고 지도대상의 특성과 학습준비도에 부합되지 않는 부적절한 지도방법은 효과를 기대하기 어렵다. 또한 지도여건 및 지도방법의 적용에 필요한 인적 · 물적 자원이 구비되어 있지 못한다면, 그 지도방법은 적용 자체가 불가능하거나 설령 적용된다 하더라도 소기의 성과를 거두기 어려울 것이다. 지도방법의 효과성은 지도의 목적 · 내용 · 대상과의 상호 관련성 속에서 결정되는 것이다. 따라서 어떠한 지도방법을 선택하든, 이는 지도프로그램의 목적과 내용, 그리고 대상의 특성 및 여건과 상황에 적합한 합목적성, 합내용성, 합대상성, 합상황성을 갖춘 지도방법이어야 한다.

여섯째, 지도대상인 청소년들의 적극적이고 실질적인 참여를 극대화할 수 있는 지도방법이 고안되어야 할 것이다. 이를 위해서는 가능한 한 부분이 아닌 전체 청소년 구성원들이 모두 함께 참여할 수 있는 집단참여가 가능한 지도방법이 필요하다. 이때 프로그램에의 참여를 위한 동기유발과 참여유인 요소가 강화될 수 있는 지도방법이 강구되어야 할 필요가 있다.

청소년지도방법은 개별 단위로 개인중심 학습의 형태로 이루어지는 경우도 있으나 대부분의 경우 집단지도의 형태를 취하게 된다. 이 경우 집단 내 소수의 대표적 구성원들만이 실질적으로 중심이 되어 활동하게 되고 나머지 대다수의 구성원들은 형식적으로만 참여하거나 또는 거의 참여하지 못하게 되는데, 이러한 지도방법은 바람직하지 못하다. 보다 많은 구성원들이 실질적이고 적극적으로 참여할 수 있는 지도방법이 적용될 때 집단 전체의 지도 효과가 제고될 수 있음은 자명한 이치이기 때문이다. 그러나 지금까지의 활동은 주로 청소년지도자, 즉 가르치는 사람이 일방적으로 계획을 작성하여 지도하고 그 결과 역시 그들에 의해서 평가되는 방식으로 행하여 왔다. 하지만 청소년의 참여 없이는 어떤 종류의 학습도 가능하지 않으며 그 성과도 거두기 어려울 것임을 간과해서는 안 될 것이다. 그러므로 청소년지도에 있어서 학습자이자 주체로서 청소년이 활동의 전 과정에 걸쳐 적극적으로 참여함으로써 보다 실질적으로 청소년 학습자들 스스로가 도움을 받고 그 효과를 극대화할 수 있어야 한다. 이때 지도프로그램에의 참여도는 어떠한 지도기법이 채택되는가에 의해서 크게 영향을 받게 되므로 지도방법의 비중이 더욱 커지게 되는 것이다.

마지막으로 강조되어야 할 원리는 청소년지도에 있어 '즐거운 학습'의 요소가 강조되어야 한다는 점이다. 모든 학습의 과정이 그러해야 하듯이 배움의 과정에는 반드시 지적 희열과 학습 만족감, 그리고 명시적 학습성과들이 수반되어야 한다. 이때 중요한 요소의 하나는 이러한 성과들이 청소년의 자발적인 참여동기와 내적 동기에 기초한 것으로써 '즐거운 학습'의 요소를 지녀야 한다는 점이다. 일반적으로 청소년지도프로그램의 참여는 강제적이거나 의무적인 것이 아니라 청소년들의 자발적 참여동기에 기초하게 된다. 따라서 진심으로 그 프로그램이 즐겁고 만족스러운 것일 때 비로소 청소년들은 자발적이고 적극적으로 참여하여 소기의 학습성과를 거둘 수 있게 될 것이다. 유희 · 오락성의 원리 또는 놀이적인 성격의 원리와도 관련지어질 수 있는 즐거운 학습의 원리는 단지 놀고 즐긴다는 가벼운 의미는 아니다. 즉, 참여 청소년들로 하여금 새로운 것을 배운다는 무거운 심리적 압박을 주는 대신 알게 모르게 즐기면서 그 속에 몰입하게 함으로써 배움과 더불어 긴장을 풀고 즐길 수 있는 장점을 동시에 지니게 된다. 예컨대, 역할극을 통하여 문제를 이해하고 그 해결의 방법까지도 놀이를 통해 깨닫게 하면서 활동의 효과를 높일 수 있는 것이다.

다만, 한 가지 유의해야 할 점은 이 접근방법이 단지 하나의 놀이나 흥미 유발적 성격으로만 끝나지 않도록 해야 한다는 점이다. 그렇게 되지 않기 위해서는 즐거움의 요소와 함께 의미 있는 학습성과를 유도하기 위한 메시지가 계속적으로 전달될 수 있도록 세심한 주의를 기울여야 할 것이다. 이와 같은 의미로서의 청소년지도방법은 청소년지도활동의 전반적 목표달성과 지도의 성패까지도 좌우할 수 있는 중요한 변수가 되므로 지도목표 및 내용에 적합한 방법을 개발하여 선택 · 활용하는 일이야말로 청소년지도에 있어서 중요한 선결 과제가 아닐 수 없다.

생각해 보기

- 청소년활동의 개념과 정의 및 필요성에 대해 논의해 보자.
- 청소년활동과 역량의 관계에 대해 토론해 보자.
- 청소년지도방법의 선정 및 개발의 기본원리에 관해 토론해 보자.

참고문헌

권일남 · 최창욱(2011). 청소년활동 개념 재정립에 관한 연구-역량개발을 중심으로. 세종 : 한국청소년정책연구원.

국가법령정보센터. https://www.law.go.kr.

김정열(2020). **청소년지도방법론**. 경기 : 공동체.

김진호 외(2004). 청소년개발지표 개발 연구. 서울 : 한국청소년개발원.

김현철 · 최창욱 · 민경석(2010). 초 · 중 · 고 창의적 체험활동과 청소년활동 전개의 연계방안 연구. 세종 : 한국청소년정책연구원.

박경미 외(2020). 청소년활동의 효과에 대한 유형화 분석. **한국청소년활동연구, 6**(4), 95-121.

여성가족부(2023). 제7차 청소년정책 기본계획. 서울 : 여성가족부.

오윤선 · 황인숙(2021). **청소년지도방법론**. 경기 : 양서원.

이광호(2005). 학교 밖 일상 체험활동의 청소년 교육적 의의에 관한 연구. **청소년학연구, 12**(1), 371-394.

장수환(2014). **청소년활동론**. 경기 : 양서원

전희일 · 신명철 · 류기덕 · 신용식 · 유영주 · 정남환 · 최은규(2018). **청소년지도방법론**. 경기 : 양서원.

천정웅 · 김정주(1999). 청소년활동의 정책적 특성 비교연구-청소년 정책과 교육정책을 중심으로. **청소년학연구, 6**(2), 101-122.

한상철 · 권두승 · 방희성 · 설인자 · 김혜원(2001). **청소년지도론**. 서울 : 학지사.

06

Chapter

청소년상담 지도

학습목표

- 청소년상담의 개념을 설명할 수 있다.
- 청소년상담자의 역할 및 자질을 이해할 수 있다.
- 청소년의 상담이론 및 기법을 실제에 적용할 수 있다.

학습개요

현대사회에서는 대중매체를 통한 상담이 많이 노출되어 낯설지 않게 느껴지는 영역의 하나로 인식되어 있다. 이 장에서는 청소년상담의 이해를 통해 청소년과 상호작용 및 도움을 줄 수 있는 방법에 대해 학습해 보고자 한다. 또한 청소년상담자의 역할 및 자질을 이해하고, 실제적으로 상담이론과 기법을 실제에 적용할 수 있는 능력 및 다양한 기법들에 대해 알아보고 실제 청소년 내담자에게 청소년상담을 실시할 수 있는 능력을 함양하고자 한다.

Chapter 06

청소년상담 지도

1. 청소년상담의 이해

1) 상담의 정의

상담(Counseling)이라는 용어는 라틴어의 'consulere'에서 유래된 것으로서 '고려하다(to consider)', '조언을 받다(to ask counsel)', 그리고 '조언을 구하다(to ask counsel of)'라는 의미를 지닌다. 동양에서 사용하고 있는 한자의 상담(相談)이란 의미를 찾아보면, 나무 목(木)과 눈 목(目)으로 이루어진 '서로 상(相)'은 두 그루의 나무가 눈을 맞대고 마주한다는 뜻으로 쓰이는 낱말이다. 그리고 '말씀 언(言)'과 '태울 염(炎)'이라는 두 글자로 조합된 '이야기 담(談)'은 마치 활활 타오르는 불같이 서로 말을 주고받는다는 의미를 지닌 낱말이다. 상담이란 글자 그대로, 두 사람이 마주 보고 대화를 나누는 행위를 뜻하는 것이다. 구체적으로 두 사람이 마주 보고 대화하는 가운데 한 사람은 도움을 받기 위해, 다른 한 사람은 도움을 주기 위한 조력적 면담을 의미한다.

타일러(Tyler, 1969)는 상담이라는 용어는 누구나 이해하는 듯하지만 사람마다 각기 다르게 이해하고 있어 정의도 다양하게 내려지고 있다고 하였으며, 대표적인 학자들의 정의를 소개하면 다음과 같다.

로저스(C. Rogers, 1952)는 "상담이란 치료자와의 안전한 관계에서 자아의 구조가 이완되어 과거에는 부정했던 경험을 자각해서 새로운 자아로 통합하는 과정"이라고 정의하여 상담의 과정적 측면을 강조하고 있다. 즉, 안전한 치료의 분위기와 이러한 과정을 통해서 새로운 행동과 태도를 학습하도록 하는 것을 강조하고 있다.

시저와 스톤(Shertzer & Stone, 1980)은 상담은 자기와 환경에 대한 의미 있는 이해를 촉진시키고, 상호작용의 과정이라고 하여 자신과 환경에 대한 학습을 강조하고 있다.

정원식과 박성수(1978)는 "상담이란 도움을 필요로 하는 사람과 도움을 줄 수 있는 사람 사이의 개별적인 관계를 통하여 새로운 학습이 이루어지는 과정"이라고 정의하고, 이장호(1995)는 "상담이란 도움을 필요로 하는 사람(내담자)이, 전문적 훈련을 받은 사람(상담자)과의 대면관계에서, 생활과제의 해결과 사고, 행동 및 감정 측면의 인간적 성장을 위해 노력하는 학습과정"이라고 정의하고 있다.

상담에 대해서는 많은 학자가 정의를 내리고 있지만, 종합해 보면, 상담이란 도움을 필요로 하는 내담자가 전문적 훈련을 받은 상담자와 안전한 대면관계 속에서 언어라는 매체를 통해 문제를 해결하고 인간적 성장을 경험하는 과정이라고 할 수 있다(오윤선, 김미숙, 2019). 이처럼 상담의 정의는 다양하나 대체로 다음과 같은 공통적인 특성을 가지고 있다(George & Cristiani, 1995).

첫째, 상담은 내담자로 하여금 선택해서 행동하도록 조력하는 것을 목적으로 한다.

둘째, 상담을 통해 다양한 학습과정을 다룬다.

셋째, 상담에서는 성격발달이 이루어진다.

2) 청소년상담의 개념

상담의 일반적인 개념과 상담이론, 상담기법의 원리가 청소년상담에 적용되지만, 청소년상담은 성인 상담과 달리 내담자와 상담자의 관계, 상담과정, 상담기술과 전략 면에서 다른 접근이 필요하다고 강조한다. 청소년들은 자아정체감을 형성하고 개별화하는 과정 중에 있어 스스로 선택하며 자신의 삶을 자율적으로 통제할 수 있다는 확신을 갖기가 쉽지 않다. 따라서 청소년을 상담하는 상담자는 청소년의 특성을 이해하고 접근해야 한다.

이재창(1993)은 청소년상담을 다음과 같은 세 가지 기준에 의해서 개념 규정을 하고 있다.

첫째, 상담 대상에 대한 구분이다. 즉, 상담을 받는 대상의 특성에 의해 구분하는 것이다. 청소년 집단을 대상으로 하는 상담이 청소년상담이라고 보는 견해이다. 이는 여성 집단을 대상으로 하면 여성 상담, 노인을 대상으로 하면 노인 상담, 또 청소년 중에서도 학생을 대상으로 하면 학생 상담이라고 하는 것과 같은 것이다. 대체로 청소년상담이라고 하면 청소년이 상담 대상이 되는 것을 의미한다.

둘째, 발달 단계에 따른 구분이다. 즉, 유년기, 아동기를 거쳐 청소년기의 여러 가지 발달 특성과 관련된 적응의 문제를 다루는 상담 유형이라고 할 수 있다.

셋째, 문제 유형에 의한 구분이다. 청소년들이 경험하거나 야기시키는 특수한 유형의 문제에 의해 구분하는 것이다. 즉, 청소년 비행이나 적응의 문제와 같이 청소년들에게 더 발생하는 문제, 소위 청소년문제를 다루는 상담을 청소년상담이라고 할 수 있다.

이러한 청소년의 특징을 고려하여 박재황(1993)은 일반적인 상담의 정의와 기능에 기초하고 특히 성인들과 차이가 있는 청소년의 심리적 측면과 환경적 측면을 고려하여 청소년상담을 "청소년 및 청소년관련인(부모, 교사, 청소년지도자)과 청소년관련기관(가정, 학교, 청소년 고용업체, 청소년 수용기관, 청소년 봉사기관)을 대상으로 직접 봉사(개인 및 집단상담, 교육 및 훈련), 자문활동, 그리고 매체를 통하여 청소년의 바람직한 발달 및 성장을 추구하는 활동"으로 정의하고 있다.

3) 청소년상담의 목표

청소년을 대상으로 상담을 하는 경우 행동변화의 촉진, 적응기술의 증진, 의사결정 기술의 함양, 인간관계 개선, 내담자의 잠재력 개발이란 목표가 청소년상담에도 그대로 적용될 수 있다고 보았고 여기에 청소년기의 발달적 특성을 고려한 자아정체감 확립, 긍정적 자아개념 형성, 건전한 가치관 정립이라는 목표를 추가하여 여덟 가지 목표를 제안하였다(이혜성, 1996). 구본용(2002)은 청소년상담의 목표는 청소년상담이 무엇을 다루는가와 관련되어 있으며, 이러한 상담의 주제 면에서 상담과 심리치료를 구분하고 있다. 심리치료가 이상심리나 정신병리를 치료하거나 전반적인 성격 변화를 목표로 하는 것에 비하여 상담은 일상의 삶의 과정에 직면하는 다양한 문제들과 관련된 직접적이고 구체적이며, 실제적인 결과를 지향한다(Blocher, 2000). 이러한 맥락에서 청소년상담은 소수를 대상으로 하는 치료의 기능보다는 대다수 청소년들의 건전한 발달과 성장을 돕는 다음과 같은 목표를 갖게 한다.

첫째, 청소년들의 성장과 발달을 촉진시킨다. 청소년상담은 청소년들이 발달과정에서 겪는 생리적, 인지적, 심리적, 사회적 변화에 적응하고, 도덕적 발달과업들을 슬기롭게 극복해 나갈 수 있도록 도와야 한다. 청소년들은 발달과업들을 수행해 가는 과정에서 장애물을 만날 때 고민하고 갈등하며 일탈행동을 보이게 된다. 따라서 청소년상담은 청소년들이 청소년 시기에 해결해야 할 발달과업들을 건강하게 수행하도록 조력하는 예방활동에 초점을 둘 필요가 있다.

둘째, 청소년들이 일상생활에서 당면하는 문제의 해결에 조력한다. 청소년들은 발달과정에서 개인 내적 요구들과 사회적 요구에 적절히 대처하지 못할 문제상황에 직면하게 된다. 청소년상담은 학습활동, 진로 설계, 또래 관계, 이성 교제, 부모나 교사 등 성인들과의 관계에서 파생된 문제행동이나 각종 비행 등의 문제행동 해결을 조력하는 활동을 목표로 한다.

셋째, 청소년들의 유능성 발달을 촉진시킨다. 청소년상담은 청소년들의 성장과 발달을 촉진시키는 과정에서 그들의 잠재력을 발휘할 수 있도록 돕고 유능함을 신장시킨다. 문제를 예방하고 교정하는 것만으로 청소년들의 유능성이 발달하는 것이 아니다. 따라서 청소년상담은 청소년들이 경험하는 문제해결에 조력할 뿐만 아니라, 그들에게 내재된 가능성을 찾아 실현할 수 있도록 돕는 활동이어야 한다.

넷째, 청소년들에게 영향을 미치는 환경을 변화시키도록 노력한다. 가정을 비롯한 또래, 학교, 지역사회 환경은 청소년들의 성장과 발달을 위협하기도 하고 촉진시키기도 한다. 아동기나 성인기에 비해 환경의 영향을 가장 많이 받는 청소년들을 위한 상담은 그들을 둘러싼 환경의 성장을 촉진시키는 방향으로 변화시키려는 노력이 요구된다.

다섯째, 청소년들에게 삶의 지혜를 길러준다. 청소년들은 상담을 통해 존재의 이유, 성숙의 의지, 자아정체성 확립 등의 힘을 키워야 한다(박성수 외, 2000).

4) 청소년 내담자 및 청소년상담의 특징

(1) 청소년 내담자의 특징

청소년 내담자들의 특징은 동기가 부족하고, 상담에 대한 오해가 있으며, 지구력과 인지능력이 부족하고, 동시다발적인 관심과 감각적 흥미를 추구하며, 환경의 영향을 잘 받는다(이혜성, 1996). 김계현(2000)은 상담에 대한 비자발성과 사이버 공간에 대한 선호를 청소년 내담자의 특징으로 꼽고 있다.

청소년 내담자의 특징을 정리하면 다음과 같다.

첫째, 상담에 대한 동기가 부족하고 비자발성이 있다. 청소년들은 자신의 문제를 인정하고 해결하는 데 비자발적인 경향이 있다. 특히 적응상의 문제를 지니고 있는 청소년일수록 자신의 문제를 인정하고, 해결을 위해 스스로 전문적인 도움을 요청하는 경우는 매우 드물다. 정작 도움이 필요한 청소년들은 부모나 교사, 혹은 지역사회에 의해 상담에 의뢰되는 경우가 대부분이며, 이렇게 의뢰된 청소년들은 상담에 대한 저항이 크고 대화도 잘되지 않는다(Prout & Brown, 1999). 이런 특징 때문에 청소년상담은 '피 흘리며 싸우는, 적대적인 스포츠(Trepper, 1991)'에 비유될 정도로 그 어느 분야보다 힘들고 노력이 많이 드는 도전적인 분야로 평가받는다.

둘째, 지구력이 부족하다. 청소년들은 주의집중 시간이 짧아 한 회기 상담에서도 한 가지 주제를 오래 다루기가 어렵고, 꾸준하게 지속적으로 상담에 참여하기도 쉽지 않다.

셋째, 주변의 인간관계망을 포함한 환경의 영향을 많이 받는다. 청소년들은 가정, 학교, 또래라는 주변 사람뿐만 아니라 넓게는 지역사회의 영향을 크게 받는다. 따라서 청소년 내담자 개인만을 대상으로 하는 것이 아니라, 청소년에게 영향을 주는 사회적 관계망 전체를 변화의 대상으로 삼는 체계적인 접근이 필요하다(박성수 외, 1997).

넷째, 청소년들은 사이버 공간에 매우 익숙하다. 청소년들은 가상 세계를 통해 관계를 맺고, 정보를 얻으며, 놀이문화를 창출한다. 이러한 가상 세계 속의 청소년들은 현실 세계의 한계에 익숙하며 급속한 변화에 부담을 갖는 기성세대와는 매우 다른 특성을 나타낸다. 이들의 특성은 자기주도적이고, 변화에 대해 매우 개방적이며, 엄청난 양의 정보를 인터넷 스마트폰을 통해 흡수하며, 재미없는 것에 대해서는 눈길조차 주지 않는다(황상민, 1999).

(2) 청소년상담의 특징

청소년 내담자의 특징에 따라 청소년상담도 성인 상담과 달리 상담자와의 관계, 상담과정, 상담기술과 전략 면에서 다른 접근이 필요하다고 강조한다. 일반 상담과 다른 특징으로 자율성 및 발달과 관련된 이슈(김계현, 2000), 자살이나 약물남용 등과 관련된 문제(구본용, 2002), 상담에 대한 비자발성(양미진 외, 2006), 사이버상담에 대한 선호(오혜영 · 지승희 · 김경민, 2010), 지역사회 통합적 접근 등이 제기된다. 청소년상담이 성인 상담과 다른 점을 구체적으로 살펴보면 다음과 같다(이형득 외, 1999).

첫째, 청소년상담의 대상은 청소년, 청소년관련인, 그리고 청소년관련기관이다. 이때 청소년관련인이란 부모, 교사, 청소년지도자 등 청소년 주변의 사람들을 말하며, 청소년관련기관에는 가정, 학교, 청소년 고용업체, 청소년 수용기관, 청소년 봉사기관 등이 포함된다. 청소년은 주변인의 가족, 또래, 학교, 환경 등의 주변 요인들과 밀접하게 관련되어 있기 때문에 청소년을 상담하는 경우 대부분 그를 둘러싼 주변의 주요 관계들과 환경에 대한 개입이 포함되어야 한다.

둘째, 청소년상담의 목표는 심리치료적 측면보다는 청소년의 건전한 발달, 성장을 돕는 예방 및 교육적 측면이 강조된다. 청소년상담은 성인 상담에서 강조되는 정서문제, 부적응 행동, 정신과적 문제 등의 치료도 중요하지만, 문제예방과 건전한 성장을 돕기 위한 프로그램의 실시 및 훈련 등의 심리교육적 활동이 더 강조된다.

셋째, 청소년상담의 방법은 일대일의 개인상담뿐만 아니라 소규모, 대규모 형태의 집단교육 및 훈련, 미술과 놀이를 활용한 다양한 상담기법을 활용한다. 청소년상담은 면접 중심의 대화뿐만 아니라 다양한 활동으로 이루어질 수 있기 때문에, 청소년상담자는 개인상담 중심의 상담기술뿐 아니라 다양한 방식의 상담기술과 활동을 익히고 개발할 필요가 있다.

2. 청소년상담자의 역할 및 자질

1) 청소년상담자의 역할

청소년상담자는 적극성과 환경적 개입의 중요성이 강조된다. 청소년상담자는 전통적인 상담자의 역할을 넘어서 적극적으로 대안을 제시하는 교육과 훈련의 조력자가 되어야 하며, 청소년이 상담을 요청해오기를 소극적으로 기다리고 있는 것이 아니라, 상담자 편에서 먼저 다가가는 적극성을 지녀야 한다. 또한 청소년상담은 개인과 환경에 동시적으로 접근해야 하는 것으로, 개인과 환경 어느 한쪽에 치우친 상담 접근은 효율성이 떨어질 수 밖에 없다고 주장한다. 이런 과정에서 청소년상담자는 가정환경, 또래환경, 학교환경, 직업환경, 지역사회 환경 등에서 청소년의 성장에 장애가 되거나 될 수 있는 요인들을 파악하여 청소년을 위한 최상의 환경적 요인을 갖출 수 있도록 노력하는 매우 적극적인 활동가라고 할 수 있다(이규미 외, 2001). 박재황 등(1993)은 청소년상담활동을 크게 직접적인 상담활동과 간접적인 상담지원활동으로 구분한다. 상담활동이란 청소년과 청소년관련인, 청소년관련기관을 대상으로 하는 직접적인 개입활동으로, 청소년의 문제해결 및 예방, 발달 및 성장을 촉진하는 활동과 청소년관련인 및 관련기관에 대한 자문, 중재, 옹호 등의 개입활동을 말한다. 상담지원활동은 전문적인 청소년상담자로서의 기능을 효과적으로 수행하기 위한 활동으로, 프로그램 개발, 연구, 관리와 행정, 상담자 교육훈련활동이 이에 포함된다.

〈표 6-1〉 청소년상담활동

<table>
<tr><th colspan="3">영역구분</th><th>활동내용</th></tr>
<tr><td rowspan="3">상담활동</td><td rowspan="2">개입 활동</td><td>발달 성장 촉진 활동</td><td>• 교육활동 : 성장 및 발달을 촉진하기 위한 정보제공
• 훈련집단운영 : 삶의 기술훈련
• 성장집단운영 : 자기 갈등이해 및 성장촉진
• 환경개선활동 : 유해환경 재구성</td></tr>
<tr><td>문제 해결적 활동</td><td>• 개인상담활동, 집단상담활동, 가족상담활동, 기타 상담활동(전화상담, 방문 출장상담)
• 진단 및 평가</td></tr>
<tr><td colspan="2">자문활동</td><td>• 관련인 자문 : 개인의 성장, 발달을 위한 간접적 조력
• 관련기관 자문 : 환경구조 재구성을 조력</td></tr>
<tr><td rowspan="3">상담지원활동</td><td colspan="2">연구 및 프로그램 개발활동</td><td>• 개인에 관한 연구, 환경에 관한 연구, 상담과정과 기법, 프로그램 개발</td></tr>
<tr><td colspan="2">교육 및 훈련활동</td><td>• 상담자 교육 및 훈련, 상담자 슈퍼비전</td></tr>
<tr><td colspan="2">행정 및 정책활동</td><td>• 상담 행정활동, 상담 정책활동</td></tr>
</table>

(1) 청소년상담활동

상담활동은 개입이 직접적 혹은 간접적이냐에 따라 개입활동과 자문활동으로 구분할 수 있다. 개입활동이란 대상(개인이든, 환경이든)에 직접적으로 개입하는 활동을 의미하며, 자문활동이란 대상에게 직접 개입하는 제3자를 돕는 활동을 의미한다.

① 발달 촉진 및 문제예방활동

발달 촉진을 위한 활동에는 청소년을 대상으로 하는 심리교육이 있다. 심리교육은 청소년의 심리적 성장과 발달을 촉진하기 위한 의도적이고 체계적인 교육적 개입으로, 개인의 감정, 사고, 경험, 동기, 태도 등의 탐색과 이해를 통해 자기발전을 꾀하도록 돕는 것이다(박성수, 1996).

이형득(1999)은 예방활동의 특징을 다음과 같이 정리했다.

첫째, 예방은 문제가 발생한 후의 대응적 방법과 달리 문제가 발생하지 않도록 청소년이나 환경의 강점과 자원들을 효과적으로 증진시키는 선행적 접근이다. 청소년의 자신감을 높여주고 보다 책임 있고 건강한 행동을 선택하도록 힘을 북돋아주는 요소가 강조되는 활동이다.

둘째, 예방의 주대상은 현재는 문제를 보이지 않지만 문제를 갖게 될 요소가 많은 위험집단이다. 건강한 청소년들의 장점과 자원을 발견, 개발하며 추가의 기술과 능력을 길러준다.

셋째, 예방활동을 통해 교육되는 내용과 기술들은 축적되어 다른 문제의 해결에도 적용될 수 있다. 예를 들어, 자아존중감이나 자기주장 훈련을 받은 초등학생은 중학생이 되었을 때 비행의 유혹을 거절하는 능력과 기술을 적용할 수 있다.

넷째, 예방교육을 통해 학습된 대화기술, 자기주장, 문제해결 기술 등은 청소년 또래 간의 조력을 증진시켜 문제발생을 감소시키는 데 중요한 역할을 한다.

다섯째, 아동기부터 예방활동을 시작하면 자아존중감, 행동, 정서, 사고 등에 영향을 미침으로써 청소년기의 위험상황에 대처하는 능력을 기르는 데 도움이 된다.

여섯째, 예방활동은 청소년에 관련된 여러 분야의 전문가와 체제의 공동노력을 강조한다.

② 문제해결 중심의 상담활동

문제해결적 개입활동은 개인의 성장에 방해가 되고 생활의 부적응을 야기하는 정서, 사고, 행동을 제거, 수정, 완화하고 비생산적인 장애행동을 조정하여 적응과 성장을 촉진하는 일련의 과정이다(이형득, 1999). 문제해결을 위한 상담활동에서 다룰 수 있는 영역으로는 대인관계문제, 학습문제, 발달과정상의 문제, 중독문제, 행동문제, 성격문제 등이 있다. 문제해결을 위한 상담활동은 개입의 형태에 따라 개인상담, 집단상담, 가족상담, 매체상담 등으로 나눌 수 있다.

③ 청소년관련인 또는 관련기관 자문활동

청소년문제는 주변 환경과의 갈등 및 부적응에서 비롯되는 경우가 많기 때문에 청소년 자신의 노력이나 변화만으로는 바람직한 성과를 얻기가 어렵다. 문제의 성격이 청소년 발달과정에서 나타나는 문제라 하더라도 청소년은 완전히 독립된 존재가 아니기 때문에 가정, 학교, 또래 등 주변 환경의 결정과 선택, 변화와 지원이 필요하다(권해수 외, 2009). 상담자는 청소년의 부모나 보호자 등의 적극적인 변화를 위한 상담, 자녀지도나 학생지도에 관한 자문, 관련인과 관련기관과의 갈등에 대한 중재, 청소년의 입장을 대변하고 권익을 보호하는 관련기관을 대상으로 하는 옹호 등의 간접적인 개입활동을 통해 청소년을 돕는다.

(2) 상담지원활동

상담지원활동이란, 상담활동 자체의 질적 발전과 효율화를 위한 활동이다. 이러한 상담지원활동에는 상담의 효율성을 증대하기 위한 연구활동, 상담자 양성활동, 정책 수립활동 등이 포함된다.

특히 청소년상담자의 상담지원활동은 청소년문제를 연구하고 청소년상담의 효율성을 증대하고자 한다. 이를 달성하기 위하여 청소년상담 방법 및 프로그램을 개발하고, 청소년문제에 관한 진단 체계를 개발하며, 청소년 상담자 양성활동, 청소년정책을 연구하고 수립하는 활동 등이 중요한 영역으로 포함된다.

① 연구 및 프로그램 개발활동

청소년상담자는 상담실무와 상담연구활동을 동시에 진행하는 과학자이자 실무자라고 할 수 있다. 이규미 등(2001)은 청소년상담자가 연구의 필요성을 느끼게 되는 영역과 배경을 다음과 같이 정리했다.

첫째, 우리나라 내담자들에게 적합한 상담이론 정립의 필요성을 느낀다. 서구에서 들어온 상담이론들을 이해시키고 발전시키는 데 도움을 준 것은 사실이지만, 상담자들은 의식과 문화, 가치관의 차이로 인한 서구 이론들의 제한점들을 극복하고 우리의 상담이론을 발전시키고자 노력할 필요가 있다.

둘째, 청소년에게 적합한 상담이론과 기법을 연구 및 개발할 필요성을 느낀다. 서구에서 들어온 상담이론은 대부분 성인 중심의 이론으로 우리나라 청소년에게 그대로 적용하기에는 무리가 있다.

셋째, 청소년상담이론이나 기법을 연구하기 위해서는 청소년과 청소년문제의 실태에 대한 이해와 분석이 필요하다. 청소년 의식, 생활실태, 가치관과 여가 등 빠르게 변화하는 청소년들의 실태를 파악하기 위해 노력한다.

넷째, 스마트폰 과의존, 학교폭력, 학업중단 등 예측하기 어려운 새로운 형태의 청소년문제가 발생할 때마다 청소년상담자는 이에 적극적으로 대처하기 위한 새로운 상담기법과 프로그램 개발에 관심을 가질 필요성이 있다.

② 상담자 교육 및 훈련활동

상담자 교육 및 훈련활동은 전문 상담가에 대한 슈퍼비전 활동, 준전문가들(자원봉사자, 청소년관련지도자들)에 대한 교육, 청소년 또래상담자, 부모 및 교사를 교육하여 청소년상담의 보조 인력으로 활용하는 활동을 의미한다.

③ 행정 및 정책 활동

청소년상담자는 상담기관에서 실시하는 상담 업무 및 교육, 행사, 프로그램, 기관의 정책 등의 전체적인 계획, 개발, 실시 및 평가, 상담실의 운영을 총괄하는 행정적 역할을 담당한다.

2) 청소년상담자의 자질

청소년상담자는 다양한 역할을 수행해야 하며, 이러한 역할을 수행하기 위한 인성적인 자질과 전문적인 자질로 구분하여 살펴보고자 한다.

(1) 청소년상담자의 인성적 자질

상담의 가장 효과적인 도구는 바로 상담자 자신이다. 효과적인 상담자에게는 이론적 지식과 실제적 기술도 필요하지만, 그것만으로는 효과적인 치료관계를 형성 · 발전시킬 수가 없다. 청소년상담자로서 갖추어야 할 기본적인 인성적 자질에는 ① 청소년상담에 대한 사명의식, ② 긍정적 청소년관, ③ 바람직한 인간관, ④ 성숙한 인간적 자질, ⑤ 효과적인 상담자의 인간적 자질이 포함된다.

① 청소년상담에 대한 사명의식

청소년상담에 관심과 흥미를 가지는 동시에 그 일을 천직으로 받아들여 사명감을 가지고 일하는 상담자가 장기간 교육과 훈련을 견디면서 전문가로 성장할 수 있다.

② 긍정적 청소년관

청소년을 바라보는 청소년상담자의 기본 관점은 직접적으로 상담의 목적, 내용, 방법을 좌우할 뿐만 아니라, 간접적으로는 관계증진에도 영향을 미치므로 자신의 청소년관이 내담자를 올바르게 이해하고 효과적으로 상담하는 데 적합한지 확인해야 한다.

③ 바람직한 인간관

청소년상담자가 지녀야 할 바람직한 인간관은(이형득, 1988), 인간은 천부적으로 존엄성과 가치를 지닌 신성한 존재, 선한 도덕성을 지닌 존재, 스스로를 지도하고 통제하는 능력, 스스로의 삶을 결정하고 선택할 수 있는 존재, 환경과 역동적으로 상호작용을 하는 유기체, 유전적 요소와 환경적 요소의 복합적 산물로 사회와 문화의 기본단위, 신체적 · 지적 · 정서적 · 영적인 여러 차원을 통합한 하나의 총합적 유기체이다.

④ 성숙한 인간적 자질

청소년상담자는 성숙한 인간이 지녀야 하는 삶의 철학 또는 인생의 목표의식, 애타심, 또는 인간관계 능력, 창의성, 민감성, 개방성과 융통성, 자아정체감, 정서적 안정감, 자율성, 책임의식, 진실성 등의 특성을 갖추어야 한다.

⑤ 효과적인 상담자의 인간적 자질

로저스는 성숙한 상담자의 자질을 인간관계에 민감하고, 객관적이고 정서적으로 초연한 태도, 개인을 존중하고, 내담자 스스로 해결책을 찾도록 자유를 주고, 내담자를 있는 그대로 수용하는 능력, 자기이해, 즉 자신의 제한점과 단점을 이해하며, 인간행동에 대한 지식을 가져야 한다고 하였다(권해수, 2009)

(2) 청소년상담자의 전문적 자질

인성적 자질과 더불어 청소년상담자에게 요구되는 전문적인 자질에는 ① 청소년 관련 기본지식, ② 청소년상담과 관련된 기술, ③ 상담 이외의 능력과 자질 등이 있다.

① 청소년 관련 기본지식

청소년과 관련된 기본지식은 다음과 같다.

첫째, 청소년 개인적 측면에서의 신체발달, 심리발달, 개인차에 대한 지식이 필요하다. 또한 상담이론과 기본에 관한 지식, 실무에 관한 지식 등을 통해 상담자가 일하는 기관에서 사례를 처리하는 절차에 대해 알고 있어야 한다.

둘째, 청소년과 관련된 관련법과 윤리에 관한 것들에 대해 민감하게 알고, 비윤리적이거나 윤리적으로 문제가 있는 행위나 판단을 하지 않도록 윤리적 문제에 대해 민감하게 대처해야 한다.

셋째, 조직에 관한 지식이다. 청소년상담자는 자신의 속한 조직을 정확하게 이해하고, 지역 내의 다른 조직들에 대해서도 알고 있어야 한다.

마지막으로, 사례관리에 필요한 지식이다. 행정적 관리 및 절차상의 관리를 비롯해서 임상적 판단과 의사결정, 위기나 돌발적 사태에 대한 처리도 알고 있어야 한다.

② 청소년상담과 관련된 기술

상담자에게는 인간적 자질과 지식 이외에 또 다른 자질이 필요하다.

첫째, 진단, 평가, 분류 기술에 익숙해야 한다. 내담자의 문제를 진단하고, 내담자의 기능수준과 자원을 평가하며, 내담자의 문제를 체계적으로 분류하는 일이 있다. 문제의 진단과 분류에는 정신의학에서 사용하는 DSM-5처럼 기술 분류적인 것도 있고, 심리치료 이론에 입각해서 문제의 원인론을 중심으로 진단하고 분류하는 것도 있다. 상담자는 이 두 가지 진단 및 분류법에 대해서 익숙해야 하며, 내담자를 만났을 때 가능한 빠른 시간 내에 정확한 진단을 할 수 있는 기술을 익혀야 한다.

둘째, 전문적 개입기술을 익혀야 한다. 개입에는 개인에 대한 개입, 집단을 통한 개입, 교육을 통한 개입이 있다. 기본적인 면접기술을 비롯해서 청소년의 성장에 도움을 주는 집단을 구성하고 이끄는 기술, 소규모 집단에서 대규모 교육 집단에 이르기까지 효과적인 개입전략들을 적용할 수 있어야 한다.

셋째, 일반적인 대인기술에 능해야 한다. 청소년상담자는 청소년과 그들의 부모, 나아가 교사 및 지역사회 인사들과 관계를 잘 맺을 수 있는 대인기술을 익혀야 한다.

③ 상담 이외의 능력과 자질

청소년상담자는 상담자로서의 자질 이외 다양한 능력이 요구된다.

첫째, 행정 능력이다. 청소년상담 종사들은 대체로 행정에 관심이 적거나 행정 능력이 부족하다는 평가를 받기도 한다. 상담이라는 업무는 많은 다른 종류의 업무들 중에 속하므로 다른 업무들과 마찬가지로 합당한 행정절차를 따라야 한다. 최근 청소년상담이 국가의 중앙정부, 도, 특별시 및 광역시, 시, 군 등 행정조직의 일부분으로 활성화되면서 많은 상담전문가들이 행정 능력의 필요성을 인식하기 시작했다.

둘째, 기획 능력이다. 기획이란 기관이 수행할 일들 중 일상적이지 않은 일, 즉 새로운 사업을 기획하고 추진하는 일을 말한다. 이를테면 상담활동 홍보나 교육, 행사 기획 같은 것이다. 기획에서 필요한 것은 아이디어 창출 능력과 추진력, 자원활용 능력 등이다.

셋째, 동료 전문가와의 인간관계다. 상담자는 혼자 일하는 사람이 아니라 조직에 속해 있다. 한 조직에는 다양한 성격과 가치관을 가진 개인이 모여 있으며, 상하관계와 동료관계가 공존한다. 또한 대개의 조직에는 업무수행에 대한 평가과정이 있다. 이러한 조직체의 특성을 이해하고 원만하게 생활할 수 있는 능력이 필요하다.

넷째, 연구관련 능력이다. 현장에서 일하는 상담자들에게는 과학적 사고 능력과 연구 능력이 필요하다.

다섯째, 전문가로서의 자기 개발 노력이다. 상담전문가는 자신의 임상적 능력, 전문직장인으로서의 각종 능력(행정, 기획, 인간관계 등)을 계속해서 발전시키는 자기 개발을 위해 노력해야 한다.

3. 청소년상담의 실제

1) 청소년상담이론

청소년상담자가 청소년 내담자를 만날 때 사용할 수 있는 이론은 매우 다양하며 청소년상담자 자신이 효과적으로 사용할 수 있는 방법을 수련한 후 자신에게 적합한 이론을 사용하는 것이 바람직할 것으로 보인다. 상담이론에는 여러 가지가 있는데, 대표적인 상담이론은 〈표 6-2〉와 같다.

〈표 6-2〉 현대 치료모형 개관

구분	내용
정신분석적 치료	**주요 인물 : 프로이트** 성격발달 이론, 인간본성에 대한 철학, 치료 방법, 행동을 동기화시키는 무의식적 요인을 강조한다. 후기 성격발달을 결정짓는 요인으로서 생후 6년의 사건에 관심을 둔다.
인간중심 치료	**주창자 : 칼 로저스** **주요 인물 : 나탈리 로저스** 비지시적 접근은 정신분석에 반대하여 1940년대에 생겨났다. 인간 경험의 주관적 견해를 바탕으로 하며, 문제를 다룰 때 내담자를 신뢰하고 내담자에게 책임을 지게 한다.
행동치료	**주요 인물 : 스키너, 라자루스, 반두라** 구체적 행동장애를 해결하기 위해 학습원리를 적용한다. 결과는 지속적 실험에 따라 결정된다. 이 접근의 기법들은 계속해서 수정 · 보완된다.
인지행동 치료	**주요 인물 : 엘리스, 벡** 엘리스는 합리정서행동 치료를 주창하였으며, 개인 문제의 근원으로 사고나 신념체계를 강조하는, 매우 교훈적이며 인지적이며 행동을 지향하는 치료모형이다. 벡은 인지 치료를 주장했으며 사고가 행동에 중요한 역할을 한다고 보았다.
현실치료	**주창자 : 글래서** **주요 인물 : 우볼딩** 이 단기접근법은 선택이론에 기반을 두며 현재에서의 내담자의 책임감을 강조한다. 치료과정을 통해 내담자는 욕구를 만족시킬 수 있는 효과적인 방법들을 배울 수 있다.

출처 : 조현춘 외(2003). 심리상담과 치료이론의 실제, p. 480.

2) 청소년상담기법

상담자가 실제 상담에서 활용할 수 있는 기법은 다양하며, 상담의 이론에 따라 여러 가지 기법들을 적용할 수 있다. 상담이란 내담자와 대면관계에서 언어를 매개로 진행되기 때문에 효과적인 상담기법을 익히는 것은 매우 중요하다. 면담법에는 여러 가지가 있는데 대개 경청, 요약, 수용, 바꾸어 말하기, 반영, 명료화, 직면, 해석, 질문하기, 조언이나 정보제공으로 나눈다. 이들 중 경청, 요약, 바꾸어 말하기, 반영 등은 상담자가 내담자의 언어적 흐름을 방해하지 않고 따라가기만 하는 방법이므로 비지시적(비개입적) 면담법이라고 하며, 직면이나 해석하기와 같은 방법은 내담자가 흐름을 따라가기보다 상담자의 의견을 전달하려는 것으로 지시적(개입적) 면담법이라고 한다. 상담자는 상황에 맞게 면담법을 구사해야 하는데, 즉 한 유형의 면담법만 배타적으로 사용할 것이 아니라 상호보완되게 사용해야 한다.

(1) 경청

경청은 내담자가 언어적으로나 비언어적으로, 직접적으로나 간접적으로 전달하는 메시지를 포착하기 위해 내담자가 말할 때 주의집중하면서 듣는 것을 말한다. 김 환(2006)은 경청행동의 구성요소를 크게 네 가지로 나누었다. 첫째, 시선을 통한 상담자와 내담자의 접촉이다. 다른 사람을 주목하는 것은 그에게 관심을 가지고 있음을 알리는 효과적인 방법이다. 둘째, 상담자의 자세이다. 보통 상담자는 이완된 자세로 내담자 쪽으로 몸을 약간 기울이는 것이 좋다. 셋째, 상담자의 몸짓이다. 상담자는 몸짓을 통하여 내담자에게 많은 뜻을 전한다. 넷째, 상담자의 언어행동이다. 경청이라 해서 아무런 말을 하지 않는 것은 아니며, 간단하게 '음'이나 '그렇죠' 등의 표현을 할 수 있다.

(2) 질문의 사용

질문은 직접적으로 내담자에게 어떤 반응을 요구하는 메시지로서, 폐쇄형 질문이나 개방형 질문의 형태로 제시될 수 있다(Long, 1996). 폐쇄형 질문은 예·아니요 혹은 특정한 정보나 분명한 답을 요구하는 형태이며, 내담자 반응의 범위를 제한하는 경향이 있다. 이와는 달리 개방형 질문은 어떤 특정한 답을 요구하는 것이 아니므로 내담자가 자유롭게 반응할 수 있다.

- 시험이 끝나고 기분이 어떠했습니까?
- 자네는 시험이 끝나고 나서 기분이 좋았지, 안 그래?
- 학교를 좋아하는 사람도 있고 좋아하지 않는 사람도 있는데, 당신은 어떻습니까?
- 당신은 학교를 좋아하지요?

(3) 재진술

재진술 혹은 바꾸어 말하기는 내담자가 한 말의 내용을 정확하게 알아듣기 위해 내담자 말을 상담자가 반복해서 말하거나 상담자 자신의 말로 바꾸어 말하는 것을 뜻한다.

- 내담자 : 어제 드디어 용기를 내서 그 친구에게 연락을 했어요.
- 상담자 : 그래, 용기를 내서 연락을 했구나.

(4) 감정반영

내담자가 하는 말의 내용이나 비언어적 표현에서 어떤 사건이나 사람 혹은 자신에 대한 내담자의 느낌이나 감정을 상담자가 알아차리고 감정 단어를 사용하여 내담자에게 전달하는 기법이다.

- 상담자 : 당신은 그 여자를 사랑한다고 이야기했는데, 그 여자에 대해서 말할 때마다 주먹을 꽉 쥐는군요.

(5) 직면

직면은 내담자 스스로 깨닫지 못하고 있는 어떤 불일치나 모순, 혹은 부적응적 사고나 반응 양식 등을 상담자가 지적하여 내담자가 이를 검토해 보도록 안내하는 기법이다. 직면은 부정적인 측면에 국한되어 있는 것이 아니라, 내담자가 깨닫지 못하고 있는 감정이나 긍정적인 감정과 같은 긍정적인 평가 측면도 포함한다.

- 상담자 : 시험에서 좋은 성적을 내고 싶다고 말씀하시는데, 대부분의 시간을 스마트폰을 사용하는 데 쓰시는군요.

(6) 해석

해석은 내담자가 자신의 경험을 새롭게 생각하고 설명할 수 있도록 상담자가 자신의 관점에 근거하여 새로운 이해의 틀을 제시하는 기법이다. 해석을 할 때 상담자는 관찰한 내담자의 행동을 단순히 진술하는 것이 아니라, 그 행동의 새로운 의미나 원인을 설명한다. 해석은 관찰된 자료에 상담자가 어떤 이론을 적용하여 의미를 부여하는 것을 포함한다.

해석을 통해 상담자는 ① 서로 무관해 보이는 진술이나 사건을 연관 짓거나, ② 내담자의 행동이나 사고, 감정의 주제나 패턴을 드러내거나, ③ 내담자의 방어기제나 저항 혹은 전이반응을 설명하거나, ④ 내담자가 자신의 행동이나 사고, 감정 혹은 문제를 더 잘 이해할 수 있는 새로운 이해의 틀을 제공한다.

- 상담자 : 당신이 지금 나에게 화를 내는 것은, 나를 붙잡으려는 마음의 표현이군요.

3) 청소년상담의 과정

(1) 상담 초기

상담의 초기 단계에서는 내담자와 친밀한 관계를 형성하며, 상담을 구조화하고, 내담자에게 관심을 기울임으로써 내담자가 자기 이야기를 할 수 있도록 이끌어 가는 과정이 필요하다. 그리고 내담자 문제 이해와 평가에 기초하여 사례를 개념화하고, 구체적인 상담목표를 설정해야 한다. 이런 과정에서 내담자는 상담에 대한 양가감정을 드러내는 등 초기 저항을 보일 수도 있다.

- 상담관계의 형성 및 동기화
- 상담구조화
- 정보수집
- 사례개념화
- 상담목표 및 전략 세우기

(2) 상담 중기

초기 단계의 상담자 역할은 상담에 관한 내담자의 부정적인 시각과 모호한 목표를 희망적인 시각과 구체적인 목표로 전환하는 것이다. 이 과업이 어느 정도 수행되면 본격적으로 상담의 중기 단계가 시작된다. 이 단계에서는 탐색과 수용의 기법으로 내담자의 저항을 다루고, 바람직하지 않은 행동을 바람직한 행동으로 바꾼다. 중기 단계는 저항의 감소와 행동변화가 일어나는 단계이다. 이 기간 동안 상담자가 중점적으로 고려해야 할 사항은, 첫째, 내담자의 저항을 안전한 분위기에서 수용하며, 둘째, 내담자의 과거와 현재의 심리적 갈등을 해소하며, 셋째, 바람직한 행동을 학습시키는 것이다. 이러한 변화가 가능하려면 우선 내담자가 자기 자신과 자신이 처한 상황을 이해하고 수용할 필요가 있다. 따라서 상담자의 심신 상태가 어떠하고, 대인관계의 능력은 어느 정도이며, 어떤 방식으로 타인들과 의사소통하고 있는지를 잘 관찰하고 깨닫게 도와야 한다. 이 과정은 내담자의 저항을 상담자가 수용해 주고 과거와 현재 경험들을 공감적으로 재구성해 줄 때 점차적으로 나타난다. 저항을 공감적으로 다루어 갈 때 내담자는 깊이 있게 자신을 탐색하고 통찰하게 된다. 이때 상담자는 문제유형에 따라 다양한 개입전략을 활용하여 행동을 변화시킨다. 결국 상담자는 중기 단계에 이해, 수용, 변화를 가져오는 역할을 하게 된다.

- 저항 다루기
- 탐색, 수용 및 변화기법
- 행동변화를 위한 개입전략

(3) 상담 종결

상담의 종결이 단순히 상담을 끝내는 것을 의미하는 것이 아니라 상담관계의 상실을 의미하기도 한다. 만(Mann, 1973)은 모든 치료과정 중에서 종결과정이 가장 어려운 단계라고 보았다. 왜냐하면 상실감은 실존과 관련된 문제이고 모든 사람이 대처해야 할 부분이기 때문이다.

상담이 성공적으로 진행되어 종결을 맞이하게 되는 경우 몇몇 내담자에게는 상담이 태어나서 처음으로 경험하는 긍정적인 관계의 종결일 수도 있다. 반면에 상담이 성과를 이루지 못하고 예기치 못하게 종결되는 경우가 종종 있는데 이런 경우에도 종결과정은 세심하게 다루어져야 하며 상담자-내담자 간의 유종의 미를 거두도록 유의해야 한다.

종결 단계에서 상담자가 할 일은 상담목표와 관련된 상담성과를 파악하는 것이다. 내담자가 종결과 관련해 어느 정도 준비되어 있는지 파악하고 내담자와 의논하여 종결시점을 정하는데, 이때 내담자와 상담관계를 마무리하는 데 필요한 적절한 시간을 확보해야 한다.

- 종결시점 정하기
- 상담성과 및 내담자 준비도 파악
- 종결에 대해 의논하기
- 종결 시 이별감정 다루기
- 종결 이후 미래과제 다루기
- 추후상담

생각해 보기

- 상담이란 어떤 것인지 자신의 논리대로 정리하고 논의해 보자.
- 청소년상담자의 역할 중 자신은 어떤 역할을 더 함양하면 좋을지 생각해 보고 논의해 보자.
- 청소년상담기법 중 타인과의 의사소통에서 어떤 것을 연습하면 좋을지 생각해 보고, 실제 생활에서 적용해 보자.

참고문헌

구본용(2002). 청소년상담모형의 정립과 발전과제. 청소년상담학 세미나 자료집. 서울 : 한국청소년상담원.

권해수 · 이지영 · 지승희(2009). 3급 청소년 개인상담 : 청소년상담사 국가자격연수 교재.

김계현(2000). 21세기 청소년상담의 정체성과 발전과제. 제7회 청소년상담학 세미나 자료집. 서울 : 한국청소년상담원.

김 환 · 이장호(2006). **상담면접의 기초**. 서울 : 학지사.

박성수(1996). 청소년 상담발전의 방향과 과제. 제3회 청소년 세미나 자료집. 서울 : 청소년대화의광장.

박성수 · 김진숙(1997). **인간망개입 상담모형개발**. 서울 : 청소년대화의광장.

박성수 · 김창대 · 이숙영(2000). **상담심리학**. 서울 : 한국방송대학출판부.

박재황 · 남상인 · 김창대 · 김택호(1993). 청소년 상담교육 과정 개발연구. 청소년상담연구(3). 서울 : 청소년대화의광장.

양미진 · 이영희(2006). 질적 분석을 통한 비자발적 청소년 내담자의 상담지속요인 연구. **한국심리학회지 : 상담 및 심리치료**, **18**(1), 1-20.

오윤선 · 김미숙(2019). **청소년 심리 및 상담**. 서울 : 양성원.

이규미 · 오익수 · 김진숙 · 장재홍(2001). 청소년상담자 교육론. 서울 : 한국청소년상담원.

이장호(1995). **상담심리학**. 서울 : 박영사.

이재창(1993). 한국 청소년의 정신건강. **한국심리학회지 : 상담 및 심리치료**, **5**(1), 118-128.

이형득 · 김계현 · 김선남 · 이숙영(1999). 청소년 상담자론. 서울 : 한국청소년상담원.

이혜성 · 이재창 · 금명자 · 박경애(1996). 청소년개인상담. 서울 : 청소년대화의광장.

정원식 · 박성수(1978). **카운슬링의 원리**. 서울 : 교육과학사.

지승희 · 오혜영 · 김경민(2010). 단회 채팅상담의 상담자 언어반응 분석-자살위기청소년 사례를 중심으로-. 청소년상담연구.

천성문 · 권선중 · 김인규 · 김장회 · 김창대 · 신성만 · 이동훈 · 허재홍(2017). **심리상담과 치료의 이론과 실제**(제10판). 서울 : 학지사.

황상민(1999). 사이버 공간이 경험과 청소년 발달 : 자기창조를 통한 가상공동체의 형성. 청소년문제연구보고서, 37. 서울 : 한국청소년상담원.

Blocher, D. H.(2000). *Counseling : A Developmental approach*(4th ed.). New York : John Wiley & Sons, Inc.

Corey, G.(2003). **심리상담과 치료이론의 실제**[*Theory and practice of counseling and psychotherapy*]. 조현춘 · 조현재 공역. 서울 : 시그마프레스.

George, R. H., & Cristiani, T. S.(1995). *Counseling theory and practice*(4th ed.). Boston, MA : Allyn & Bacon.

Long, V. O.(1996). *Communication skills in helping relationships : A Framework for facilitating personal growth.* Pacific Grove, CA : Brooks/Cole Publishing Co.

Mann, J.(1973). *Time-limited psychotherapy.* Cambrideg, MA : Harvard.

Prout, H. T., & Brown, D. T.(1999). *Counseling and psychothery with children and adolescents.* New York : John Wiley & Sons, Inc.

Rogers, C. R.(1952). *Client-centered therapy.* Boston : Houghton Mifflin.

Shertzer, B., & Stone, S. C.(1980). *Fundamentals of counseling*(3rd ed.). Boston : Houghton Mifflin Company.

Trepper, T.(1991). Senior editor's comments. In M, Worden(Ed.), *Adolescentsand their families : An introduction to assessment and Intervention*(pp. ix-x). New York : Hapworth Press.

Tyler, L. E.(1969). Humanitarian Work of the Counselor.

07

Chapter

청소년 진로지도

학습목표

- 진로 및 진로지도의 개념을 이해하고, 미래 직업역량에 관해 설명할 수 있다.
- 다양한 청소년 진로 발달이론을 이해하고, 설명할 수 있다.
- 청소년 진로지도방법에 관해 설명하고 직업 탐색 활동을 제공할 수 있다.

학습개요

디지털기술의 급격한 발전은 직업 세계 및 사회 환경의 큰 변화와 함께 개인의 진로역량 개발의 중요성을 높였다. 이 장에서는 이러한 직업 세계의 변화, 특히 청소년 시기 적합한 진로 탐색을 돕고자, 활용도가 높은 진로 발달이론과 지도방법을 소개하였다.

누구도 미래를 객관적으로 예측할 수는 없지만, 미래 직업역량, 유망직업 찾기 등 개인 맞춤형 진로교육과 진로지도방법을 알아보고자 하였다.

Chapter 07

청소년 진로지도

1. 진로지도의 이해

1) 진로 및 진로지도의 이해

(1) 진로의 개념

인공지능(AI) 로봇, 챗GPT(ChatGPT) 등 오늘날 급속한 과학기술의 발전은 사회 · 경제 · 문화에 엄청난 변화를 가져왔다. 무엇보다 많은 직업이 위협받거나 사라질 것이라 예고하여, 예측하기 어려운 미래에 대한 불안을 높이고 있다. 이러한 시대의 흐름에 따라 우리나라는 2015년 「진로교육법」 시행과 함께 진로지도(교육) 및 상담을 적극적으로 펼치고 있다.

교육현장에서는 자유학기(학년)제, 직업체험 학습 등 청소년의 진로 활동이 확대되고, 나아가 진로교육이 진로에 관한 체계적인 준비를 돕고자 시기별 또는 상황별 맞춤형으로 세분화하는 방향으로 접근한다.

진로(career)는 교육학, 심리학, 사회학 등 학문적 특성에 따라 다양하게 정의되고 있다. 그렇다 보니 진로의 개념은 폭넓고 모호하다. 진로의 기본적 의미는 앞으로 나아갈 길을 말한다. 한국직업능력개발원에서 정의한 진로는 한 개인이 일생에 걸쳐 나아가는 길, 나아가야 할 길을 의미한다. 동시에 그런 길을 찾아가기 위한 준비 활동을 의미하기도 한다. 예를 들어, 학교를 졸업한 뒤 상급 교육기관으로 가기 위한 준비를 하거나, 직업을 찾아 취업 또는 창업을 하는 것은 진로를 찾는 활동 중 일부로 볼 수 있다. 결국 진로는 한 개인이자 사회의 구성원으로서 자아성취를 이루고 성장하기 위한 다양한 준비 활동이다(한국직업능력개발원, 2017 : 10).

이 외에도 진로는 개인의 생애 전반(life-span)에 거쳐 추구하는 일의 총체(totality of work)로서 입학, 졸업, 진학, 취업, 직업전환, 결혼, 이혼, 여가활동 등 연속성으로 진행되는 인생 전반의 모든 활동으로 설명되기도 한다(Osipow, 1996; Zunker, 1997, 이지연, 2000 재인용).

이러한 진로의 개념을 요약해 보면, 진로는 개인과 환경의 상호작용에서 일과 관련된 모든 활동을 의미한다. 시간적 범위는 개인의 일생, 삶과 거의 동일시하는 관점을 볼 수 있다. 또 현실적으로 '진로'라는 말은 개인의 적성이나 가치관에 맞는 직업이나 일을 찾는 활동으로 대표된다.

(2) 진로지도의 개념

진로지도(career guidance)란 개인의 진로 개발을 촉진하여 자신의 진로를 계획하고, 직업을 선택하며 선택된 직업을 준비뿐만 아니라, 그 직업에 취업하여 잘 적응하고, 계속 발전할 수 있도록 도와주는 과정을 의미한다(한국직업능력개발원, 1999). 여기서 진로 개발(career development)은 전 생애에 걸친 심리적, 행동적 과정과 상황적인 영향에 의하여 한 개인의 진로가 형성되어 가는 것을 의미한다(Herr & Cramer, 1996, 최동선, 2005 : 121 재인용).

이 외에도 진로지도란 개인 생애 전반에 걸친 과정(process)에서의 자기이해, 교육 훈련의 탐색, 진로계획, 효과적 구직활동, 직장적응, 직업전환, 그리고 은퇴 준비의 선택과 방향을 지원하는 모든 의도적이며 체계적인 교육 활동이다. 또 학생에서 성인에 이르기까지 생애 단계에 따라 다양성과 유연성을 가지고 개인 생애 목표에 적합한 진로 개발이 지원되도록 제공하는 서비스라 할 수 있다(이지연, 2003).

이렇듯 진로지도는 개인이 진로 개발 과업을 달성하도록 도와주거나 진로문제를 해결하도록 도와줌으로써 그의 진로가 잘 형성될 수 있도록 하는데 목적을 두고 있다(최동선, 2005 : 121).

청소년 진로지도는 청소년들이 스스로 진로에 대한 의미를 형성할 수 있도록 도와주어야 한다. 예를 들어, 청소년이 자신의 과거를 재조명하여 자신의 이해를 돕고, 지금까지 어떠한 맥락 안에서 생활했는지, 직업 세계에 관한 시각이 적절한지 탐색해 보는 노력이 필요하다는 것이다. 이를 위해 청소년의 진로지도자는 촉진자(facilitator)의 관점에서 접근할 필요가 있다.

교육부는 2022 개정 교육과정을 발표(2024년 3월부터 학교급별 단계적 실시)하였는데, '진로와 작업' 교육과정의 목표를 다음과 같이 제시했다(2022 개정 교육과정-진로와 직업, 2023 : 49).

첫째, 진로의 다양성을 수용하고 자신의 삶에 가치를 발견하여 자신에 대한 긍정성을 향상하며 지속가능한 사회에 기여할 수 있는 방법을 탐색한다.

둘째, 직업 세계의 특성과 변화 가능성을 이해하고 다양한 진로 활동에 참여함으로써 주도적으로 진로를 탐색하며 진로 정보에 접근하고 활용할 수 있는 소양을 기른다.

셋째, 진로의사결정에 진로와 관련된 조언과 지원을 받을 수 있음을 인식하고 잠정적인 진로 목표와 그에 따른 진로 및 학업 계획을 수립하고 실천한다.

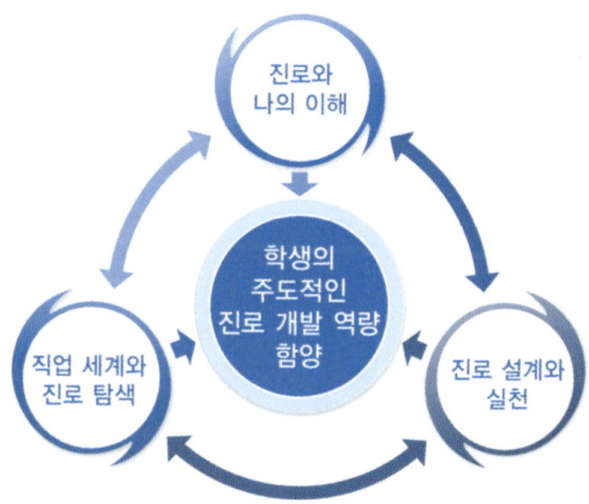

|그림 7-1| 2022 개정 '진로와 기업' 교육과정의 구성

출처 : 교육부(2022). 2022 개정 중학교 선택 교과 교육과정 공통교육과정-진로와 직업, p. 47.

2) 미래사회와 미래 직업역량

아침에 일어나면 개인의 취향에 맞게 TV 방송이 켜지고, 무인시스템으로 영업하는 편의점이 생겨났다. 어느덧 인공지능과 로봇이 우리 일상 깊숙이 들어왔다. 최근에는 인간만이 할 수 있다고 믿었던 화가, 작곡가, 상담(챗봇) 등의 영역까지도 인공지능 로봇이 진출하고 있다. 이런 변화는 우리의 삶을 더 편리하게 만들겠지만, 그로 인한 부작용이나 위험 또한 적지 않을 것이다. 무엇보다 우리의 일상생활뿐만 아니라, 직업 세계에도 큰 변화를 일으키고 있다.

누구도 미래를 객관적으로 예측할 수는 없지만, 우리 사회에 나타나는 변화와 여러 상황을 고려하여 예측해 볼 수 있다.

한국과학창의재단 과학문화협력단장인 최연구(2020)가 미래사회의 모습을 네 가지 영역으로 나누어 다음과 같이 제시하였다.

첫째, 미래사회의 가장 큰 변화는 일자리, 산업, 경제 등의 영역에서 이루어질 것이다. 4차 산업혁명의 핵심기술들로 인해 자동화, 지능화가 가속화되고, 인공지능, 빅데이터 등 4차 산업혁명과 관련된 일자리는 점점 늘어날 것이다.

둘째, 미래사회는 인공지능과 빅데이터, 정보통신기술의 발달로 초지능화가 이루어질 것이다.

셋째, 미래사회는 모든 것이 서로 연결되는 초연결사회가 되고, 최첨단 스마트 기기 덕분에 업무 및 커뮤니케이션은 더욱 편리해질 것이다. 또 가상현실(VR), 증강현실(AR) 기술의 발달로 현실보다 생생한 가상체험을 통해 인간의 감각은 새로운 차원을 경험할 수도 있다.

넷째, 미래사회는 접속과 공유를 기반으로 하는 공유경제, 공유사회가 될 것이다.

또 최연구(2020)는 첨단기술의 좋은 점만 강조되어서는 안 되며 가치관의 혼란, 이해관계의 상충, 신기술의 위험과 부작용 등 예견되는 위험에 대해서도 충분히 이해하고, 미리 준비해야 한다고 강조하였다.

그렇다면 미래에 유망한 직업은 무엇일까. 미래사회가 필요로 하는 인재는 어떤 역량을 갖추어야 할까. 미래의 주인공인 청소년은 지금 어떤 준비를 하고 어떤 계획을 세워야 할까. 이러한 질문들에 대해 여러 기관이 제시한 자료가 도움이 될 수 있다.

고용노동부와 한국고용정보원(2019)은 기술발전에 따라 직업구조 변화를 다음의 네 가지 유형으로 제시하였다(그림 7-2 참조).

첫째, 4차 산업혁명의 핵심기술이 산업화(상품, 서비스)되면서 사물인터넷 전문가, 인공지능 전문가, 자율주행차 개발자 등 새로운 직업들이 등장하고 있다.

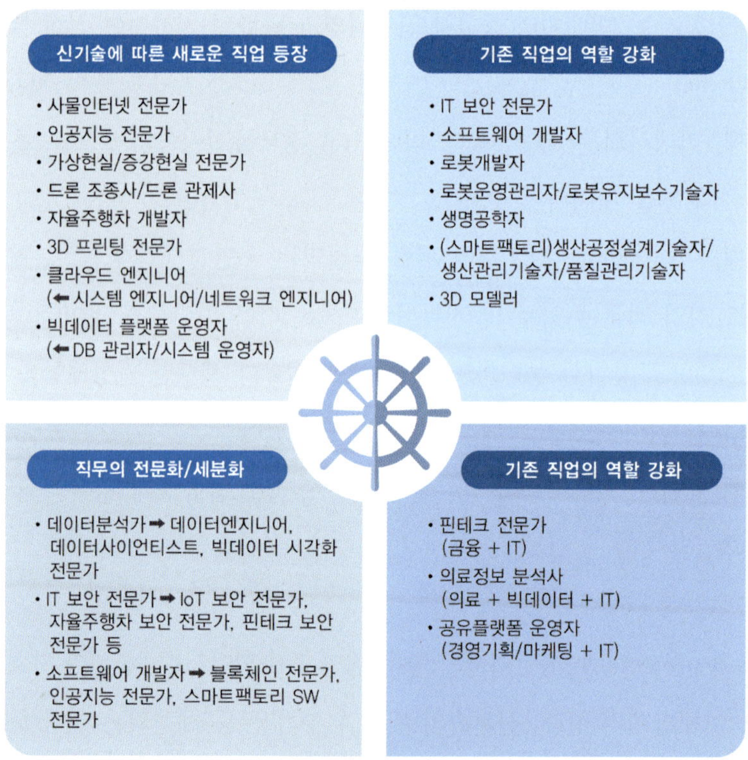

|그림 7-2| 직업구조의 변화

출처 : 고용노동부 외(2019). 4차 산업혁명 시대 내 직업 찾기, p. 16.

둘째, 기존 직업이 전문화 및 세분화하고 있다. 예를 들면, IT 보안 전문가는 전문 영역에 따라 사물인터넷(IoT) 보안 전문가, 핀테크 보안 전문가, 자율주행차 보안 전문가 등으로 전문화될 것이다.

셋째, 직무 또는 분야 간 융·복합에 따른 직업이 등장하고 있다. 예를 들면, 금융과 정보기술(IT)지식이 필요한 핀테크 전문가, 의료와 빅데이터, 정보기술(IT)지식이 필요한 의료정보 분석사 등이다.

넷째, 데이터 기반의 경제·사회가 되면서 정보기술(IT)보안 전문가의 역할이 더욱 커지고 있다(고용노동부 외, 2019 : 14-15).

또 고용노동부와 한국고용정보원(2019)은 미래 유망직업으로 사물인터넷 전문가, 인공지능 전문가, 빅데이터 전문가, 가상현실/ 증강현실 전문가, 생명과학 연구원, 정보보호 전문가, 로봇공학자, 자율주행차 전문가, 스마트팜 전문가, 환경공학자, 스마트 헬스케어 전문가, 3D 프린팅 전문가, 드론 전문가, 소프트웨어 개발자, 신·재생에너지 전문가 등 15개를 선정하여 발표하였다.

한편 4차 산업혁명 시대에 더욱 중요해지는 핵심직업능력, 즉 미래 직업인이 갖추어야 할 역량을 다음과 같이 제시하였다.

① 디지털 문해력

컴퓨터와 정보기술을 이해하고 활용할 수 있는 디지털 문해력(digital literacy)은 앞으로 거의 모든 직업에서 요구하는 능력일 것이다. 디지털 문해력은 실제 소프트웨어를 개발하거나 프로그래밍할 수 있는 기술적 능력을 말하는 것이 아니라, 컴퓨터 소프트웨어와 하드웨어의 특징을 이해하고 이를 업무에 활용하고 적용할 줄 아는 능력을 말한다.

② 창의력 및 융·복합 능력

4차 산업혁명 시대를 맞아 산업현장의 변화에 맞춰 대학 학과도 타 학문과 융합되고, 특히 기술, 산업, 학문 간 융합은 더욱 활발히 일어나고 있다.

③ 창업가 정신

창업가 정신은 빅데이터, 스마트폰, 클라우드, 공유플랫폼 등의 기술발전으로 개인이 창업하거나 재능과 노동력을 제공하기가 더욱 쉬워지면서 꼭 필요한 역량이 되었다.

④ 문제해결 능력

하나의 상품과 서비스를 개발하거나 시스템을 구축하거나 정책을 기획하고 추진하기 위해서는 다양한 이해관계자의 협력이 필요하다. 이러한 과정에서 불확실하고 복잡한 문제를 창의적이고 능동적으로 해결할 수 있는 능력이 더욱 필요하다.

⑤ 협업 능력

하나의 제품을 만들거나 프로젝트를 수행하려면 다양한 분야의 전문가들이 참여해야 한다. 그만큼 전문지식과 기술이 복합적이고 복잡하기 때문이다. 이때 서로 협업할 수 있는 능력은 중요하다.

⑥ 공감 및 소통 능력

디지털화된 세상에서 다른 사람과 공감하고 소통하는 능력은 매우 중요해졌다. 우리의 행동과 생각이 전 세계에 실시간으로 공유되고 영향을 미치기 때문이다.

⑦ 자기주도적 학습 능력

4차 산업혁명 시대의 기술진보 속도가 매우 빨라 기술과 지식의 수명이 짧아지고 있다. 또 사람의 수명도 길어지기 때문에 살아가면서 지금보다 더 많은 직업을 갖게 될 것이다. 따라서 자기주도적인 학습 자세와 마음가짐이 필요하다.

2. 진로발달이론과 진로지도

인구구조의 변화와 수명의 연장, 과학기술 발전 등 직업환경의 급변으로 전 생애적 진로발달에 대한 관심이 그 어느 때보다 높다. 특히 청소년기는 진로발달에 있어 핵심적인 시기로 지목된다(정명진 외, 2022 : 7). 청소년들이 학교 교육을 마친 후 직업 세계로 진입하게 될 때 준비가 없는 상태라면, 직업 생활에 적응하기는 힘들 것이다. 또 급변하는 진로환경에 유연하게 대응할 수 있는 직업적응 능력은 다가올 미래에 필수적으로 갖추어야 할 능력이다.

진로발달에 대한 개념은 이론적 접근의 차이에 따라, 즉 학자별로 진로발달에서 중요하게 여기는 부분들에 차이가 있어 다양한 의미들로 정의되고 있다.

진로 관련 이론은 지금까지 크게 3단계를 거쳐 변화하였는데 20세기 초 파슨스(Parsons, 1909)의 연구로부터 시작된 개인차의 측정을 중심으로 한 직업지도의 시대로부터 전 생애 발달을 고려한 생애주기와 생애 공간의 역할을 강조한 진로발달의 시대(Super, 1957), 그리고 포스터 모던 관점에서 내러티브와 구성주의 접근인 라이프 디자인의 시대로 변화하였다(Hartung, 2010, 김이준, 2020 재인용).

여기서는 진로발달이론 중에서 대표적인 긴즈버그(Ginzberg), 수퍼(Super), 타이드만(Tiedman)과 오하라(O'Hara), 그리고 직업 탐색 및 진로지도 분야에서 활용도가 높은 홀랜드(Holland)의 이론을 살펴보고자 한다.

1) 긴즈버그의 이론

긴즈버그 등(Ginzberg, et al., 1951)은 진로의 선택 과정을 특정 시점에 일어나는 하나의 사건이 아니라, 생애 전체에 걸쳐 개인의 소망과 현실 상이의 타협으로 이루어지는 과정이라고 했다. 또 진로발달이란 "인간의 신체와 정신이 발달하는 것과 같이 진로 및 직업 역시 일련의 단계를 거치면서 발달한다"고 하였다(장선철, 2017).

청소년의 진로 및 직업선택은 발달과정상에서 수행되는 발달과제이며, 단기간에 이루어지는 의사결정이 아니라 개인의 가치관, 정서적 요인, 교육기회와 성과, 성취도에 영향을 받으며 이루어진다(강영배, 2020 : 17).

또 긴즈버그는 청소년 진로의식 발달 단계를 3단계로 나누어서 설명하였다. 1단계인 환상기(fantasy period)는 12세까지의 시기로, 개인의 욕구와 충동이 진로선택과 동일시되며, 본인이 원하면 다 이루어진다고 생각하는 단계이다. 2단계인 잠정기(tentative period)는 12~18세에 해당하는 시기로, 진로선택과정에 개인의 욕구, 능력, 가치관 등을 고려하지만, 현실적인 요인들은 적절하게 고려되지 않는다. 이 시기는 네 가지 하위 단계, 즉 흥미단계, 능력단계, 가치단계, 전환단계로 구분된다. 3단계인 현실기(realistic period)는 19~20세 전반기에 해당하는 시기로, 이때 자격요건, 교육경력 등과 같은 현실적인 요인과 개인적 요인 간 타협을 통해 현실적인 진로선택을 하게 된다(강영배, 2020 : 17).

〈표 7-1〉 긴즈버그의 청소년 진로의식 발달 단계

발달 단계	하위단계	연 령	특 징
환상기	–	12세 이전	욕구와 충동이 진로선택에 반영되는 시기이며, 자신이 희망하면 어떠한 직업도 가질 수 있다고 믿는다.
잠정기	흥미단계 (interest stage)	12~13세	흥미가 진로선택의 기초가 된다.
	능력단계 (capacity stage)	14~15세	진로계획에 능력을 고려하나 불안전하기에 진로 및 직업선택은 잠정적인 성격이 강하다.
	가치단계 (value stage)	16~17세	가치적인 요소가 고려된다.
	전환단계 (transition stage)	18세경	현실적인 요인에 관한 고려가 충분하지 못하기 때문에 잠정적이다.
현실기	모색단계 (exploration stage)	19~20대 초반	진로 및 직업선택을 모색하는 시기로 직업에 관한 정보를 수집, 조사하여 진로선택을 고민한다.
	구체화단계 (crystallization stage)		진로 및 직업선택이 구체화되어 타협도 중요한 요인으로 작용한다.
	특정화단계 (specification stage)		진로 및 직업선택을 위한 의사결정이 이루어지며, 직업 세계로 이행한다.

출처 : 강영배(2020). 진로상담 이론과 실제, p. 18.

2) 수퍼의 진로발달이론

수퍼(Super)는 진로발달이 인간의 전 생애에 걸쳐서 이루어지고 변화하는 것이라고 보았다. 이는 긴즈버그가 진로발달은 아동기부터 성인 초기로 제한한 초기 이론을 확장한 것이다. 또 수퍼의 진로발달 연구에 있어 가장 큰 공로는 자기개념의 발달 중요성을 강조했다는 점이다(강영배, 2020 : 154).

자기개념이란 개인이 자신을 어떻게 생각하고 있는가를 말한다. 다시 말해 자신에 대한 가치, 흥미, 능력을 어떻게 생각하는가를 의미한다. 자기개념은 주관적 자기와 객관적 자기로 구성되는데, 주관적 자기는 자신이 주관적으로 형성해온 자기에 대한 개념이다. 객관적 자기는 다른 사람으로부터의 객관적인 피드백에 근거하여 자신이 형성한 자기에 대한 개념을 말한다.

수퍼는 자기개념이라는 것이 다면적인 구조이며 진로에 관한 측면을 나타내는 것이 진로자기개념(career self concept)이며, 진로발달을 통해서 형성되어 간다고 설명했다. 이때 수퍼의 진로자기개념은 자신과 타인, 자신과 환경과의 상호작용 속에서 수정, 조정된다고 할 수 있다(강영배, 2020 : 159-160).

수퍼는 진로선택의 단계를 5단계, 즉 성장단계, 탐색단계, 확립단계, 유지단계, 은퇴단계로 나누어 설명하였다. 단계별 진로발달상의 특징은 다음과 같다(정명진 외, 2022 : 10; 강영배, 2020 : 169).

① **제1단계 : 성장단계**(0~14세)

이 시기에 자기개념은 학교, 가정에서 주요 인물과의 동일시를 통해 발달하고 직업에 대한 상상과 욕구가 증가한다. 사회참여와 현실검증력이 증가함에 따라 점차 자신의 흥미, 관심, 능력을 탐색하는 단계이다.

② 제2단계 : 탐색단계(15~24세)

이 시기는 학교활동, 여가활동, 일 체험 등에서 자기 탐색, 역할 수행, 직무에 대한 탐색이 이루어지는 단계이다. 또 직업이 요구하는 필요조건이 무엇인지 알게 되고, 하나의 직업으로 자신의 장래희망을 좁히기도 하는 단계이다.

③ 제3단계 : 확립단계(25~44세)

이 시기는 자신에게 적합한 분야를 발견하여 직업 생활을 시작하는 단계로 직업적 전문성을 함양하여 승진하기도 한다.

④ 제4단계 : 유지단계(45~64세)

확립된 자유를 유지하면서 새로운 지식과 기술을 익히며, 안정된 삶을 살아가는 시기이다. 또 진로에서 성공을 이루었다면 자기실현의 단계로 이행하게 되고, 후반부에는 은퇴 이후의 진로계획을 세우기도 한다.

⑤ 제5단계 : 은퇴단계(65세 이후)

직업은 은퇴하고, 지역사회 활동, 자원봉사 활동, 취미 및 여가활동 등 새로운 역할 및 활동을 찾게 된다.

수퍼가 주장한 진로자기개념, 전 생애적으로 접근한 진로선택의 단계는 자기(self)에 초점을 맞춤과 동시에 개인이 인생에서 수행하게 되는 역할, 발달적 과정을 객관적, 주관적으로 이해하는 데 도움이 된다.

3) 타이드만과 오하라의 이론

타이드만과 오하라(Tiedman & O'Hara, 1963)는 진로발달을 의사결정과정을 통해 형성되는 자기개념의 변화과정으로 보았다. 또 개인의 정체성은 진로발달과정에서 매우 중요한 요소이며, 정체성이 발달, 형성되어 명확해짐에 따라 진로에 관한 의사결정도 가능해지게 된다(강영배, 2020 : 295).

타이드만과 오하라에 의하면, 진로의사결정단계는 연령에 관계없이 일생 반복될 수 있다고 하였다(노성덕, 2013). 이들은 진로의사결정과정을 예측단계와 실행단계로 나누었다. 예측단계에는 탐색기, 구체화기, 선택기, 명료화기를 거친다고 보았다. 다음으로 실행단계는 순응기, 개혁기, 통합기의 순환적인 의사결정과정을 거친다고 설명하였다(Tiedman & O'Hara, 1963, 정명진 외, 2022 : 11 재인용).

〈표 7-2〉 타이드만과 오하라의 진로의사결정단계

단 계		특 징
예측단계	탐색	여러 가지 선택지를 모색한다.
	구체화	선택지를 좁혀 목표를 명확화한다.
	선택	자신의 목표에 가장 적합한 내용을 선택한다.
	명료화	선택지를 보다 구체화, 명확화한다.
실행단계	순응	목표실현을 위해 행동을 개시한다.
	개혁	새로운 지식, 문제해결방법을 습득한다.
	통합	목표를 실현한다.

출처 : 강영배(2020). 진로상담 이론과 실제, pp. 295-296.

4) 홀랜드의 진로흥미이론

홀랜드(Holland)의 진로이론은 직업선호도 검사의 발달과 함께 발전했다고 할 수 있다. 개인의 성격 특성에 기초한 직업 흥미를 나타내는 육각형 모형을 개발했다.

홀랜드는 개인이 어떤 것에 흥미를 느끼느냐의 여부는 지금까지 자신이 경험한 것에 의해서 결정된다고 하였다. 또 대부분 사람은 여섯 가지 성격 유형, 즉 현실적, 연구적, 예술적, 사회적, 기업적, 관습적 유형으로 분류할 수 있고, 사람들은 각각의 코드(R, I, A, S, E, C)를 가지고 있으며 이들 여섯 가지 코드 가운데 3개를 조합하여 개인의 성격을 설명할 수 있다고 보았다(강영배, 2020 : 191).

홀랜드는 사람의 성격을 여섯 가지의 기본적 타입으로 분류한 후 이것을 육각형 모양 위에 나타내어 각 타입 간의 관련성을 제시하면서 진로형성은 개인의 성격과 직업환경의 상호작용 결과를 통해 이루어진다고 보았다(강영배, 2020 : 188)(그림 7-3 참조).

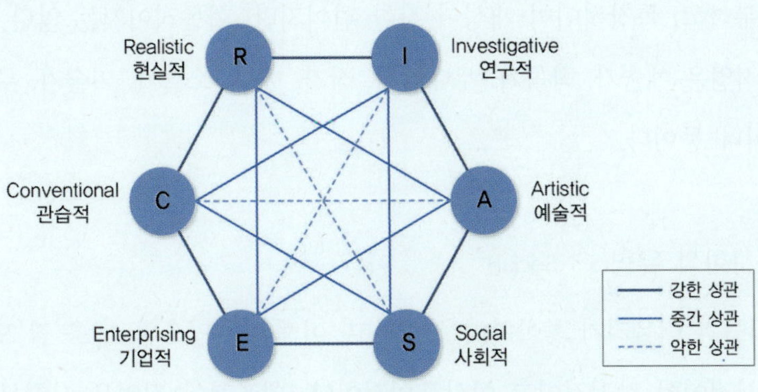

|그림 7-3| 홀랜드의 육각형 모형

여섯 가지 성격유형의 특징과 대표적인 직업을 구체적으로 살펴보면 다음과 같다(김봉환, 2019 : 60).

① **현실적 유형**(R : Realistic)

솔직하고, 성실하며, 검소하고, 지구력이 있고, 소박하고, 말이 적으며, 고집이 있고, 직선적이다. 대표적인 직업은 기술자, 자동차 및 항공기 조종사, 정비사, 농부, 엔지니어, 운동선수 등이다.

② **연구적 유형**(I : Investigative)

탐구심이 많고, 논리적 · 분석적 · 합리적이며, 정확하고, 지적 호기심이 많으며, 비판적이고, 수줍음을 잘 타며, 신중하다. 대표적인 직업은 과학자, 생물학자, 화학자, 물리학자, 인류학자, 지질학자, 의료기술자, 의사 등이다.

③ **예술적 유형**(A : Artistic)

상상력이 풍부하고, 감수성이 강하며, 자유분방하며 개방적이다. 또 감정이 풍부하고, 독창적이며 개성이 강한 편이지만, 협동적이지는 않다. 대표적인 직업은 예술가, 작곡가, 무대감독, 작가, 배우, 소설가, 미술가, 무용가, 디자이너 등이다.

④ **사회적 유형**(S : Social)

사람들과 어울리기 좋아하며 친절하고, 이해심이 많으며, 남을 잘 도와주고 봉사적이며 감정적이고 이상주의적이다. 대표적인 직업은 사회복지가, 교육자, 간호사, 유치원교사, 종교지도자, 상담가, 언어치료사 등이다.

⑤ 기업적 유형(E : Enterprising)

통솔력과 지도력이 있으며, 말을 잘하고, 설득력 있다. 또 경쟁적이고 야심적이며 외향적이고 낙관적이고 열성적이다. 대표적 직업은 기업경영인, 정치가, 판사, 영업사원, 상품구매인, 보험직원, 판매원, 관리자, 연출가 등이다.

⑥ 관습적 유형(C : Conventional)

정확하고, 빈틈이 없고, 조심성이 있으며 세밀하고 계획성이 있으며, 변화를 좋아하지 않으며 완고하고, 책임감이 강하다. 대표적 직업은 공인회계사, 경제분석가, 은행원, 세무사, 컴퓨터 프로그래머, 감사원, 안전관리사, 사서, 법무사 등이다.

3. 청소년 진로지도방법

1) 나만의 유망직업 찾기

우리는 미래 유망직업에 어떤 것들이 있는지 궁금해한다. 하지만 각자가 생각하는 유망직업 조건이 달라서 누구에게나 적합한 유망직업을 찾기는 어렵다. 유망직업은 개인에 따라 다를 뿐만 아니라, 시대에 따라 변화한다. 더욱이 직업 세계 및 사회 환경의 변화와 함께 개인의 진로역량 개발의 중요성이 높아짐에 따라 그동안 시대적 변화에 적합한 진로 탐색은 물론, 개인 맞춤형 콘텐츠 기반의 적극적 진로교육과 진로지도는 더욱 절실해졌다.

일반적으로 유망직업의 조건을 고용 전망, 고용 안정, 고용 평등, 보상, 근무여건, 직업 전문성과 발전 가능성, 사회 기여, 적성과 흥미 등 여덟 가지 카테고리로 구분한다(김동규 외, 2019 : 30). 〈표 7-3〉에 제시된 유망직업 조건 중 자신이 원하는 것이 어떤 조건인지 탐색해 보자.

이들 조건 중에서 돈을 많이 버는 직업을 유망직업으로 생각할 수 있고, 아니면 고용이 안정된 직업을 유망직업으로 여길 수 있다. 물론 두 조건 다 원할 수도 있다. 하지만 모든 조건을 만족하는 직업을 찾기란 어렵다.

따라서 내가 가장 중요하게 생각하는 조건이 무엇인지를 분명히 알고, 자신만의 유망직업을 찾아가는 것이 중요하다. 무엇보다 나의 적성과 흥미에 맞아야 하는 것은 당연한 일이다.

〈표 7-3〉 직업선택 체크리스트(유망직업 기준)

직업선택 기준		매우 중요함	중요함	그다지 중요하지 않음
1. 고용 전망	전체 일자리가 증가하고 있다.			
	(기술 대체 가능성) 자동화나 기계화(인공지능)로 하는 일이 없어질 가능성이 낮다.			
	취업경쟁률이 높지 않다.			
2. 고용 안정	본인이 원하면 계속 일을 할 수 있다(경력단절 후 복귀의 용이성, 연령증가에 따른 육체적 한계가 적음, 고용안정을 법적으로 보장 등).			
3. 고용 평등	성별이나 나이, 인종 등으로 임금, 승진 등에서 차별받지 않는다.			
4. 보상	임금을 기대한 만큼 받을 수 있다.			
	임금 외 복지혜택(휴가, 재교육 등)이 기대 수준을 충족한다.			

5. 근무여건	법정근로시간 외에 초과근무, 야간근무, 휴일근무 등이 많지 않다.			
	육체적/ 정신적 스트레스가 크지 않다.			
	(소음, 냄새, 위험, 먼지) 작업환경이 감내할 정도이다.			
6. 직업 전문성과 발전 가능성	전문지식을 활용한다.			
	경력이 쌓일수록 자기계발 또는 전문성이 향상된다.			
	승진 기회가 많다.			
	경력을 쌓은 후 다른 직업으로 전직 또는 창업이 가능하다.			
7. 사회 기여	(사회봉사) 다른 사람을 직접적으로 도울 수 있다.			
	사회적 평판이 높다.			
8. 적성과 흥미	나의 능력을 마음껏 발휘해 볼 수 있는 일이다.			
	내가 흥미를 갖고 재미있게 할 수 있는 일이다.			

출처 : 김동규 외(2019). 4차 산업혁명 시대 내 직업 찾기, p. 32.

다음은 고용노동부와 한국고용정보원(2019)에서 제안한 나만의 유망직업을 찾기 위한 순서이다. 아래의 순서에 따라 자신만의 유망직업을 찾아간다면 진로선택에 도움이 될 것이다(김동규 외, 2019 : 33).

첫째, 앞에서 제시한 '유망직업 기준'에서 나는 어떤 직업을 갖고 싶은지를 명확히 아는 것부터 시작하자. 나의 적성과 흥미는 워크넷(www.work.go.kr), 커리어넷(www.career.go.kr)에서 제공하는 심리검사를 통해 알아볼 수 있다. 또는 나를 잘 아는 부모님이나 선생님과 상담하는 것도 자신의 적성과 흥미가 어디에 있는지를 알 수 있는 좋은 방법이다.

둘째, 나만의 유망직업 기준에 맞는 직업들이 무엇인지를 탐색하자. 워크넷이나 커리어넷에서 제공하는 직업정보를 활용할 수 있고, 해당 직업종사자 인터뷰나 실제 직업체험을 하는 것도 좋다.

셋째, 구체적으로 몇 가지 직업을 선택했으면, 다음으로 학력, 전공, 훈련, 자격증, 실무 경력 등 그 직업에 필요한 자격 조건이 무엇인지를 살펴보자.

넷째, 목표 직업을 정하고 그 자격 조건을 확인했으면, 다음으로 나는 얼마나 준비가 되어 있는지 충족 수준을 정확히 아는 것이 중요하다.

다섯째, 나의 현재 위치에서 목표 직업을 갖기 위한 구체적 실행계획을 세운다. 무엇을 배우고, 어떤 직업훈련을 받을지, 무슨 자격을 취득할지 등을 시기별로 꼼꼼히 계획해 본다.

여섯째, 구체적 실행계획을 세웠으면 자신감을 가지고 하나하나 실천하자.

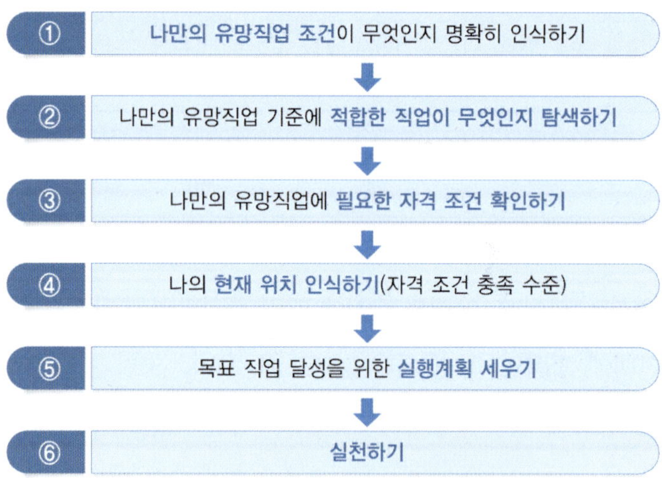

|그림 7-4| 나만의 유망직업 찾기 순서

출처 : 김동규 외(2019). 4차 산업혁명 시대 내 직업 찾기, p. 34.

2) 진로지도 활동 소개

(1) 직업선택을 돕는 활동

고용노동부와 한국고용정보원(2019)에서 청소년들이 미래의 변화에 대응하여 올바른 직업선택을 하도록 돕는 활동들을 제시하였다. 활동 중에는 청소년이 스스로 할 수 있는 것도 있지만, 교사나 학부모의 도움이 필요한 활동도 있다. 청소년과 교사, 학부모가 함께 활동에 참여해 보자(김동규 외, 2019 : 33).

① 미래 직업 세계 변화를 이해하고 자신의 진로계획에 적용하기

각종 미래예측서, 방송프로그램, (유튜브 등 온라인, 방송) 전문가 강연, 미래 변화 시나리오를 작성하고 토론하기 등

② 다양한 진로가 있음을 이해하기

열린 마음 갖기, 고용노동부, 교육부 등 정부의 다양한 직업능력 개발 정책 살펴보기, 진로전문가 상담, 선배와의 대화 등

③ 다양한 직업체험을 통해 자신의 적성과 흥미를 찾자

평소 희망하는 직업에 대해 깊이 알기 위한 노력이 필요하다. 또 평소 잘 아는 직업 외에 새로운 직업에 대한 체험에도 도전해 보자. 잡월드, 지역 교육청의 진로교육원 등 직업체험 시설이나 지역사회 직업현장들을 찾아 체험해 보고, 직업종사자를 인터뷰해 보자. 적극적으로 자신의 진로를 탐색하고자 하는 노력이 중요하다.

④ 메이커스활동 등을 통해 창의력을 키우자

각 지역에 있는 메이커 스페이스나 무한상상실 등을 활용하여 아이디어 구상과 실제 '만들어 보기'에 도전해 보자. 창업 과정을 미리 모의 체험해 보는 것도 좋다.

(2) 직업 진로 정보처 소개

01 워크넷 <직업·진로>

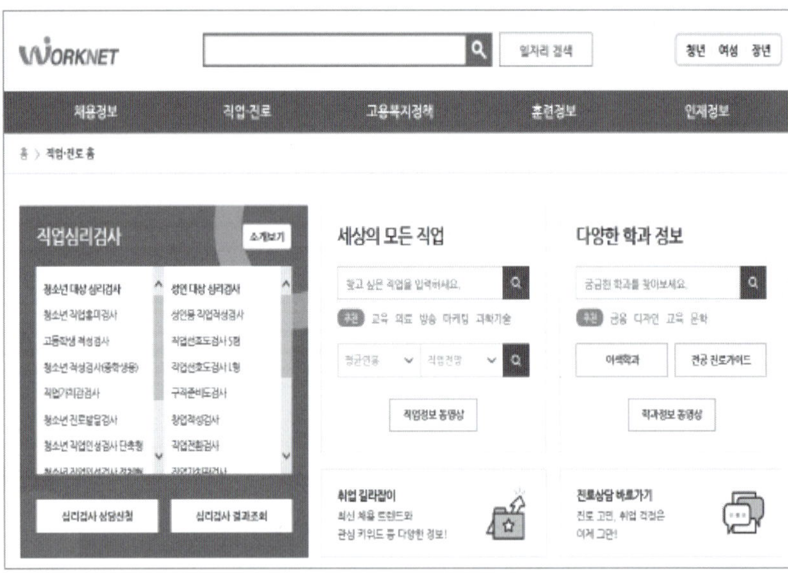

02 커리어넷

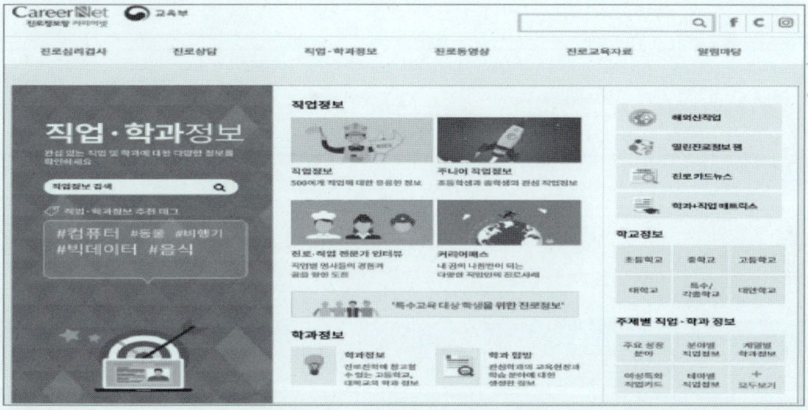

03 자격정보를 확인해보자! Q-Net

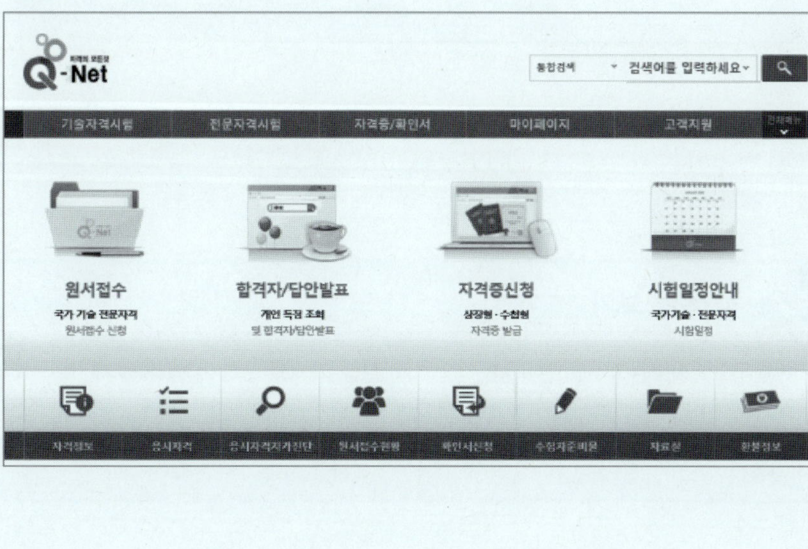

04 직업훈련 정보를 찾아보자! HRD-Net

생각해 보기

- 한국고용정보원이 제시한 미래 직업역량 일곱 가지에 관해 설명해 보자.
- 수퍼(Super)의 진로선택 5단계와 단계별 특징을 설명해 보자.
- 한국고용정보원에서 제안한 유망직업을 찾기 위한 순서를 설명해 보자.

참고문헌

강영배(2020). 진로상담 이론과 실제. 경기 : 공동체.

김동규 · 이은수(2019). 4차 산업 혁명 시대 내 직업 찾기. 충북 : 한국고용정보원.

김봉환(2019). 진로상담의 이해와 실제. 서울 : 학지사.

김이준(2020). 진로구성 상담에서 내러티브 접근에 대한 탐색적 논의. 내러티브와 교육연구, 8(2), 8-33.

교육부 · 한국직업능력개발원(2017). 학교 부적응 청소년을 위한 진로상담(지도) 매뉴얼. 세종 : 한국직업능력개발원.

이지연 · 윤형한 · 김나라(2005). 진로 전환기 청소년의 진로 개발. 서울 : 한국직업능력개발원.

이지연 · 윤형한(2003). Career-net을 활용한 진로지도 프로그램. 서울 : 한국직업능력개발원.

임재은(2020). 홀랜드 이론을 적용한 4차 산업혁명시대유망 직업카드 개발. 한국교원대학교 교육대학원 석사학위논문.

장선철(2017). 진로상담의 이해. 서울 : 태영출판사.

정명진 · 조은별 · 임지숙 · 김명섭 · 박소희 · 유애영(2022). 청소년진로발달검사 개정 연구보고서. 충북 : 한국고용정보원.

최동선(2005). 평생 진로개발지원을 위한 연구 방향의 탐색. 직업과 인력개발. 한국직업능력발원.

최연구(2020). 4차 산업혁명시대, 미래교육칼럼 2 : 영화에서만 보았던 미래가 현실로 다가온다.

고용노동부 · 한국고용정보원(2022). 미래 일자리 세계의 변화 중장기 인력수급전망 2020~2030. 충북 : 한국고용정보원.

교육부 · 광주광역시교육청 · 한국직업능력개발원(2020). 진로정보망 커리어넷. 커리어넷 콘텐츠를 활용한 진로교육길라잡이 중고등학교 교사용. 교육부, 광주광역시교육청, 한국직업능력개발원.

교육부(2022). 교육부 고시 제2022-33호 별책 18 중학교 선택교과 교육과정. https://ncic.re.kr/mobile.dwn.ogf.inventoryList.do.

08

Chapter

청소년 리더십 지도

학습목표

- 리더십의 개념에 대해 설명할 수 있다.
- 리더십 유형에 대해 설명할 수 있다.
- 청소년의 리더십 함양을 위한 지도를 실제에 적용할 수 있다.

학습개요

현대사회에서는 리더십이 중요한 자질로 떠오르고 있다. 사회에서 어느 정도 위치에 올라갔을 때 리더십이 필요한 시기가 오고, 청소년 시기에 경험한 리더십은 사회에서 어떠한 직업을 가지더라도 분명한 쓰임이 있게 된다. 이에 이 장에서는 리더십의 개념과 리더십의 구성요소에 대해 알아보고, 청소년에게 필요한 리더십 기술에 대해 알아보고자 한다. 청소년 리더십에 대한 이해를 토대로 청소년지도를 위한 자신의 리더십을 점검해 보고 리더십을 함양시킬 수 있는 방안을 알아보자 한다.

Chapter 08

청소년 리더십 지도

1. 청소년과 리더십

1) 리더십의 개념

리더십(leadership)의 사전적 의미는 무리를 다스리거나 이끌어 가는 지도자로서의 능력이다. 리더십에 대한 개념 정의는 학자들에 의해 다양하게 이루어졌다. 초기의 리더십 연구들은 리더의 특성을 파악하여 리더십을 정의하고자 하였고 이후 리더십은 누구나 가지고 있으며 특정 상황 속에서 나타나는 과정으로 리더십을 정의하고 있다. 이에 전통적인 관점에서 리더십을 '집단의 목표를 달성하기 위해 리더가 구성원에게 동기를 부여시키고, 그들에게 영향력을 행사하는 과정'으로 정의하나 현대적 관점의 리더십 연구들에서는 좀 더 통합적 개념으로 접근하여 '조직과 집단의 목표달성을 위해 각 구성원들이 다른 구성원들에게 영향을 미치고, 동기부여시키는 교환적 과정'이라고 정의한다(강정애 외, 2011). 이러한 정의는 구성원의 행동이 리더 한 사람에 의해 영향을 받는다는 뜻을 내포한다. 구성원의 행동은 조직의 목표를 효율적으로 달성하는 데 직접 영향을 미치고, 리더십은 그 구성원의 행동에 직접 영향을 미쳐서 결과적으로 조직의 효과적 목표달성과 직결되기 때문이다. 그러므로 리더란 구성원의 열정을 지배할 수 있는 능력까지 가지고 있다고는 못하지만 적어도 조직을 위해 노력하는 사람들을 이해하고, 그런 사람들을 독려하여 자기 사람으로 보유하고, 그들을 채용하고 개발하는 능력을 가지고 있다고 보아야 한다. 즉, 리더십이 구성원의 자발적 복종을 이끌어 내는 지도자의 비범한 힘이나 능력에 대한 정의에서 구성원들이 자발적으로 행동 동기를 유발하고 구성원으로서의 역할을 수행하도록 유도하는 과정에 대한 정의로 변화하고 있다. 〈표 8-1〉은 지난 50년간 제기된 리더십에 관한 대표적 정의들을 정리한 것이다.

〈표 8-1〉 리더십의 정의

학 자	내 용
헴프빌과 쿤스(Hempbill & Coons, 1957)	공유된 집단목표를 향한 집단의 활동을 지시하는 개인의 행동
케츠와 칼(Katz & Kahn, 1978)	조직의 일상적이고 평범한 지시에 기계적으로 순응하는 행동 이상의 행동을 하도록 영향력을 발휘하는 것
번스(Burns, 1978)	구성원의 사기를 향상시키거나 업무에 몰두하게 하거나 사기를 북돋우기 위해 제도적, 정치적, 심리적으로 접근하든지 또는 기타의 자원들을 사용하는 것
스미르치와 베힐링(Smircich & Behilng, 1984)	한 사람이 다른 사람(부하)으로 하여금 자신의 실체를 찾고 자신을 형성해 가도록 도와주는 과정

리쉬와 벨링(Rauch & Behling, 1884)	목표를 달성할 수 있는 여건을 조성하고 환경을 창출하며 관련된 사람들에게 목표달성의 비전과 가치관을 갖추고 유형화하도록 도와주고 이끌어가는 것
리차드와 엥겔(Richard & Engle, 1986)	조직에 영향력을 발휘하여 목표달성을 중심으로 집단을 조직화하는 과정
제이콥스와 자크(Jacobs & Jaques, 1990)	집단에게 주어진 목표를 달성할 뿐만 아니라 그 목표를 높이고 완수해 가는 의도적인 노력의 과정
샤인(Schein, 1992)	조직의 발전과 조직문화의 진화적 변화과정이 더욱 잘 진행되도록 하는 능력
드라스와 팔리우스(Drath & Palus, 1994)	집단의 구성원이 서로를 이해하고 집단과업에 몰입하여 함께 일하게 만드는 과정
하오스 등(House et al., 1999)	조직의 성공과 조직유효성에 공헌하도록 구성원에게 힘을 발휘하여 동기를 부여시키는 능력
유클(Yukl, 2010)	다른 사람들로 하여금 무엇을 어떻게 해야 할지에 대해 이해하고 공감하도록 하는 데 영향을 미치고, 공유된 목적을 달성하기 위해 그들의 노력을 촉진하는 과정

출처 : Yukl(2010).

리더십 개념의 변화는 지배자와 피지배자와의 명령과 복종에 의한 수직적 관계인 헤드십(headship)에서 관리자와 부하 간의 업무추진을 위한 역할분담과 상명하복의 관계인 매니저십(managership)으로 구성원 상호 간의 협력과 조화의 관계인 릴레이션십(relationship)과 조직 목표달성을 위한 상호 영향력과 상호 관련성을 의미하는 멤버십(membership)의 의미가 강화되어 가고 있다(김태구 · 권경택 · 김승묵, 2006). 박완순과 이정근(2012)은 시대에 따라 리더에게 요구되는 역할과 임무가 달라지면서 리더십의 형태도 보호자 → 리더 → 코치로 변화하였다고 주장한다.

〈표 8-2〉 리더십 탄생 진화과정

시대	농업시대		산업시대		정보산업시대		탈정보 시대
임무	보호/ 경계		관리/ 유지		리딩/ 창조		코칭/ 동행
상호작용체계	top-down		top-down		buttom-up		buttom-up
역할	통제자	→	관리자	→	동료 겸 안내자	→	조력자
	"안심하고 저를 믿어주시오"		"규정을 정했으니 따르시오"		"모두의 생각을 고려하여 나아가려 하니 따라주십시오"		"협의하여 함께 가겠습니다"

2) 리더십의 구성요소

리더의 특성에 대한 연구들을 통해 리더십의 구성요소들을 추출해 낼 수 있다. 강정애 등(2011)은 연구자들의 연구를 종합하여 지능, 자신감, 결단력, 성실성, 사교성, 감성지능(자기인식, 자기관리, 자기동기화, 감정이입, 사회적 기술 등), 사회성 지능(사회적 지각력, 행동 유연성), 전문적 기술(전공에 대한 전문지식, 조직구성에 대한 전문지식), 개념적 기술(분석력, 논리적 사고, 개념형성, 귀납추리, 연력추리 등), 대인기술(공감, 사회적 통찰, 매력, 재치와 외교술, 설득력, 의사소통 능력)을 제시하였다. 변상우(2014)는 리더가 가져야 할 자질로 우수한 두뇌, 성실성, 지도력(추진력), 목표의식(비전), 문제해결 능력, 의사소통 능력, 전문지식, 솔선수범, 최고를 추구하는 근성, 결단력, 상황분석능력을 제시하였다. 리더십의 유형에 따른 구성요소들은 〈표 8-3〉과 같다(강정애 외, 2011).

〈표 8-3〉 리더십 유형에 따른 구성요소

유형 구분	변혁적 리더십	팀 리더십	서번트 리더십
정 의	구성원의 정서, 가치관, 윤리, 행동규범, 장기적 목표를 변화시키고 변혁시키는 리더십	팀원에게 명확한 목표, 권한 책임을 부여하고 팀 구성원이 자율적으로 일을 수행할 수 있도록 코치하는 리더십	구성원을 존중하고 기회를 제공하며 능력과 창의성을 이끌어 내어 조직과 조직구성원이 성장하고 건전한 공동체를 이루는 리더십
요 소	• 카리스마 : 비전과 사명감 제공 • 영감적 동기부여 : 기대 전달, 상징 사용, 목적 단순 표현 • 개별적 배려 : 개인적 관심, 개별적 코치와 조언 • 지적 자극 : 지능, 합리성, 문제해결 촉진	• 셀프리더십 : 동기유발 • 팔로워십 : 능동적이고 자율적인 조정과 협력 • 팀워크 : 목적 공유, 단결 • 임파워먼트 : 권한과 통제권 위임 • 의사소통 : 지식과 노하우 공유	• 경청 : 부하의 요구 이해 • 공감 : 상대방의 입장과 상황 이해 • 통찰력과 직관 : 현재와 미래의 결과 예측 • 인지와 지각 : 전체 상황과 역학관계 파악 • 설득 : 쌍방향적 의사소통 • 비전제시 : 방향설정 • 치유 : 정서적 불안감 경감 • 공동체 구축 : 관심사항 공유, 공동목표 수행 • 봉사의식 : 타인에 대한 배려 • 구성원 성장에 기여 : 성장할 수 있는 환경 조성 기회 제공

2. 리더십의 이론

1) 리더십의 핵심변수

리더십은 연구자들의 리더십에 대한 관점과 주관적 선호도에 따라 다양하게 연구되어 왔다. 그렇지만 각각의 연구들은 리더십 현상의 부분적인 측면만을 밝힐 뿐이다. 이들 연구를 종합해 보면 리더십 효율성을 좌우하는 변수들은 대개 세 가지로 요약되는데, 리더 특성, 부하 특성, 상황 특성이다. 각 유형별 핵심변수의 예를 〈표 8-4〉에 나타내었다.

〈표 8-4〉 리더십 이론에서의 핵심 변수들

리더 특성	특질(동기, 성격, 가치관), 자신감과 낙천주의, 업무기술과 전문성, 행동, 정직성(성실, 가치관과 일치된 행동), 영향력 행사 전략, 부하에 대한 주관적인 생각
부하 특성	특질(욕구, 가치관, 자아개념), 자신감과 낙천주의, 업무기술과 전문성, 리더에 대한 귀인, 리더와의 신뢰관계, 과업몰입과 노력 정도, 직무와 리더에 대한 만족도
상황 특성	조직유형, 조직규모, 리더의 권한 정도, 리더의 위치와 권력, 과업의 구조와 복잡성, 과업의 상호 의존성, 조직문화, 환경 불확실성, 외부와의 의존성, 국가사회의 문화적 가치

(1) 특성중심

리더십 연구가 처음으로 진행되었을 때의 접근법 중 하나가 바로 특성접근법(trait apprach)이다. 이는 보통사람과 달리 리더가 가지고 있는 고유한 특질 혹은 특성, 예를 들면 리더의 성격, 동기, 가치관, 능력 등에 따라 리더십이 달라지며 그에 따라 어떤 리더십은 효과를 발휘하고 다른 리더십은 실패를 한다고 보는 접근법이다. 즉, 리더가 가진 특성이 리더십의 효율성을 좌우하며, 따라서 리더의 특성이 매우 중요하다고 강조하는 접근법이다.

이러한 접근법은 어떤 사람의 경우 선천적으로 다른 사람에 비해 능력이 월등하며 특이한 자질을 가지고 태어난다고 가정한다. 그러므로 훌륭한 리더가 있으면 어떻게 해서라도 그의 특성을 있는 대로 찾아내고 다른 훌륭한 리더와 비교하여 공통적인 특성을 확정한다. 예를 들면, 지칠 줄 모르는 리더의 에너지, 직감력, 미래통찰력, 설득력 등의 타고난 능력이 리더의 성공을 가져온다고 믿는다.

하지만 1930년대에 수행되었던 특성접근법에 의한 수많은 연구를 보면 아직도 성공적인 리더십을 규명하는 특성이 무엇인지를 명확하게 밝혀내지 못하고 있다. 그 이유는 리더의 어떠한 특성이 어떠한 요인에 영향을 미쳐서 조직의 성과향상을 가져오는지에 대한 구체적인 인과관계를 밝히지 못하는 데 있다. 최근에는 어떠한 리더 특성들이 리더십 효율성과 관련되어 있는지에 대한 것보다 향상된 연구결과들이 많이 쏟아져 나오고 있다. 예를 들면, 리더가 윤리적 가치관이 확실하면 그 집단은 리더를 잘 따르며 효율적이더라는 것이다. 이와 비슷한 특성으로는 윤리성 말고도 통찰력, 정직성, 창의성, 실력 등이 거론되었는데, 이는 리더라면 우선 믿을 만하고 비전과 지도력을 갖춘 사람이어야 한다는 뜻이다. 특성이론은 위인들만 대상으로 연구해서 위인이론(the great man theory)이라고도 한다.

(2) 행동중심

1950년대에 시작된 행동접근법은 리더 특성이나 영향력 같은 내부적 원천이 아닌 부하들 앞에서의 리더행동에 초점을 두고 어떻게 행동해야 효과적인지를 밝히려 하였다. 왜냐하면 좋은 리더 특성만을 찾다 보니 훌륭한 리더들이 지니고 있는 특성 중 상호모순되는 것이 많았기 때문이다. 예를 들면, 냉정하고 야망이 크면 좋은 리더도 되지만 비효율적 리더도 되더라는 것이다. 그러므로 학자들은 리더의 내부 특성보다는 리더가 부하들 앞에서 어떻게 그들을 대하고 어떻게 리드하는지에 관심을 더 두게 되었다.

리더 특성은 리더행동을 결정하기도 하지만 언제나 그렇지는 않다. 즉, 온순한 특성을 가진 사람이 부하들을 다룰 때에는 냉정할 수도 있다. 그러므로 조직의 성과를 좌우하는 리더십의 원인으로 리더의 온순한 특성이 아닌 온순한 행동에 초점을 맞추고 연구하기 시작한 것이다. 지난 50년 동안 학자들은 이러한 접근법에 기초하여 리더행동의 여러 유형들과 리더십 효율성의 다양한 지표 간의 상관관계를 조사해 왔다. 이를 위해서 실험실 연구, 현장조사 연구가 동원되었으며, 효율적 리더와 비효율적 리더의 리더행동에 어떤 차이가 있는지 식별하려는 노력이 많이 진행되었다.

(3) 상황중심

리더의 특성이나 리더행동이나 리더의 권력을 연구대상으로 한 접근법은 연구초점을 리더에게만 맞출 뿐이다. 그러나 상황접근법은 연구초점을 비단 리더뿐만 아니라 리더십이 발휘되는 순간의 주변 환경(상황)에도 둔다. 즉, 상황부터 파악하고 그 상황에 맞는 리더 특성 혹은 리더행동이라면 효율적 리더십이며 반면에 그 상황에 맞지 않다면 아무리 좋은 리더행동이나 권한 위임도 비효율적 리더십이 된다는 것이다.

여기서 상황변수란 부하의 특성(성격, 능력, 태도 등), 부하들이 맡은 업무의 본질, 조직의 분위기, 그리고 외부 환경 등이다. 선진국에서는 민주적인 대통령이 권한을 위임하고 국정을 잘 수행할 수 있지만 오랫동안 독재에 길들여진 후진국에서는 카리스마적이고 독재적인 리더가 더 인기가 있고 효율적 리더십을 발휘할 수 있다는 주장은 상황접근법의 전형적인 사례이다. 그렇다고 상황접근법으로 리더십을 연구하는 학자들이 독재적 리더십을 찬양하는 것은 아니다. 그들이 강조하는 것은 어느 상황에서나 최고인 하나의 리더십 형태가 아니라 상황에 따라 자주 변해가는 리더십이다. 그러므로 국가의 리더도 평화 시와 전시, 경제개발기와 정치적 안정기에 필요한 리더 형태가 다를 것이며 기업의 CEO라면 초창기 소규모로 성장할 때와 대규모로 정착했을 때, 그리고 혁신이 필요할 때의 리더행동이 달라야 한다는 것이다.

2) 리더십의 유형

(1) 카리스마 리더십

카리스마의 그리스어 어원은 'kharisma(신이 주신 재능, 신성한 은혜)'로 개인이 소지하고 있는 영적인, 심적인, 초자연적인 특질이 있을 때 집단부하가 이를 신봉함으로써 생기는 리더의 영향력을 말한다. 전통적인 거래적 리더십(transactional leadership)은 두 가지 기본 전제를 깔고 있는데, 하나는 리더가 부하를 능동적이게 하기 위해서 적절한 보상을 주어야 한다는 것이고, 다른 하나는 부하가 목표달성에 실패할 경우에는 리더의 책임도 있다는 것이다.

그러나 카리스마 리더십은 부하로 하여금 대가도 리더의 구체적 간섭도 없이 자발적으로 조직에 헌신토록 하는 리더십인데, 그러기 위해 리더에게

〈표 8-5〉와 같은 행동이 강조된다.

〈표 8-5〉 카리스마 리더십의 행동적 특징

자기 확신	자신감과 확신은 부하가 리더의 판단을 믿도록 만들 가능성이 크며, 권력욕구가 크면 그것이 멤버를 설득하고 추종하도록 만들기 쉽다.
이미지 관리	카리스마 리더는 자기가 유능하고 성공적이라는 인상을 심어주기 위해 부단히 노력하며 모든 행동을 이런 인상관리에 초점을 맞춘다.
이데올로기와 비전	카리스마 리더는 자신의 행동을 부하에게 보여줌으로써 부하의 행동뿐 아니라 가치관, 태도, 감정 등 모든 것을 자기가 원하는 쪽으로 변화시키려 한다.
솔선수범	문제해결 시 위험하고 궂은일을 솔선수범하면 좋은 리더로 인정받기가 훨씬 쉽다.
감정적 호소	"총화단결", "적을 무찌르자!", "일하자! 더 일하자!" 등 부하와 감정적 대화를 갖거나 연설로 호소함으로써 그들을 설득하고 추종하게 만든다.

(2) 혁신적 리더십

혁신적 리더십(transformational leadership)이란 한마디로 설명하기보다는 현대적 리더십의 포괄적 의미로 해석하는 것이 옳다.

우선 부하에게 집단에 대한 관심사나 욕구수준을 높여서 조직의 목표수준을 높이고 이를 달성하기 위해 부하와 조직과 업무 프로세스 자체를 혁신하고 개선해 나가는 리더십으로, 카리스마, 개별적 배려, 지적 자극 등으로 구성된다. 이에 대한 측정도구로서 다차원 리더십 설문지(MLQ : Multifactor Leadership Questionnaire)가 많이 사용된다. 혁신적 리더십과 반대되는 리더십으로 거래적 리더십(transactional leadership)이 있는데, 이는 부하의 노력과 공헌에 대한 대가로 리더가 부하에게 보상을 제공하는 교환적 과정을 전제로 이루어지는 리더십이다.

거래적 리더십이 기대된 효과를 올리게 한다면 혁신적 리더십은 기대를 훨씬 초과하는 업적을 가져오게 하여, 혁신적 리더가 거래적 리더보다 더 높은 성과를 내는 효과적인 리더로 지각된다. 과거의 리더십은 거래적 리더십에 근거하여 조직의 목표달성과 부하가 바라는 보상 간의 교환이 강조되었기 때문에 부하에게 주어진 의무 이상의 행동유발이 불가능했으나, 혁신적 리더십은 이것을 통해 장기적 비전의 제시와 목표추구를 위한 부하의 고차원적 욕구의 유발, 상하 간 신뢰하는 분위기 조성, 조직을 위한 개인적 희생 등의 동기부여가 가능해져서 기대 이상의 성과를 이끌어 내는 리더십으로 각광받고 있다. 그 대신 혁신적 리더는 부하와의 관계에서 〈표 8-6〉과 같은 네 가지 자질을 갖추고 있어야 한다.

〈표 8-6〉 혁신적 리더십의 행동적 특징

비전 수립	조직의 구성원은 조직미래에 대한 비전을 가지고 있어야만 자신의 능력을 자극받고, 나아갈 방향의 인식도 가능해지며, 이에 따라 사기향상과 조직 몰입이 유발된다.
비전의 공유와 확산	부하가 그 비전을 완벽하게 이해하고 자기 것으로 만들어야 그들이 나아갈 방향이 분명해진다. 그래서 혁신적 리더에게는 비전을 부하의 머릿속에 완전하게 공유하도록 만드는 자질이 요구된다.
신뢰의 확보	부하로부터의 신뢰가 있어야 계획된 것을 강력하게 추진할 수 있고, 부하의 충성을 유도할 수 있으며, 특히 리더가 자신의 상사로부터 신뢰를 받는다면 자기 부하에게도 항상 긍정적인 태도를 가지게 함으로써 부하의 자아존중감이나 자아효능감을 높일 수 있다.
이미지 관리	리더 자신은 귀찮은 일에도 솔선수범해야 하며 이미지 관리에 철저해야 한다. 아무리 오랫동안 신뢰를 얻었어도 한 번의 실수로 물거품이 되는 수가 있으므로 부하에게 모범을 보이며 자기관리를 철저히 하여 책망받는 일이 없도록 조심해야 한다.

(3) 코칭리더십

조직에서는 개인보다 팀을 중요시하고 팀원 간 상호교류와 네트워크, 팀원의 능력을 개발해 주는 리더십이 강조되고 있는데, 이러한 것 중 하나가 스포츠 팀의 코치나 감독처럼 행동해야 한다는 코칭리더십(coaching leadership)이다. 팀을 일종의 자기주도적인 작업 집단으로 특징지을 수 있는데, 팀의 코치는 관리, 통제보다는 팀 내외의 정보흐름과 의사소통을 촉진하고 자율을 최대한 보장하며 팀원 각각의 능력을 높일 수 있는 방안을 강구하여 소개해 주고 팀원의 사기를 진작시키는 역할을 한다. 이러한 팀 코치로서의 리더십 역할은 다음과 같이 세 가지 정도로 요약할 수 있다.

첫째, 팀과 관련되는 내외의 다른 팀과의 원활한 연결자 역할을 한다. 상급자, 다른 팀, 고객, 협력업체 등 기업의 이해관계자에게 팀을 대표하여 팀의 장점을 알리며, 외부에서 얻은 지식과 정보를 팀원들과 공유하여야 한다. 둘째, 팀이 문제에 직면하거나 팀원 간 갈등 상황에 빠지면 이를 적극적으로 조기에 해결하는 문제해결자 역할을 한다. 따라서 코치가 적극 개입하여 문제에 대한 해결책을 제시해 주어야 팀원들이 방향성을 잃지 않고 한 목표를 향해 매진할 수 있다. 갈등과 분쟁의 해결을 위해 새로운 자원을 획득하고, 보상과 업무 할당 시에 공정성을 유지하면서 팀원과 합의를 이루어 나가야 한다. 셋째, 코칭리더는 실무현장에서 팀원들과 함께 활동해야 팀원의 장단점을 쉽게 파악하고 팀원에게 구체적인 지적을 하면서 적극 지원하는 지원자 역할을 할 수 있다.

(4) 서번트 리더십

서번트 리더십(servant leadership)에서 '서번트'란 본래 노예라는 뜻이다. 주인으로서 종을 부리는 것이 아니라 주인이 일종의 노예처럼, 종처럼 부하를 모신다는 깊은 뜻이 숨어 있다. 이는 리더의 자기희생을 전제로 한 순결한 리더십이다. 거의 종교조직에서 많이 강조하고 있는 것인데 부하의 자발적 희생은 리더의 희생으로부터 생겨난다고 본다. 봉사적 리더는 자신보다는 부하, 고객, 지역사회에 대한 책임을 우선으로 하며 부하의 생활과 업무 수행 방식의 변화에 초점을 두는 리더이다. 관리에는 능하지만 리드에는 익숙하지 않은 사람이 많다. 갤럽조사에 의하면 사직하는 사람들의 2/3가 관리자의 비효율성과 무능력을 꼽는다. 그들은 회사를 떠난 것이 아니라 상사를 떠난 셈이다. 서번트 리더십이란 "공동의 목표를 향해 매진할 수 있도록 사람들에게 영향력을 발휘하는 기술인 동시에 사람들의 신뢰를 형성하는 리더의 인격이다". 이러한 정의에서 중요한 세 가지는 바로 능력, 영향력, 그리고 개인의 인격이다. 서번트 리더의 구체적인 자기희생의 행동은 〈표 8-7〉에 명시되어 있다.

〈표 8-7〉 서번트 리더의 자기희생적 행동

업무분장	다른 업무에 비해 더 위험하거나 더 힘들거나 기피하는 업무를 자청
보상분배	자신이 받을 정당한 보상을 포기하거나 양보
권한행사	자원과 권한의 사용에 대한 자유 재량권을 자제

(5) 감성적 리더십

골먼(D. Goleman)은 리더에게 필요한 자질로 전략적 통찰력(strategic insight)과 감성지수(emotional intelligence)를 꼽는다. 리더는 자신이 담당할 분야에 대한 전문적 기술과 함께 인간으로서 느낄 수 있는 감정을 이해해야만 하는 것이다. 감성지수라는 말은 피터 샐로비와 존 메이어(Peter Salovey & John Mayer)에 의해 주장되었다. 그들은 "자신과 타인의 감정과 느낌을 감지하고 그 차이를 구별하며, 이 지식을 자신의 사고와 행동의 지침으로 이용할 수 있는 능력이다."라고 정의한다.

과거에는 성과중심 리더가 각광을 받았지만, 현재는 부하나 고객의 감정을 인식하고 조절하며 표현하는 능력이 많은 리더가 남다른 성과를 내는 것으로 알려져 있다. 감정을 관리하는 능력은 개인이 성공과 조직의 성공 모두에 있어 필수적이다. 이 분야의 전문가인 골먼은 리더에게 필요한 다음의 다섯 가지 감성 능력을 제시한다(Daniel Goleman, 1995).

- 자기인식능력 : 자신의 감정 상태를 잘 아는 능력
- 자기관리능력 : 자신의 감정을 조장, 억제, 조절하는 능력
- 자기동기부여능력 : 어려움 속에서도 긍정적 감정을 유지하는 능력
- 타인인식능력 : 타인의 감정을 감지하고 이해하는 능력
- 타인조절능력 : 타인의 감정을 억제, 조절해 줄 수 있는 능력

3. 청소년지도자의 리더십

청소년기는 다양한 경험과 자극에 노출되는 시기로 이 시기를 통해 자신의 자아정체성을 형성하고, 사회구성원으로서의 역할을 수행하기 위한 존재로 성장하게 된다. 따라서 청소년기에 어떤 경험을 하고, 자신과 사회에 대해 어떤 가치관을 형성하는지가 장차 개인의 성장과 사회의 개선 및 성숙을 좌우한다. 김미숙 등(2008)은 청소년 리더십 교육은 '사회적 리더로서의

인재 활용' 측면에서 중요한 교육의 분야이며, 창의성과 함께 교육의 중요한 목표라고 할 수 있다고 주장한다. 청소년 리더십 교육은 청소년기의 발달과업뿐 아니라, 청소년기가 청소년 자신과 개인적, 사회적 측면에서 역할을 강화하기에 적합한 시기라는 점도 중요하다고 할 수 있다. 린덴과 퍼트만(Linden & Fertman, 1998)은 청소년기를 리더십 발달을 위한 결정적 시기로 간주하고, 청소년기에 리더십을 개발하는 것이 청소년들의 자기 존중감을 높이고, 위험행동을 예방하고 성공적인 성인기를 위한 도약의 발판이 된다고 주장하였다.

보통사람과 다른 리더가 가진 특성, 그리고 일처리 능력은 무엇일까? 특별한 자질 이외에도 사람 잘 다루는 능력 등이 필요할 것이다. 다음에서는 청소년기에 중요한 리더가 가지는 특징에 대해 살펴보고자 한다.

1) 리더에게 필요한 성격과 특성

리더십 연구에서 가장 오래된 접근법이 바로 리더의 특성접근법이다. 이 접근법은 어떠한 소수의 사람만이 리더로서 타고난다는 가정을 전제로 한다. 즉, 리더는 보통사람이 갖지 못하는 어떤 특별한 성향(traits, 특질, 특성)을 가지고 태어난다는 것이다. 타고난 특성이란 성격, 욕구, 동기, 그리고 가치관 등이다. 예를 들어, 성격의 경우 자신감, 지배성향, 외향성, 정서적 안전성, 높은 에너지 수준 등을 포함한다. 배고픔, 목마름 같은 신체적 욕구와 성취감, 자존심, 권력이나 상호 의존성 등의 사회적 동기나 욕구는 행동을 지속시키고 활성화시키기 때문에 중요하다. 가치관이란 일종의 내부화된 태도로 윤리와 도덕과 옳고 그름을 판단하는 양심 등을 말한다. 또한 신체적 특징인 외모, 신장, 건강, 심지어는 목소리 등도 이러한 특성에 포함된다.

2) 리더에게 필요한 관리능력

스킬이란 선천적 또는 후천적으로 결정되는 것으로(Arvery, Zang, Avolio, & Krueger, 2007) 자신에게 주어진 구체적인 일을 효과적인 방법으로 잘할 수 있는 능력이라고 정의된다. 관리 능력은 다름 아니라 일처리 능력, 사람 다루는 능력, 문제를 해결하는 능력을 말하는데, 이것 또한 효율적 리더에게 반드시 있어야 할 재능이다. 농구팀의 리더가 되려면 신분과 성격과 자질도 있어야 하지만 농구를 잘하는 능력도 있어야 하듯이, 전쟁터에서 리더로 추앙을 받으려면 싸움 잘하는 능력, 사람 잘 다루는 능력, 전술을 잘 짜는 능력이 필요한데 이들 능력을 리더십 스킬(skills)이라고 표현하기도 한다. 그러므로 여기서 리더십 스킬이라 함은 부하를 잘 다루고 리드하는 전문지식과 능력이라고 할 수 있다. 리더 특성에 관한 연구는 리더의 스킬을 규명하고 리더로서 성공하게 만드는 특성을 찾는 작업이다. 리더십 스킬을 지칭하는 데 포함되는 가장 보편적인 특성의 유형은 〈표 8-8〉과 같다.

〈표 8-8〉 리더십 스킬의 유형

전문적 스킬	어떤 업무를 수행하는 데 필요한 작업방법, 절차, 기술 등에 관한 지식과 그 활동에 필요한 도구를 사용하고 조작하는 능력
대인적 스킬	인간행동 및 인간관계 과정에 대한 지식으로서 타인의 언행에서 그 사람의 느낌, 동기 등을 이해하는 능력, 분명하고 효과적으로 의사소통하는 능력, 남들과 효과적이고 협동적인 관계를 수립하는 능력
개념적 스킬	일반적인 분석능력, 논리적 사고, 아이디어 개발, 문제해결 시의 창의력, 사건을 분석하고 추세를 지각하는 능력, 변화를 예견하는 통찰력, 기회를 포착하고 문제핵심을 파악하는 능력

3) 청소년 리더십 기술

청소년 리더십 생활기술은 실제 생활 속에서 리더십이 발현되기 위하여 청소년들에게 요구되는 생활기술을 의미한다. 생활기술은 청소년들이 급변하는 현대사회를 살아가는 데 있어 습득해야만 하는 중요한 역량이다. 생활기술은 힘슬(Himsl, 1973)에 의해 처음 정의된 개념으로 개인이 과업을 수행하는 데 이용하는 효과적인 문제해결 행동을 뜻한다. 밀러(Miller, 1979)는 생활기술을 상호 의존적인 사회에서 리더십을 발휘할 수 있는 능력이라 정의하고, 그 하위 영역은 사고(thinking), 행동(doing), 감정(feeling)으로 구성된다고 하였다. 또한 물렌(Mullen, 1981)은 생활기술은 사회생활을 하는 데 필요한 상호작용 기술(interpersonal skills), 문제해결 기술(problem solving skills), 그리고 자신의 가치에 대한 이해(knowledge of self worth)를 포함한다고 하였다. 웨더포드와 웨더포드(Weatherford & Weatherford, 1985)는 생활기술을 능력(competency), 대처(coping), 공헌(contributory)의 세 영역으로 구분하였다. 웨더포드와 웨더포드가 제시한 생활기술의 세 가지 하위영역인 능력, 대처, 공헌의 세부 내용은 〈표 8-9〉와 같다.

〈표 8-9〉 웨더포드와 웨더포드의 생활기술의 세 가지 하위영역

생활기술의 하위영역		
능력	대처	공헌
• 효과적인 문제해결과 의사결정 기술 • 건강한 행동 • 평생학습 능력 • 전문적 지식인으로서의 자부심	• 긍정적인 직무 태도와 기술 • 가족, 동료, 지역사회와의 긍정적인 관계 • 의사소통 기술 • 다양성 존중	• 공동체 의식과 사회적 책임성 • 리더십 기술 • 지역사회에 공헌할 수 있는 중요한 구성원이라는 자기인식

리더십 생활기술이란 청소년들이 가정, 학교, 그리고 또래 관계와 관련한 실생활 안에서 자신과 타인에게 긍정적인 영향력을 끼쳐 자신과 타인의 긍정적인 변화를 만들어 내는 리더십을 발휘하기 위해 필요한 생활기술로, 청소년기에 반드시 형성해야 하는 발달과업에 해당한다. 청소년 리더십 생활기술을 구성하고 있는 하위요소들이 무엇인지에 대해서는 학자들마다 주장하는 바가 다르다. 학자들마다 주장하고 있는 리더십 생활기술의 하위영역에 대해 구체적으로 살펴보면 다음과 같다.

(1) 의사소통 기술(communication skills)

의사소통 기술은 인간이 사회생활을 하는 데 있어 매우 중요한 구성요소라 할 수 있다. 효과적인 의사소통 기술을 획득한 청소년은 타인과의 커뮤니케이션을 원활하게 이룸으로써 긍정적인 인간관계 형성 및 학업능률이 향상된다. 또한 청소년기의 바람직한 행동 특성의 형성으로 이어져 개인의 성장과 지역사회의 발전에도 큰 도움을 주게 된다(김수정, 2011). 이러한 기술을 선천적으로 타고나는 사람도 있지만 대부분의 경우 생애 발달과정에서 경험과 학습에 의해 개발된다(이상훈, 2013; 조환옥, 2009). 따라서 청소년기에 의사소통 기술을 함양하는 것은 청소년에게 자신감과 타인에 대한 신뢰감을 키워주고 긍정적인 인간관계를 바탕으로 원만한 사회생활을 영위할 수 있게 만드는 원동력이 됨과 동시에 리더십 생활기술을 향상시켜 주는 데 기초가 된다(엄완용, 2006).

(2) 의사결정 기술(decision-making skills)

의사결정 기술은 여러 개의 대립적인 대안 중에서 하나를 선택하는 일을 해내는 정신적 지각 활동을 의미한다. 청소년은 성장과정에서 자율성의 확대와 함께 자기 스스로 합당한 의사결정을 내려야 할 경험을 많이 가지게 된다(강선희, 2012). 의사결정 기술은 청소년에게 있어 삶에 대한 목표설정, 목표에 따른 우선순위 및 요구수준의 결정, 주체적인 실행능력, 상황과 환경을 고려한 대안의 제시 및 선택하는 기술이며 판단력으로서 의미가 있다(김수정, 2011). 의사결정은 목표설정의 기본이 되는 능력으로 청소년기에 바람직한 의사결정 기술을 함양하는 것은 매우 중요한 발달과업이다.

(3) 인간관계 기술(skills in getting along with others)

인간관계는 개인과 개인, 개인과 집단 사이에서 일어나는 상호작용으로 둘 이상의 개인과 집단이 직간접적으로 접촉하면서 형성되는 개인적이고 정서적인 관계를 말한다. 김수정(2011)은 '인간관계 기술이란 사람들의 상호관계 사이에서 야기되는 다양한 문제를 효과적으로 해결할 수 있는 능력으로서, 사람들이 함께 협력하며 살아가는 사회 속에서 타인에게 거짓이 없이 순수하고 바르게 대하며, 친절을 베풀고, 다른 사람의 존재가치를 훼손하지 않고 존중하여 최종적으로 나 외에 다른 사람과 조화롭게 균형을 맞추어 서로 상생하는 능력'이라고 하였다. 이철수(2009)는 청소년들이 바람직한 인간관계 기술을 함양하기 위해서는 무엇보다도 자기 자신의 장점과 단점을 파악해야 하며, 개방성을 바탕으로 새로운 정보를 받아들이고 사회구성원으로서 자신과 타인의 변화를 도모할 수 있는 내적 평정심을 지녀야 한다고 하였다. 오치선(2000)은 인간관계 기술은 특정 상황에 처한 타인의 감정을 민감하게 받아들이고, 다양한 형태의 의사소통 방법을 활용하여, 타인의 생각, 취향, 그리고 태도를 이해함으로써 타인과 우호적인 사회적 관계를 형성할 수 있는 능력을 포함하는 개념으로 정의하였다. 청소년기에 형성해야 하는 중요한 사회적 관계로는 가정에서의 부모와의 관계, 학교에서의 선생님과 친구들과의 관계를 들 수 있다.

(4) 학습능력 기술(learning skills)

학습능력이란 경험과 학습을 통해서 획득되는 지식, 기술, 인식, 잠재력 등을 어떤 행위를 통해서 실제적으로 익히고 수행하는 능력을 의미한다. 인간은 인지발달을 통해서 자기 자신을 발견하고 확장해 가는데, 인지란 인간이 새로운 정보와 지식을 획득하고 저장·관리하며 인출하여 활용하는 정신활동을 의미하며, 정신활동은 인간이 개념이해 및 사고기술 등을 습득하여 문제해결에 응용하는 지적 능력을 말한다(이철수 외, 2009). 청소년기의 인지적 발달은 아동기와는 비교할 수 없을 만큼 빠르게 진행되고, 중요한 인생·사회문제를 정의하고 추론할 수 있는 질적 능력이 고도화되어 청소년들이 다양한 환경과 상황에 대처할 수 있게 만들어 주며, 추상적 사고, 가설적·연역적 사고 및 은유에 대한 이해가 가능하도록 해준다(강승도, 2001). 또한 청소년기 학습능력의 함양은 전체 학습과정을 통해 습득한 지식과 정보를 부호화시켜 효과적으로 정보를 사용하고, 정보의 재생 과정을 통해 학업을 성취하며, 합리적인 사고를 통한 문제해결 능력을 신장시킨다는 점에서 중요성을 가진다(서윤경, 2003).

(5) 자기이해 기술(skills in understanding self)

자기이해 기술이란 자신에 대한 명확한 인식을 바탕으로 다른 사람과 다른 자신만의 유일하고 독특한 특성을 파악하여 자신의 존재가치를 인식하게 되는 것을 의미한다. 자기이해 기술은 자신의 신체적 특징, 능력, 성격, 희망, 목표, 자기 가치 등에 대한 자신의 생각뿐만 아니라 타인이 자신에 대해 갖는 견해도 모두 포함하는 개념이다(정의숙, 2009). 또한 자기이해 기술은 자존감(self-esteem)과 자기유능감(self-efficacy), 그리고 자아정체감(self-identity)을 포함하는 통합된 개념으로, 청소년들이 온전한 성인으로 성장하기 위해서는 자신을 있는 그대로 수용하고, 남에게 자기 자신을 있는 그대로 개방할 수 있는 능력을 키워야 한다(정의숙, 2009).

(6) 그룹활동 기술(skills in working with groups)

그룹활동 기술이란 공동의 목표를 달성하기 위해 모인 집단 또는 조직 내에서 조직을 구성하는 일원으로 자신의 요구를 주장함과 동시에 다른 구성원들의 요구를 수용함으로써 조직의 다른 구성원들과 잘 화합하여 집단의 분위기를 우호적으로 조성하는 능력을 말한다(양은경, 2011). 청소년은 다양한 그룹활동을 통해 자기 발견의 기회, 발전의 기회, 협력의 기회, 토론의 기회, 새로운 행동의 효과성 평가의 기회 등을 가지게 된다(홍근하, 1998). 이러한 그룹활동을 통해 얻게 되는 다양한 기회를 활용하여 청소년들은 리더십 생활기술을 키울 수 있다.

(7) 조직관리 기술(management skills)

조직관리 기술이란 조직과 관리의 합성어로, 공동의 목표를 달성하기 위해 만들어진 조직의 효율적인 운영을 위해 관리자가 리더십을 발휘해 나가는 것을 의미한다. 조직관리 기술은 조직의 목표와 과업을 달성하기 위해 업무와 역할을 배분하고 조직의 구성원들이 자신에게 배분된 업무와 역할을 제대로 수행할 수 있도록 체계적이며 합리적으로 조정하는 체계로 조직을 편성, 유지, 개선해 나가는 과정을 말한다(장세종, 2014). 혼자서 모든 일을 책임지고 처리하는 것보다는 조직구성원을 신뢰하고 조직구성원들과 책임을 나누고 위임하는 자세와 조직원에게 일방적인 지시적 명령보다는 요청하는 자세, 그리고 변화에 대한 대항적 자세보다는 변화에 대한 두려움을 극복하고 변화를 적극적으로 수용하여 자기 자신의 것으로 바꿔버리는 태도야 말로 청소년기에 반드시 습득해야 할 발달과업이라 할 수 있다(김수정, 2011).

생각해 보기

- 학자들이 주장하는 리더십의 주장을 토대로 자신이 생각하는 리더십에 대한 정의를 설명해 보자.
- 리더십 유형 세 가지를 자신의 논리로 정리하고 자신의 리더십 유형은 어느 유형에 속하는지 논의해 보자.
- 리더십을 함양하기 위해 청소년기에 필요한 기술은 무엇인지 생각하고 논의해 보자.
- 자신이 생각하는 리더십을 토대로 청소년지도자에게 필요한 리더십에는 어떤 것이 있는지 생각하고 논의해 보자.

참고문헌

강선희(2012). 성격유형에 따른 청소년 리더십 생활기술 수준 연구. 순천향대학교 대학원 석사학위논문.

강승도(2001). 청소년 수련시설 현황 분석 및 개선방안 연구 : 경기도 청소년수련시설을 중심으로. 경기대학교 대학원 석사학위논문.

강정애 · 태정원 · 양혜현 · 김현아 · 조은영(2011). **리더십론**. 서울 : 시그마프레스.

김미숙 · 유효현 · 박효정 · 전미란 · 박춘성(2008). 청소년 리더십 검사도구의 타당화 및 리더십 특성 분석. **한국교육심리학회지, 22**(1), 193-214.

김수정(2011). 청소년 성격특성이 리더십 생활기술에 미치는 영향. 건국대학교 대학원 석사학위논문.

김태구 · 권경택 · 김승묵(2006). **교양인을 위한 리더쉽**. 서울 : 학문사.

박완순 · 이정근(2012). **인성공부**. 서울 : 벗나래.

변상우(2014). **글로벌 리더십**. 서울 : 도서출판 청람.

서윤경(2003). 청소년의 외모 만족도와 자존감 및 학업성취도와의 관계, 숙명여자대학교 대학원 석사학위논문.

양은경(2011). 고등학생의 자기관리 및 리더십개발을 위한 기독교코칭프로그램. 고신대학교 대학원 석사학위논문.

엄완용(2006), 청소년 리더십 생활기술 향상을 위한 프로그램 개발연구. 명지대학교 대학원 박사학위논문.

오치선 · 조영승 · 정지웅 · 신은숙 · 박진규 · 이창식 · 정하성 · 김문섭 · 문성호 · 전명기 · 김 민 · 허성욱 · 선휘권 · 전명호 · 조덕일(2000). **청소년 리더십론**. 서울 : 솔과학.

이상훈(2013). 리더십 코칭프로그램이 대학생 멘토 자원봉사자의 자기효능감 및 리더십 생활기술에 미치는 효과. 광운대학교 대학원 석사학위논문.

이철수(2009). **사회복지학사전**. 서울 : 블루피쉬.

장세종(2014). 청소년 리더십 생활기술에 영향을 미치는 요인에 관한 연구. 세한대학교 대학원 박사학위논문.

정의숙(2009). 리더십 증진 프로그램이 초등학생의 리더십 생활기술과 성취동기에 미치는 효과. 공주대학교 대학원 석사학위논문.

조환옥(2009). 중학교 과학영재와 일반학생의 리더십 생활기술, 사회적 능력 및 자기조절능력의 관계. 부경대학교 대학원 석사학위논문.

홍근하(1998). 동아리 유형별 여가만족 및 대학생활 만족도. 고려대학교 대학원 석사학위논문.

Arvey, R. D., Zhang, Z., Avolio, B. J., & Krueger, R. F.(2007). Developmental and genetic determinants of leadership role occupancy among women. *Journal of Applied Psychology, 92*(3), 693-706.

Goleman, D.(1995). *Emotional Inelligence*. New York : Bantam Books.

Himsl, R.(1973). Life skills: A course in applied problem solving. Life Skills : A Course in Applied Problem Solving. Saskatchewan NewStart, Inc., Prince Albert. Canadian Dept. of Regional Economic Expansion, 25.

Linden, J. A., & Fertmen, C. I.(1998). *Youth leadership : a guide to understanding leadership deverlopment in adolescents*. Sanfrancisco, California : Jossey-Bass Inc.

Miller, S. M.(1979). Controllability and human stress : Method, evidence and theory. *Behavior research and therapy, 17*(4), 287-304.

Yukl, G.(2010). *Leadership in Organizations*(7th ed.), London : Pearson.

09

Chapter

위기 · 취약청소년지도

학습목표

- 위기청소년의 개념과 유형 및 실태에 관해 이해할 수 있다.
- 취약청소년의 개념과 은둔형 외톨이에 관해 설명할 수 있다.
- 위기 · 취약청소년의 위기지원에 관해 설명할 수 있다.

학습개요

최근 청소년들 사이에 자해의 광범위한 확산, 자살 시도, 인터넷 · 스마트폰 과의존, 게임 과몰입 등 정신건강 문제가 증가하고 있으며, 청소년 비행도 갈수록 저연령화, 범죄화되어 사회문제가 되고 있다. 청소년문제가 심각해지고 복잡해짐에 따라 청소년이 당면한 위기상황을 정확히 이해하여 예방적 차원에 조기개입이 필요하다. 이 장에서는 위기 · 취약청소년의 개념과 유형을 알아보고, 새로운 위기 형태인 은둔형 외톨이에 대해서도 알아보고자 하였다. 또 위기 · 취약청소년들에게 실제적인 도움을 주기 위해 위기지원방법에 대해서도 적극적으로 논의해 볼 것이다.

Chapter 09

위기·취약청소년지도

1. 위기청소년의 이해

인간의 삶은 수많은 위기에 직면하며 이어진다. 어떤 것은 불가피한 삶의 과정이고, 때로는 급작스럽고 불가항력적 상황이기도 하다. '위기'라는 용어는 다양한 장면에서 사용되면서 여러 가지 개념으로 정의된다.

위기(crisis)의 사전적 의미는 위험한 고비나 시기를 말한다. 그리고 위기의 상담학적 정의를 살펴보면, 위협적이거나 고통스러운 상태로, 갑작스러운 사건이나 상황에 직면하여 적절하게 대처하지 못하는 상태를 의미한다(김춘경 외, 2016).

길리랜드와 제임스(Gilliland & James, 1997)는 개인이 현재 지니는 대처 기제와 자원으로 해결하거나 감당하기 어려운 사건 또는 상황을 지각하거나 경험하는 것이 위기라고 정의하였다(김춘경 외, 2016 재인용).

이렇듯 위기는 대체로 부정적인 사건으로 여겨지지만, 반대로 위기상황에서 익숙하지 않은 사건을 해결하는 새로운 대처방법을 찾아낸다면 스스로 성숙시키는 기회로 작용할 수도 있다(황순길 외, 2016 : 4).

1) 위기청소년의 개념

경제협력개발기구(OECD)는 위기청소년(youth at risk)을 “빈곤, 부모의 양육 및 지도 감독 부재, 가출 및 노숙, 소년원 등 구금시설에 있는 청소년, 학대 및 방임, 인체면역결핍바이러스 감염인/ 후천성면역결핍증 환자(HIV/AIDS) 등 보건 및 건강상의 문제, 장애를 포함하여 특별한 교육적 요구(special educational needs)가 있는 청소년” 등 사회적 · 교육적 지원이 필요한 대상으로 정의하였다(김현진 외, 2018 : 15; 황여정 · 이정민, 2020; OECD, 2007).

이 외에도 국외의 경우, 위기청소년 개념에 일반적으로 학교에서의 실패, 유해약물 오남용, 소년사법체계 연루, 10대 임신 등 위기행동(risk behavior)을 포함하여 정의하기도 한다(김현진 외, 2018 : 16).

우리나라의 위기청소년에 대한 법적 정의를 살펴보면, 청소년복지지원법 제2조제4호는 “위기청소년이란 가정 문제가 있거나 학업 수행 또는 사회 적응에 어려움을 겪는 등 조화롭고 건강한 성장과 생활에 필요한 여건을 갖추지 못한 청소년을 말한다”고 명시하고 있다(국가법령정보센터, 2020.4.21).

국내의 연구에서 윤철경 등(2006)은 위기청소년의 개념을 넓은 의미로 정의하였는데, 구체적인 위기행동을 경험하고 있는 청소년들뿐만 아니라, 위기상황을 초래할 수도 있는 바람직하지 않은 환경에 놓여 있는 청소년들도 포함한다고 하였다.

또 한국청소년상담원(2008)에서 정의한 위기청소년은 대체로 청소년 개인과 청소년을 둘러싼 가족, 학교, 또래, 지역사회에서 다양한 수준의 문제가 존재하고 이러한 문제들이 상호작용을 통해 더욱 발달되거나 완화될 수 있는 상태에 있는 청소년으로 정의했다.

한국청소년상담복지개발원에서 청소년의 위기실태를 조사하기 위한 연구에서는 위기청소년이란 개인적 · 가족적 · 교육적 · 사회적 위기상황에 처해 있거나 그러한 위기상황에 노출될 가능성이 있는 청소년으로서 적절한 개입 없이는 정상적인 발달은 물론 학교생활이나 직업생활을 영위해 나가기 어려운 청소년이라고 정의했다(황순길 외, 2015).

한편 황여정 등(2020)은 위기청소년의 개념을 설정할 때 고려해야 할 핵심요소 네 가지를 다음과 같이 설정하였다.

첫째, 위기의 본질이다. 위기청소년이 처한 위기의 본질은 과업의 불이행이라기보다는 환경의 영향에 있다고 보았다. 국내에서 이루어진 위기청소년에 대한 다양한 연구에서 초기에는 청소년기에 수행해야 할 과업의 불이행으로 보는 관점이 있었지만, 점차 한계를 유발한 상황이나 환경에 주목하는 방향으로 이행된 점을 반영하였다.

둘째, 위기의 범위이다. 위기의 연속성을 강조하여 위기의 범위를 위기행동을 경험하고 있거나, 위기상황에 있는 청소년은 물론 위기상황을 초래할 수도 있는 바람직하지 않은 환경에 처해 있는 청소년들까지도 포함하였다.

셋째, 위기의 소재(locus)이다. 이는 생태학적 체계이론의 관점을 바탕으로 개인, 가정, 또래 · 학교, (지역)사회적 요인을 포괄하였다.

넷째, 개입의 필요성은 위기청소년에 대한 변화 가능성을 반영하였다. 이는 위기상황에 처해 있거나, 위기상황에 노출될 가능성이 있다 하더라도, 적절한 개입과 보호요인의 작동을 통해 위기를 극복하고 정상발달이 가능하다는 것을 의미한다.

이러한 핵심요소를 고려하여 위기청소년이란 개인적, 가족적, 교육적(또래 · 학교), 사회적으로 위기상황에 있거나 그러한 상황에 노출될 가능성이 있는 자로서, 정상적인 발달과 성공적인 성인기 이행을 위해서는 적절한 개입이 요구되는 청소년으로 정의하였다.

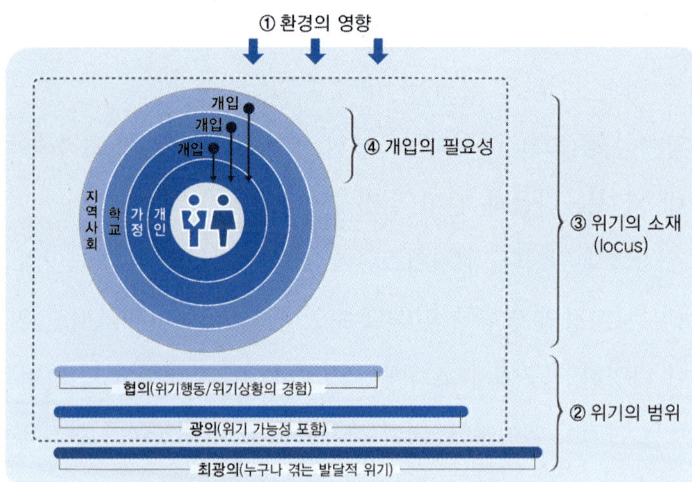

|그림 9-1| 위기청소년 개념의 핵심요소

출처 : 황여정 외(2020). 위기청소년 현황 및 실태조사 기초연구, p. 50.

지금까지 살펴본 여러 정의를 살펴보면, 위기청소년이 처한 상황의 영향을 강조하는 점과 나아가 위기상황에 처할 가능성까지 관점이 넓어진 것을 볼 수 있다.

2) 위기청소년의 유형 및 실태

청소년의 위기는 그 수준과 층위가 매우 다양하며, 위기청소년의 범위도

대단히 넓다. 앞서 살펴본 위기청소년의 개념에서도 알 수 있듯이 위기청소년은 어떤 특별한 집단이 아니라 위기 수준, 위기의 유형 등 다양한 위기상황에 처한 청소년 집단이며 적절한 개입이 없다면 심리 · 사회적 어려움에 빠질 가능성이 많은 집단을 의미한다.

위기에 직면한 청소년에게 효과적으로 지원하기 위해서는 위기 수준과 위기와 관련된 요인을 구체적으로 살펴볼 필요가 있다. 위기청소년에 대한 위기 수준과 위기 요인, 위기 유형을 분류한 국내 연구 내용을 살펴보면 다음과 같다.

(1) 청소년의 위기 수준

① 지승희 등의 위기 수준 4단계

우리나라에서 진행된 연구 가운데 지승희 등(2006)은 위기 수준을 4단계로 분류하여 제시하였다. 위기청소년을 발굴하여 개입 · 지원할 수 있는 위기상황을 문제행동 영역, 환경적 영역, 정신건강 영역으로 설정하고, 위기상황의 수준을 위험성 관점에서 평가하였다. 이때 위험성은 '드러난 위기상황이 자신과 타인에게 얼마나 심각한 피해를 주고 있는지'의 정도를 평가하는 기준이다(Heaton, 2005, 지승희 외, 2006 재인용). 구체적인 내용을 정리하면 〈표 9-1〉과 같다.

〈표 9-1〉 지승희 등의 청소년 위기 수준 4단계

위기 구분	내 용	
1수준 (고위험군)	위험성	자신과 타인에게 심각한 피해를 주는 파괴적인 위기상황이 나타나는 단계
	문제행동	자살 시도, 집단폭행, 반 전체의 왕따, 성매매, 은둔형 외톨이, 게임중독의 문제행동
	환경	부모의 학대, 유기, 경제적 빈곤 등 열악한 가정환경
	정신건강	병원치료를 받아야 할 정도의 정신건강 문제
2수준 (위험군)	위험성	파괴적이지는 않지만, 위기상황이 나타나는 단계
	문제행동	자살에 대한 잦은 생각, 친구들의 왕따, 도벽, 가출경험, 무단결석 등
	환경	부모와의 갈등, 의사소통 결여
	정신건강	심리적 문제를 개인 스스로 통제하지 못하는 상태
3수준 (잠재적 위험군)	위험성	위기상황이 나타날 잠재적 조건을 갖춘 경우
	문제행동	흡연 및 음주
	환경	비행 친구들과 어울림, 교사와의 갈등, 유해환경 노출 등
	정신건강	심리적으로 취약한 상태
4수준 (정상군)	위험성	문제 및 잠재적 조건을 보이지 않는 경우
	문제행동	
	환경	
	정신건강	

출처 : 황여정 외(2020). 위기청소년현황 및 실태조사 기초연구, p. 30.

② 버트, 레스닉 & 매더슨의 위기 수준 4단계

국외 연구에서 청소년의 위기 수준을 설명할 때 버트, 레스닉과 매더슨(Burt, Resnick & Matheson)이 제시한 위기 수준 분류가 많이 언급된다. 버트 등(1992)은 위기 수준을 낮은 수준인 위기 전조(risk antecedents) 단계에서부터, 위기 표식(risk markers), 위기 행동(risk behaviors), 가장 심한 수준인 위기 결과(risk outcomes)까지 진행되는 것으로 설명했다. 위기 진행 단계에 대한 구체적인 내용은 다음과 같다(황순길 외, 2016 : 10 재인용).

- **위기 전조**(risk antecedents)는 빈곤, 가족의 사회경제적 지위, 이웃 환경 등 청소년들에게 부정적 영향을 끼쳐 문제를 일으킬 우려가 있는 환경 요소를 말한다.
- **위기 표식**(risk markers)은 가정불화가 심한 가정환경, 친구와의 불화, 정체성의 위기, 부모의 이혼, 자연재해 등 청소년이 처해 있는 상황적 · 맥락적 요인의 상호작용 과정에서 발생하는 것을 의미한다.
- **위기 행동**(risk behaviors)은 흡연 및 음주, 성매매, 자살 충동 및 시도, 비행 친구들과의 교류, 성매매 등 자신이나 타인의 심리적 · 신체적 안녕을 위협하는 행동을 말한다. 이는 위기 전조나 위기 표식의 징후를 보이는 청소년들에게 나타나는 부정적인 행동이다.
- **위기 결과**(risk outcomes)는 가출, 범죄, 학업중단, 자살 등 청소년들이 가정, 학교, 지역사회에서 이탈하여 명백하게 부정적인 행동을 하는 것을 의미한다.

③ 맥화이터의 위기 수준 5단계

맥화이터 등(McWhiter, et al., 2004)은 위기청소년의 위기 수준을 5단계의 스펙트럼으로 구분하여 제시하였다. 구체적인 내용은 다음과 같다(윤철경, 2005 : 13 재인용).

- **최저위기**(minimal risk)는 양호한 사회경제적 배경을 가지고 있고, 학교나 가족 환경, 사회관계가 긍정적이며 스트레스 요인이 거의 없는 상태를 말한다.
- **저위기**(remote risk)는 최저위기에 비교해 다소 부족한 사회경제적 배경

을 갖고 있으며, 가정, 학교, 사회관계가 미흡하다. 또 몇 가지 스트레스 요인이 있는 단계이다.

- 고위기(high risk)는 부정적인 가족, 학교, 사회관계를 경험하고, 스트레스 요인이 많다. 또 부정적인 태도나 감정, 기술 부족 등 개인적 위기 징후로 발전하는 단계이다.
- 위기 행동 입문(imminent risk)은 청소년이 어느 한 가지 유형의 문제행동을 시작하는 단계를 말한다.
- 위기 행동(at-risk category activity)은 이전 단계인 위기행동 입문에서 표출된 행동이 다른 범주의 위기 행동으로 확대되는 단계이다.

(2) 청소년 위기의 요인들

위기청소년 발생은 다양한 위험요인에 노출된 결과로, 위험요인을 많이 보유할수록 위기 노출 가능성은 증가하는 반면, 보호요인은 위기 노출을 억제하는 효과가 있다(황순길 외, 2016). 청소년의 건강한 성장을 돕기 위해 청소년이 위기에 이르게 되는 요인(위험요인)과 위기로부터 청소년을 보호하는 요인(보호요인)에 대해 알아보자.

① 위험요인

위험요인(risk factor)이란 개인이 다른 사람들과 비교해 발달상의 문제를 일으킬 소지가 평균적으로 높은 특성이나 변인을 말한다(Pollard, et al., 1999, 유영준 · 오윤수, 2013 재인용).

황순길 등(2016)의 연구에서는 위기청소년을 발생시키는 위험요인을 개인, 가족, 학교, 또래, 지역사회 수준으로 구분하여 제시하였다.

- **개인 수준**으로는 우울과 불안, 높은 공격성, 충동성, 부주의와 같은 개인적 특성이 있다.
- **가정 수준**에서는 부모와의 갈등 관계, 부모의 방임, 부모 간 갈등, 또는 문제의 가족원을 들 수 있다.
- **또래 수준**에서는 비행 친구와 어울리는 정도가 있으며, 부적절한 또래 관계 형성과 또래 관계 부적응 등이 해당한다.
- **학교 수준**에서는 학교생활의 부적응을 들 수 있다.
- **지역사회 수준**에서는 지역사회의 다양한 유해환경을 들 수 있다.

이 외에도 새로운 위험요인으로 급속한 인터넷 환경의 변화를 꼽을 수 있다. 2022년 10대 청소년 미디어 이용조사에 따르면, 청소년의 인터넷 이용시간은 하루 평균 약 8시간(479.6분)으로 2019년에 비해 1.8배 증가한 것으로 조사됐다. 대부분의 청소년이 온라인 동영상 플랫폼(97.4%), 인터넷 포털(97.3%), 메신저 서비스(95.8%)를 이용하는 것으로 나타났다(한국언론진흥재단, 2022). 인터넷 이용률 급증에 따라 사이버폭력 피해노출이 증가되고, 기존 향락문화, 개인화, 비행 하위문화 공유 등도 문제점으로 지적되고 있다.

또 청소년들이 자주 보는 인터넷 개인방송에서 장난을 빙자한 범죄까지 생중계되고 있다. 인터넷 개인방송, SNS 등을 통해 자신의 범죄 행위를 자랑하기도 하는 등 새로운 문제점들이 노출되고 있다(김현진 외, 2018 : 41)

② 보호요인

황순길 등(2016)의 연구에서는 보호요인(protective factor)을 다섯 가지 수준으로 나누어 제시하였다. 먼저 **개인 수준**으로는 높은 자기 존중감, 뚜렷한 목표의식, 적극적 대처의 성격 등이 있다. 다음으로 **가정 수준**에서는 가족의 관심과 신뢰, 또래 수준에서는 원활한 친구와의 관계가 해당한다. 학교 수준에서는 교사의 관심과 관계를 강조했다. 지역사회 수준에서는 지지체계와 각종 지원 프로그램을 들 수 있다.

최근 연구에서는 회복탄력성(resilience)을 보호요인으로 제안하기도 한다. 예를 들면, 위기청소년 개입에 있어 핵심목표로 회복탄력성을 설정하는 것이다. 회복탄력성은 청소년들이 위험요인에 노출되더라도 부정적인 위기결과로 이어지지 않고 정상적인 발달궤도를 유지할 수 있는 특성을 말한다. 마스텐(Masten, 2001)의 연구에서는 역경의 부정적 영향을 감소시켜서 청소년의 적응에 긍정적 영향을 미치는 과정 설명으로 위험요인과 회복탄력성의 주효과 모형(main effect model), 매개효과 모형(mediate model of risk and resilience), 상호작용 모형(interaction model)이 있다고 한다(황순길 외, 2016 : 9 재인용).

주효과 모형은 보호요인이 증가하면 위험요인의 영향력이 감소한다는 것이며, 매개효과 모형은 보호요인이 위험요인의 영향을 간접적으로 완화시키는 것이다. 상호작용 모형은 보호요인이 위험요인을 조절하여 위험요인의 영향을 감소시키는 관점이다(황순길 외, 2016 : 9).

또 다른 연구에서 보호요인으로 도출된 것은 사회자본(social capital)이다. 객관적으로 취약한 환경에 속해 있더라도 위기에 처하지 않는 청소년들은 열악한 환경에 대처하는 다양한 능력과 역량을 보유하고 있다. 이와 관련하여 대표적으로 언급할 수 있는 것이 바로 사회자본, 즉 자신을 둘러싼 유의미한 타자(significant others)와 맺고 있는 관계라는 것이다(윤철경 외, 2005 : 17). 예를 들면, 가까운 또래 친구, 지역사회의 종교인, 선배, 학교 선생님, 청소년기관 실무자 등을 들 수 있다.

이와 같은 사회자본은 청소년에게는 정서적 지지와 격려, 조언을 제공해 주고, 특히 위기청소년에게는 생존과 성공에 필요한 자원을 제공해 주는 역할을 한다(윤철경 외, 2005 : 17).

(3) 위기청소년의 유형 및 실태

구본용 등(2005)은 위기청소년의 경우 한 가지 위험요인을 가지고 있기보다 동시에 두 가지 이상이 복수로 중복되어 나타날 경향이 있음을 보여준다고 하였다. 이것은 청소년들에게 발생될 수 있는 위기문제들이 상호 연관성을 가지고 있다는 것을 의미한다. 그러므로 위기청소년에 대한 개입은 어느 한 영역에 대한 것이 아니라 청소년이 처한 복수의 위험요인에 대한 것이어야 한다고 강조하였다.

황여정 등(2020)의 연구에서 날이 갈수록 청소년 보호 · 복지 정책에서 중요한 비중을 차지하는 위기청소년 분야에 체계적인 통계자료를 구축하기 위해 위기청소년의 현황 및 실태조사를 진행하였다. 위기청소년의 광범위하고 다양한 유형과 범주를 설정하고, 이를 토대로 규모를 추정하였다. 특히 위기청소년의 범주를 학술적으로 논의된 내용뿐만 아니라, 기존 법령과 정책에서 정하는 내용을 종합적으로 정리하여 제시하였다(표 9-2 참조). 구체적인 내용을 살펴보면 다음과 같다.

청소년 분야 법령에서 확인할 수 있는 위기청소년의 세부 유형으로는 빈곤, 가출, 비행 · 일탈, 학교 밖 청소년, 요보호, 가정폭력 · 학대 피해, 이주배경, 일상생활 부적응, 청소년 한부모, 성매매 · 성폭력 피해, 인터넷 게임 중독, 약물 중독, 환각물질 중독, 학습 · 정서 · 행동 장애 청소년 등이 언급되었다.

복지 분야 법령에서는 빈곤, 요보호아동(보호자의 보호를 받지 못하는 18세 미만 아동), 아동학대 피해자, 약물 · 알코올 중독, 정서 · 행동 · 발달 장애, 성폭력 피해자 등이 도출되었다.

교육 분야 법령에서는 학교폭력 가해 · 피해 학생과 장애학생이 특별히 언급되었다.

소년법에서는 범죄 · 비행 관련 청소년에 대해 '반사회성이 있는 소년'으로 표현하고, 소년범의 취급 범위에 범죄 · 촉법 · 우범 소년, 집단으로 몰려다니며 주위 사람들에게 불안감을 조성하는 경우, 정당한 사유 없는 가출, 음주, 소란, 유해환경 접촉 성향이 있는 청소년 등을 명시하였다.

이러한 자료를 바탕으로 황여정 등(2020)은 위기청소년의 범주를 다가족적 위기, 교육적 위기, 개인적 위기, 사회적 위기로 구분하였다. 그리고 각각의 범주에 빈곤, 가출, 가정폭력 · 학대, 학교부적응, 학교폭력 가 · 피해, 유해약물 이용, 인터넷 · 스마트폰 과의존, 게임 과몰입, 도박 중독, 범죄 가 · 피해, 심리 · 정서적 위기청소년이 세부 유형으로 포함되었다.

〈표 9-2〉 위기청소년관련 법령에서 도출된 위기청소년 세부 유형

구 분	세부 유형	범주화
청소년 분야 법령	• 빈곤 청소년 • 비행 · 일탈 청소년 • 학교 밖 청소년 • 보호자의 보호를 받지 못하는 청소년 • 가정폭력 · 학대 피해 청소년 • 가출 청소년 • 이주배경 청소년 • 일상생활 부적응 청소년 • 청소년 한부모 청소년 • 성폭력 · 성매매 피해 청소년 • 인터넷 게임 중독 청소년 • 약물(환각물질 포함) 중독 청소년 • 학습 · 정서 · 행동 장애를 가진 청소년	1. **가족적 요인** • 빈곤 청소년 • 가정폭력 · 학대 피해 청소년 • 가출 청소년 • 보호자의 보호를 받지 못하는 청소년 • 청소년 (한)부모 2. **교육적(또래 · 학교) 요인** • 학업중단 청소년 • 학교 밖 청소년 • 학교폭력 가 · 피해 청소년

<table>
<tr><td>복지 분야 법령</td><td>• 빈곤 청소년
• 보호자의 보호를 받지 못하는 청소년
• 학대 피해 청소년
• 약물 · 알코올 중독 청소년
• 정서 · 행동 · 발달 장애를 가진 청소년
• 성폭력 피해 청소년</td><td rowspan="3">3. 개인적 요인
[중독 성향]
• 약물 · 알코올 · 환각물질 중독 청소년
• 인터넷 게임 중독
[기타]
• 학습 · 정서 · 행동 · 발달 장애
• 장애학생
• 일상생활 부적응
• 유해환경 접촉 성향

4. 사회적 요인
• 범죄(비행 · 일탈) 청소년
• (성)범죄 피해 청소년
• 이주배경 청소년</td></tr>
<tr><td>교육 분야 법령</td><td>• 학교폭력 가해 청소년
• 학교폭력 피해 청소년
• 장애학생(학교폭력으로 피해를 입은 장애학생)</td></tr>
<tr><td>소년사법 분야 법령</td><td>• 반사회적 청소년
• 범죄를 저지른 청소년(촉법소년 포함)
• 다음의 사유가 있는 우범 청소년
– 집단적으로 몰려다니며 주위 사람들에게 불안감을 조성하는 성향이 있는 청소년
– 정당한 이유 없이 가출한 청소년
– 음주, 소란 · 유해환경 접촉 성향이 있는 청소년</td></tr>
</table>

출처 : 황여정 외(2020). 위기청소년의 현황 및 실태조사 기초연구, p. 68.

다음으로 황여정 등(2020)은 위기청소년정책 유관부처인 보건복지부, 교육부, 법무부의 시행계획을 검토하고, 이를 토대로 지원 대상이 되는 위기청소년의 세부 유형을 분류한 결과도 제시하였다.

보건복지부 정책은 주로 빈곤 청소년과 가정폭력이나 학대 등을 경험한 요보호아동 · 청소년, 그리고 비행 · 범죄 청소년을 대상으로 하고 있으며, 가출, 학교 밖 청소년, 약물 중독, 이주배경 청소년, 장애 및 결손가정 청소년도 포함하고 있다.

교육부가 관심을 기울이는 위기청소년의 세부 유형은 학업중단이나 학교부적응, 학교폭력 같은 교육적 이슈에 집중되어 있었고, 그 외에는 빈곤 청소년과 이주배경 청소년, 정서 · 행동 발달이나 자살 · 자해 문제가 있는 청소년, 그리고 구조적 결손가정 청소년 등도 정책적 관심 대상으로 파악되었다.

법무부가 대상으로 하는 위기청소년의 세부 유형은 비행 · 범죄, 학교폭력, 가정폭력 · 학대 · 방임 등 사법적 개입이 요구되는 경우가 주종을 이루었다.

또 그 밖의 부처에서 시행 중인 위기청소년 지원 정책과 지원 대상이 되는 위기청소년 세부 유형이 표시되어 있다. 여기에서는 인터넷 과의존, 가출 또는 실종, 빈곤, 학교 밖 청소년, 비행 · 범죄, 이주배경 청소년이 위기청소년관련 정책의 지원 대상으로 파악되었다.

다음으로 위기청소년의 실태를 간략하게 살펴보자. 우리나라는 2000년대 이후로 초저출산 국가에 진입하였으며, 이로 인해 청소년 인구는 급격하게 감소하는 추세이다. 하지만 다양한 사회환경의 변화로 학업 중단, 가족 갈등, 정서불안, 가출 등 위기 유형별 청소년 규모는 증가하고 있다(제7차 청소년정책 기본계획, 2023; 위기 · 취약 청소년지원정책 개선방안, 2022).

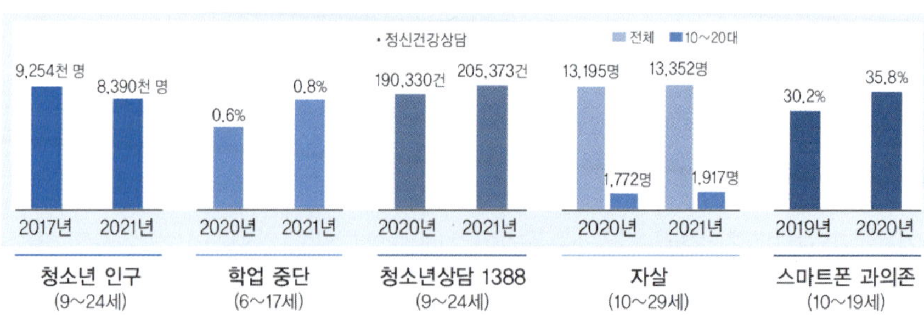

|그림 9-2| 청소년 인구 및 위기 · 취약 청소년의 변화

출처 : 통계청(국가통계포털); 교육부(교육기본통계); 여가부(청소년상담 1388).

최근 청소년들 사이에 자해의 광범위한 확산, 자살 시도, 인터넷 스마트폰 과의존, 게임 과몰입 등 정신건강 문제가 증가하고 있으며, 청소년 비행도 갈수록 저연령화, 범죄화되어 사회문제가 되고 있다. 청소년문제가 심각해지고 복잡해짐에 따라 청소년이 당면한 위기상황을 정확히 이해하여 예방적 차원에 조기개입이 필요하다. 또 위기청소년 대상 정책이 효과적이고 체계적으로 이루어져 한 명의 청소년도 놓치지 않을 수 있게 관심을 가지고 지원할 수 있어야 한다.

이제 우리나라에서 청소년은 선거뿐만 아니라 소비와 문화, 정치, 사회 부분에서 중요한 주체이자 참여자이다. 청소년이 안전하게 성장할 수 있도록 위기에 처한 청소년을 제대로 바라볼 필요가 있다.

2. 취약청소년의 이해

1) 취약청소년의 개념 및 유형

취약(계층)청소년의 개념을 정의할 때, 취약성의 절대적 기준을 설정하는 것은 어렵다. 하지만 보편적으로 처한 환경이나 여건이 상대적으로 열악하여 삶에 대한 만족도가 낮은 경우를 취약계층으로 정의할 수 있다. 물론 삶에 대한 만족이 개인의 성향과 기질에 의해 일정 부분 영향을 받지만, 외적인 요인에 의해서도 영향을 받는다.

취약(계층)청소년의 개념에 관한 국내 연구를 살펴보면, 김성식(2020)은 취약계층을 여섯 가지 구분기준, 즉 경제, 문화, 지역, 가족, 개인, 디지털 요인으로 나누었다. 구체적으로 살펴보면 경제적 관점에서 저소득이나 빈곤, 문화적 관점에서 다문화, 탈북, 난민 등의 이주배경으로 나누었다.

지역 차원에서 농산어촌이나 도시낙후지역, 가족 차원에서 한부모 가정이나 가정 내 자녀에 대한 학대 혹은 방임, 개인 차원에서 성, 연령, 장애, 디지털 요인으로 디지털 미디어에 대한 접근이나 활용의 격차 등을 꼽았다. 이렇게 다차원적 측면에서 열악한 환경에 놓인 청소년이 취약(계층)청소년으로 정의 및 구분하였다.

한편 홍성효 등(2022)의 연구에서는 취약(계층)청소년을 다음과 같이 정의하였다. 취약(계층)청소년은 청소년기에 있어 어떠한 환경이나 여건의 변화가 해당 청소년의 삶에 대한 만족에 유의한 영향을 정의할 수 있다고 한다.

또 취약(계층)청소년을 정의할 때, 취약성에 대한 구분기준을 다음과 같이 제시하였다.

- **경제적 요인** : 기초생활보장수급자 혹은 차상위계층을 포함하는 저소득 가구
- **문화적 요인** : 재국민, 무국적, 국인 등을 포함하는 다문화가정과 북한이탈가족
- **가정 및 가구 구성 요인** : 입양아, 한부모 가정, 조손가정, 장애인이 있는 가정, 가정 밖 청소년, 가정 학대 및 가정폭력 피해 청소년, 소년소녀가장, 범죄피해가정 청소년, 실종 청소년, 청소년(한)부모, 나홀로(돌봄)청소년
- **학교요인** : 학교 밖 청소년, 학교폭력 피 · 가해 청소년, 비행 · 범죄청소년, 학교 부적응 청소년, 학업중단 위기 청소년, 의무교육단계 미취학 청소년

- 지리적 요인 : 농산어촌, 도시낙후지역
- 개인 속성 요인 : 장애 청소년, 중독 청소년, 정신건강 위험(자살, 자해, 우울 등) 청소년, 성매매 청소년, 또래와 비교해 학업성적이 현저히 낮은 청소년, 은둔형 외톨이 등

2) 새로운 유형의 취약청소년

2023년 2월에 발표된 제7차 청소년정책 기본계획(2023~2027)에는 코로나19와 디지털 전환시대의 영향에 따라 은둔형 외톨이, 가족돌봄청소년(영 케어러, Young Carer), 디지털 중독(사이버 도박 등)과 같은 새로운 형태의 취약 청소년도 대두되고 있다(관계부처 합동, 2023). 여기서는 은둔형 외톨이, 가족돌봄청소년에 대해 구체적으로 알아보자.

(1) 은둔형 외톨이 청소년

은둔형 외톨이 청소년은 장애나 정신질환의 특별한 은둔의 계기가 없으면서 3개월 이상 방 또는 집에서 나가지 않고 학업이나 직업의 사회적 활동을 하지 않으며, 친구가 1명 이하인 9세에서 24세 청소년으로 불안, 심리적 어려움을 갖는 경우로 정의할 수 있다(윤철경, 2021; 한국청소년상담원, 2006).

청소년기에 은둔 생활을 시작했을 경우, 성인기에 은둔 생활을 시작한 경우보다 더 빨리 은둔 생활을 벗어나기도 했지만, 반대로 장기화가 될 가능성도 있는 것으로 나타났다(광주광역시 은둔형 외톨이 실태조사, 2020). 이에 은둔형 외톨이의 징후를 보이는 청소년을 조기에 발굴 및 개입하였을 때 은둔의 장기화를 막고 성공적인 사회복귀가 가능할 것이다.

은둔형 외톨이 청소년은 은둔의 정도, 은둔의 계기, 정신병리적 증상의 유무와 정도, 인터넷 중독, 폭력 같은 기타 행동적 문제에 따라 다양한 양상을 보인다. 이에 은둔형 외톨이 청소년에게 필요한 서비스를 제공하기 위해서는 지역사회 내의 다양한 유관 · 전문기관들이 연계하여야 한다(한국청소년상담원, 2006).

관련기관과 전문가들이 은둔형 외톨이 당사자와 가족에게 서비스를 제공하는 것 외에도, 은둔 당사자와 가족에게 심리적 지원과 위로가 될 수 있고, 피치 못할 돌발 상황에 은둔 당사자를 보호, 지원할 수 있을 만한 이웃, 친인척, 친구, 동료의 지지체계를 구축하는 것이 필요하다.

(2) 가족돌봄청소년

우리나라는 청소년정책위원회에서 아픈 가족원을 돌보는 청소년 및 청년을 '가족돌봄청년'으로 명명하고 보건복지부 연구에서 사용하고 있다. 현재 지원 대책 수립방안을 발표하는 공식적인 정의를 구체화하려고 노력하고 있다(관계부처합동, 2022, 최영준, 2022 재인용).

국외에서는 가족의 질병, 신체적/ 정신적 장애로 인해 장시간 돌봄과 생계를 책임지고 있는 8~18세, 25세까지의 청소년을 영 케어러로 정의하고 있다. 만성질환이나 신체장애, 정신적 문제로 장기간 돌봄과 간호, 관찰이 필요한 가족을 마땅히 돌볼 사람이 없을 때, 도움이 필요한 가족을 돌보는 청소년을 말한다.

케어러(carer)는 '돌보다'를 뜻하는 동사 care에 -er를 덧붙인 말이며 영(young)은 '젊다, 어리다', '나이가 어린 사람'을 뜻한다. 이미 2000년대 초반부터 이들에 관한 관심을 가지고 법을 제정, 지원하는 국가들, 즉 영국과

호주에서는 이들을 영 케어러(Young Carer)로 규정하고 있다.

제7차 청소년정책 기본계획에서는 가족돌봄청소년에 대해 실태조사를 추진하고 그 결과를 바탕으로 돌봄, 가사, 교육, 휴식 지원 가족돌봄청소년 복지 욕구에 맞는 맞춤형 사회서비스를 계획하고 있다(관계부처 합동, 2023).

3. 위기·취약청소년 위기지원

1) 청소년안전망(지역사회청소년통합지원체계)

청소년의 건강한 성장을 위해 지역사회 내 청소년관련 자원을 연계하여, 학업중단, 가출, 인터넷 과의존 위기청소년에 대한 상담 · 보호 · 교육 · 의료 · 자립 맞춤형 서비스를 제공하는 사업으로, 위기청소년의 발견 · 구조 및 상담 · 보호 · 자립 지원을 위한 맞춤형 서비스이다. 2019년 'CYS-Net' 사업 명칭이 '청소년안전망'으로 변경되었다.

청소년안전망 사업은 (위기)청소년 및 그 부모, 가족이 겪고 있는 위기상황에 대해 상담을 하고, 필요한 경우 보다 심화된 보호 · 교육 · 자립 맞춤형 서비스를 지원한다.

이용 대상자는 청소년(만9세~만24세)과 그 가족이라면 누구나 가능하다. 또 중 · 고위기청소년에게는 청소년동반자를, 가출 청소년에게는 청소년쉼터를, 인터넷 과의존인 경우 인터넷 과의존 치유프로그램을, 학교 밖 청소년에게는 학교밖청소년지원센터를 연계 지원한다. 아울러 위기청소년을 조기 발견하고자 아웃리치를 실시하며, 위기청소년에 대한 일시보호 및 긴급 지원도 실시한다.

청소년안전망의 서비스 종류에는 청소년전화 1388, 청소년동반자, 1388 청소년지원단이 있다.

청소년전화 1388에서는 365일 24시간 청소년과 관련된 고민상담부터 긴급한 위기문제해결까지 종합적인 서비스를 받을 수 있는 청소년전화 1388을 운영 · 지원한다.

청소년동반자(Youth Companion) 서비스는 도움이 필요한 위기청소년을 직접 찾아가 정서적 지지, 심리상담, 지역자원 및 기관 연계를 제공한다.

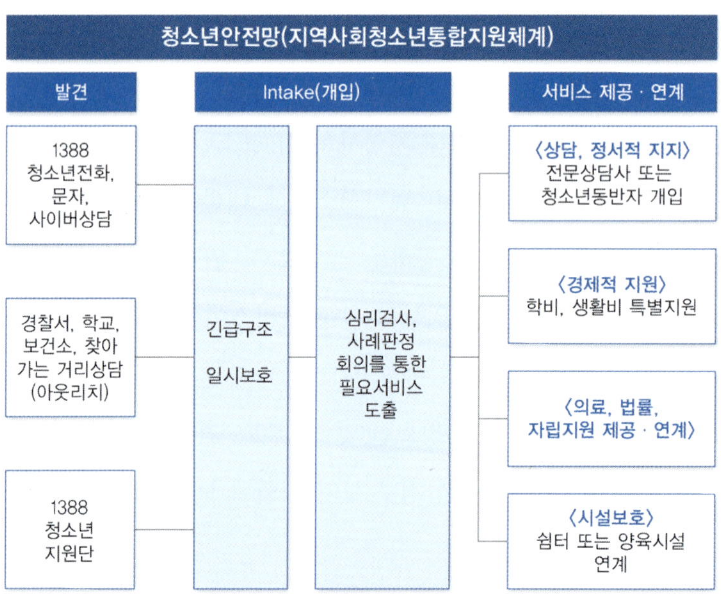

|그림 9-3| 청소년안전망 운영체계

출처 : 청소년안전망 설명자료(2023).

1388청소년지원단은 위기청소년을 조기에 발견하고 지원하기 위한 민간의 자발적 참여조직으로서 전국의 청소년상담복지센터에 소속되어 발견·구조, 의료·법률, 복지지원, 상담·멘토 등 다양한 활동을 수행한다. 지역사회 내 약국, 병원, PC방, 노래방, 택시회사, 학원, 자원봉사자, 변호사, 교사 등이 참여하여 위기청소년에 대한 맞춤형 서비스를 제공하고 있다.

2) 청소년쉼터

청소년복지지원법 제31조제1호에서 규정하는 청소년쉼터는 가정 밖 청소년에 대하여 가정·학교·사회로 복귀하여 생활할 수 있도록 일정 기간 보호하면서 상담·주거·학업·자립 등을 지원하는 시설이다.

청소년쉼터는 위기청소년을 가정과 사회로 복귀시키기 위해 생활보호, 상담서비스, 자립역량 강화 활동, 고충처리서비스, 문화활동 프로그램 등을 제공한다. 청소년쉼터에서 제공하는 서비스를 보다 전문화하고 차별화하기 위해 쉼터의 유형을 일시쉼터, 단기쉼터, 중장기쉼터로 특성화하여 운영하고 있다(여성가족부, 2019).

쉼터의 유형에 따라 제공되는 서비스에 차이가 있으나 모든 청소년쉼터는 가정 밖 청소년의 일시보호 및 숙식 제공, 가정 밖 청소년의 상담·선도·수련활동, 학업 및 직업훈련 지원 활동, 청소년의 가출 예방을 위한 거리상담활동, 그 밖에 청소년복지지원에 관한 활동, 지역사회 청소년안전망과 연계 협력 강화, 청소년전화 1388과 청소년상담지원센터와의 연계를 통한 상담 및 선도·보호 서비스 확충 등의 역할을 하고 있다(국가기록원, 2021).

청소년쉼터의 종류와 이용대상 및 핵심기능에 대한 구체적인 내용은 〈표 9-3〉과 같다.

〈표 9-3〉 청소년쉼터의 종류

구 분	일시쉼터	단기쉼터	중장기쉼터
보호기간	24시간~7일 이내 일시보호	3개월 이내 단기보호 * 3개월씩 2회에 한하여 연장 가능(최장 9개월)	3년 이내 중장기보호 * 1회 1년에 한하여 연장 가능(최장 4년)
이용대상	가출 · 거리배회 · 노숙 청소년	가출 청소년	자립의지가 있는 가정 밖 청소년
핵심기능	일시보호 및 거리상담 지원(아웃리치)	심리 · 정서 상담지원 사례관리를 통한 연계	심리 · 정서 상담지원, 학업지원, 사회복귀를 위한 자립지원
기 능	• 위기개입상담, 진로지도, 적성검사 등 상담서비스 제공 • 가정 밖 청소년 조기구조 · 발견, 단기청소년쉼터와 연계 • 먹거리, 음료수 등 기본적인 서비스 제공 등 • 의료서비스 지원 및 연계	• 가정 밖 청소년문제해결을 위한 상담 · 치료 및 예방 활동 • 의식주, 의료 등 보호서비스 제공 • 일시 · 중장기청소년쉼터와 연계 • 가정 및 사회복귀 대상 청소년 분류, 연계 서비스 * 저연령 청소년(13세 이하)은 아동복지시설, 아동보호전문기관 등에 연계 권장	• 가정복귀가 어렵거나 특별히 장기간 보호가 필요한 위기청소년을 대상으로 학업 · 자립 지원 등 특화된 서비스 제공 * 저연령 청소년(13세 이하)은 아동복지시설, 아동보호전문기관 등에 연계 권장

출처 : 여성가족부(2022). 2022년 청소년사업안내 2, p. 189.

청소년쉼터의 현황을 살펴보면, 2022년 기준으로 일시청소년쉼터 32개소, 단기청소년쉼터 67개소, 중장기청소년쉼터 39개소로 전국에 138개소가 운영되고 있다(청소년정책분석평가센터, 2023).

3) Wee 프로젝트

Wee 프로젝트는 교육부 주관부처로 2008년부터 운영되어 오고 있는 학교상담 정책 사업이다. 학교, 교육청, 지역사회의 긴밀한 협력을 통해 위기 학생을 예방하고 종합적인 지원체계를 구축하는 것을 목표로 한다(위 프로젝트 공식홈페이지, 2023).

Wee 프로젝트는 1차 안정망인 Wee 클래스, 2차 안전망 Wee 센터, 3차 안전망 Wee 스쿨로 구성되어 있으며, Wee 프로젝트를 운영하는 Wee 기관은 2020년 11월 기준 Wee 클래스 6,931개소, Wee 센터 206개소, Wee 가정형 18개소, Wee 스쿨 17개소가 있다. 특히 위기학생에 대한 지원은 2차 안전망인 Wee 센터 서비스를 통해 보다 적극적으로 수행되어 오고 있다. 여기서 위기학생이란 가족적 위기(빈곤, 부모의 이혼, 다문화가정 등), 교육적 위기(학습부진, 학업중단), 개인적 위기(범죄, 가출, 성경험, 폭력, 흡연 등)에 놓인 학생을 말한다.

4) 해바라기센터

여성가족부 주관부처로 2004년 '서울 해바라기아동센터'가 최초로 개소된 이후 2021년까지 '해바라기센터'는 총 39개소가 설치되었으며, 그 기능에 따라 위기지원형 15개소, 아동청소년형 7개소, 통합형 16개소로 분류되어 서비스가 제공되고 있다.

성폭력 · 가정폭력 · 성매매 피해자에 대하여 365일 24시간 상담, 의료, 법률, 수사 지원을 원스톱으로 제공함으로써, 피해자가 폭력 피해로 인한 위기상황에 대처할 수 있도록 지원하고, 2차 피해를 방지하도록 돕는다.

또 19세 미만 성폭력 피해를 받은 아동·청소년과 지적장애인, 개입이 필요한 성인에 대하여 의학적·심리적 진단과 평가 및 치료, 사건조사, 법률지원, 사회적 지원, 지지체계로서의 가족 기능 강화를 위한 상담서비스를 원스톱으로 제공한다.

5) 은둔형 외톨이 지원센터

은둔형 외톨이(히키코모리) 현상은 2000년대 초반부터 정신의학회, 상담학회를 중심으로 논의가 시작되었으나 주로 개인의 정신병리적 문제, 상담치료적 문제로 접근되면서 사회적 대응이 이루어지지 못했다. 최근 들어 은둔형 외톨이 문제는 여러 언론 매체에서 다루면서 본격적으로 사회적 이슈로 제기되었고 이에 부응해 지방자치단체에서 조례 제정을 위한 정책을 시도하고 있다(윤철경, 2022).

국가법령정보센터에 따르면 2023년 11월 9일 기준, 우리나라에서 은둔형 외톨이 지원 조례는 28개 지방자치단체에서 제정되었다. 광주광역시는 지난 2019년 전국 최초로 은둔형 외톨이에 관한 지원 조례를 제정하였고, 2022년 4월 25일 '은둔형 외톨이 지원센터'를 설립하여 운영 중이다.

여성가족부는 '은둔형 외톨이 청소년'은 뚜렷한 이유 없이 3개월 이상 방 또는 집을 나가지 않고 학업이나 직업 등의 사회적 활동을 하지 않는 청소년으로 정의하고, 은둔형 청소년을 위기청소년 특별지원 대상에 포함하여 생활, 건강, 학업, 상담 등을 지원한다. 이러한 지원은 청소년기에 은둔 경험이 시작되어 적절한 조기개입이 이루어지지 못한 채 장기화하는 경우를 줄일 수 있을 것이다. 광주광역시(2020년)의 은둔형 외톨이 실태조사에 따르면, 은둔 생활을 경험한 이들의 약 40%가 청소년기부터 은둔 생활을 시작한 것으로 나타났다.

이렇듯 은둔형 외톨이는 사회, 경제, 문화 등 다양한 원인으로 발생한다. 더는 개인의 문제가 아닌, 사회의 문제로 접근해서 보다 체계적이고 지속적인 지원이 필요한 상황이다.

생각해 보기

- 위기청소년의 개념과 유형에 관해 설명해 보자.
- 은둔형 외톨이의 개념에 관해 설명해 보자.
- 청소년쉼터의 종류와 핵심기능을 설명해 보자.

참고문헌

김동민 · 김동일 · 안지영 · 금창민 · 김민지(2016). 위기청소년 맞춤형 지원 가이드라인 연구. 서울 : 여성가족부.

김춘경 · 이수연 · 이윤주 · 정종진 · 최웅용(2016). **상담학 사전**. 서울 : 학지사.

김현진 · 김지연 · 이승현 · 류지웅(2018). 청소년 비행 예방 및 위기청소년 지원 종합대책 방안연구. 세종 : 경제인문사회연구회

류정희 · 이상정 · 이주연 · 권지성 · 김진석 · 이현주(2021). 보호대상 아동 발생경로와 원가정 지원방안 연구. 세종 : 한국보건사회연구원.

백주미 · 정익중 · 김범구 · 김영화(2010). 취약 청소년 자립지원 모형 개발. 서울 : 한국청소년상담개발원.

송경미 · 조성제(2021). 위기청소년의 인구사회학적 특성에 따른 원가족 자아분화와 정서표현성의 차이 검정. **한국산학기술학회논문지, 22**(10), 509-517.

유영준 · 오윤수(2013). 청소년 위험요인이 위기 결과에 미치는 영향. **지역사회연구, 21**(4), 125-145.

윤철경 · 조흥식 · 김향초 · 이규미 · 우정자 · 윤진선(2006). 위기청소년 지역안전망실태와 발전방안. 서울 : 한국청소년개발원.

윤철경 · 박선영 · 임말희 · 김재희 · 문금화 · 김연정(2021). 은둔형 외톨이 청소년 가족 지원을 입한 입법과제. 서울 : 국회입법조사처.

윤철경 · 박현정 · 서희정 · 이정현 · 황 현(2022). 고립 · 은둔 청년바우처 지원방안 연구. 서울 : 서울특별시 청년허브.

은둔형외톨이지원센터 · 광주광역시(2022). 2022 광주광역시 은둔형외톨이지원센터 결과보고집. 광주 : 은둔형외톨이지원센터.

지승희 · 양미진 · 이자영 · 김태성(2006). 위기청소년 실태조사 연구. 서울 : 한국청소년상담원.

황여정 · 이정민(2020). 위기청소년 현황 및 실태조사 기초연구. 세종 : 한국청소년정책연구원.

한국청소년상담원(2006). **은둔형부적응청소년 상담 가이드북**. 서울 : 한국청소년상담원.

한국청소년상담원(2008). **위기개입-3판**. 서울 : 한국청소년상담원.

황순길 · 김동민 · 강태훈 · 손재환 · 김화연 · 김지혜(2016). 2016년 전국 청소년 위기 실태조사. 부산 : 한국청소년상담복지개발원.

홍성효 · 장수명(2022). 통계자료를 활용한 취약계층 청소년의 취약성 진단과 지원정책 평가. 서울 : 한국청소년정책연구원.

Burt, M. R., Resnick, G., & Matheson, N.(1992). Comprehensive Service Integration Programs for at-Risk Youth. Final Report. Washington, DC : Urban Institute.

OECD. (2007). Education policies for students at risk and those with disabilities in South Eastern Europe.
http://www.oecd.org/education/school/38613229.pdf.

기타 자료

관계부처 합동(2023). 제7차 청소년정책 기본계획.

관계부처 합동(2022). 위기 · 취약 청소년지원정책 개선방안.

관계부처 합동(2021). 위기청소년 지원체계 강화 방안.

사이트

위 프로젝트 공식홈페이지. https://www.wee.go.kr

국가법령정보센터. https://www.law.go.kr

청소년정책분석평가센터. http://www.ypec.re.kr

10

Chapter

청소년 디지털 역량지도

학습목표

- 디지털 역량의 개념과 구성요소를 설명할 수 있다.
- 디지털 리터러시와 디지털 시민역량을 이해하고 설명할 수 있다.
- 인공지능(AI)에 대해 이해하고, 디지털 기술의 역기능에 관해 설명할 수 있다.

학습개요

인간과 기술의 경계가 모호해지는 일상 속에서 불편함 없이 살아가기 위해 누구나 갖추어야 하는 기본 능력(domain-generic)으로 디지털 역량(digital competency)이 강조되고 있다. 특히 코로나19 이후, 디지털 역량은 특정 연령대나 직업군에서만 필요로 하는 역량이 아니라 사적 및 공적 생활을 영위하기 위한 기본 요건이 되었다. 이때 청소년, 즉 디지털 네이티브(digital native)가 갖추어야 하는 디지털 역량은 디지털 리터러시, 시민역량, 디지털 기술 사용자로서 역할 등으로 세분화, 구체화되어 요구된다. 이 장에서는 디지털 역량지도를 위해 디지털 역량의 구성요소, 시민의식, 윤리의식 등에 관해 논의하고, 디지털 기술을 건강하게 활용할 수 있는 방법을 알아볼 것이다.

Chapter 10

청소년 디지털 역량지도

1. 디지털 역량의 이해

1) 디지털 역량의 개념

우리 사회는 컴퓨터와 인터넷을 중심으로 한 지식정보사회(knowledge information society)에서, 사물인터넷 및 인공지능을 기반으로 다양한 분야와 기술이 융·복합되는 디지털 대전환(digital transformation)에 의한 지능정보사회(intelligent information society)로 시대적 전환기를 맞이하고 있다.

2016년 스위스 다보스에서 개최된 세계경제포럼(World Economic Forum)에서 클라우드 슈바프(Klaus Schwab) 회장은 언제 어디서나 인간과 제품 및 서비스가 유기적으로 연결되는 초연결 사회 도래와 초지능 사회(hyper-intelligent), 디지털 전환의 흐름을 구체적으로 예견하며 '4차 산업혁명'이라는 용어를 처음 사용하였다(Schwab, 2016, 김지은 외, 2023 : 212 재인용).

디지털 전환의 개념은 처음에는 디지털 기술 적용을 통해 비즈니스 모델을 창출하고 생산성 확산으로 이어지는 것(OECD, 2019)에서 출발해서 코로나19 이후 디지털 우선(digital first) 접근방식의 관점으로 사회 전 영역의 패러다임을 변화시키며 확장되었다(한국지능정보사회진흥원, 2022 : 4).

2022년 11월 오픈에이아이(Open AI)에서 대화형 인공지능 서비스인 챗지피티(Chat GPT) 3.5를 선보여 전 세계의 이목을 끌었다. 곧이어 2023년 3월에 GPT-4 버전이 공개되면서 더 똑똑해진 챗지피티는 변호사 자격시험을 비롯한 각종 시험에서 상위 10%의 능력을 보여주며, 이미지를 인식하고 분석할 수도 있다고 한다.

이렇듯 초거대 AI(artificial intelligence)가 사회적 · 문화적으로 큰 영향력을 미치는 디지털 시대, 우리가 어려움 없이 적응하기 위해서 과연 어떤 능력이 필요한 것일까.

인간과 기술의 경계가 모호해지는 일상 속에서 불편함 없이 살아가기 위해 누구나 갖추어야 하는 기본 능력으로 디지털 역량(digital competency)이 강조되고 있다. 특히 코로나19 이후, 디지털 역량은 특정 연령대나 직업군에서만 필요로 하는 역량이 아니라 사적 및 공적 생활을 영위하기 위한 기본 요건이 되었다(길혜지 외, 2019).

디지털 역량은 유능한 시민에게 요구되는 미래 기술에 대한 신념과 희망을 반영하는 정치적 용어로, 지식사회 시민에 대한 정치적 목표와 기대, 기술 관련 스킬과 역량으로 구성되었다. 또 미디어 및 의사소통, 기술 및 컴퓨팅, 리터러시, 정보과학 등의 영역을 포함한다. 지식과 기술뿐만 아니라 특정 상황의 복잡한 요구에 대응하는 능력이 중요해지면서 기술이라는 용어가 역량(competency)으로 대체되고 있다(박선미 외, 2022 : 10).

이처럼 디지털 역량은 디지털 기기를 적절하게 다루는 기술적 능력을 넘어 디지털 환경에서 과제를 수행하는 데 필요한 다양한 인지적 스킬을 포함하는 능력이면서, 동시에 사회구성원으로서 누구나 갖추어야 할 '생존 스킬'이라는 개념으로 확장되는 양상을 보여 왔다(길혜지 외, 2021 : 49).

디지털 역량의 중요성을 강조하는 국외의 상황을 살펴보면, UN에서는 미래사회 학습자에게 요구되는 핵심역량의 일종으로 디지털 역량을 제안하였다(Bocconi, et al., 2016). 또 유네스코(UNESCO)에서는 21세기 학습을 언급하며 다양한 정보를 비판적으로 사고하기 위한 디지털 역량을 강조하였다(Scott, 2015).

유럽연합(EU)에서는 평생학습을 위한 핵심역량으로 역시 8개의 범교과적 핵심역량을 제안하였는데, 그중에서도 디지털 역량을 다루고 있다(Gordon, et al., 2009).

우리나라는 초·중등교육 단계에서 교육과정 개정을 통해 소프트웨어 교육과 인공지능 교육을 강화하고 있고, 고등교육 단계에서는 관련 분야에서 혁신적인 인재를 길러내기 위한 노력이 이루어지고 있다. 또 취약계층과 일반 국민 간 디지털 격차를 줄이기 위해 정보화 교육 중심의 대응이 이루어져 왔다.

국내에서 황영석 등(2022)은 디지털 역량의 개념을 미디어 리터러시, 디지털 리터러시 등 기존의 다양한 리터러시를 포괄하는 개념으로 정의하였다. 디지털 역량은 전 국민이 누구나 갖추어야 할 기본 역량이자, 환경 변화에 따라 새롭게 요구되는 미래 역량이 되었다.

2) 디지털 역량의 구성요소

국내외에서는 디지털 기술을 적절하게 사용하고 새로운 디지털 환경에 적응하기 위해 어떤 능력이 필요한지 꾸준하게 연구가 이루어지고 있다. 이에 디지털 역량의 구성요소를 구체적으로 살펴보자.

먼저, 유네스코(2013)에서 제시한 디지털 역량을 구성하는 요소, 즉 디지털 리터러시 글로벌 프레임워크(Digital Literacy Global Framework)를 살펴보면, 인지적 · 기술적 역량뿐만 아니라 안전하고 적절한 정보를 활용할 수 있는 윤리적 역량까지 모두 포괄하고 있었다(UNESCO, 2018).

구체적으로 디지털 리터러시 글로벌 프레임워크에서는 기기 및 소프트웨어 작동, 정보 및 데이터 문해력, 의사소통과 협업, 디지털 콘텐츠 생성, 안전, 문제해결력, 경력 관련 능력을 주요한 역량으로 제시한다(길혜지, 2020).

얀센 외(Janssen, et al., 2013)는 디지털 역량을 지식, 기술, 태도로 구성하고, 이를 디지털 기기의 기본적 이용, 정보통신기술(ICT) 이용을 통한 직업성과 개선, 커뮤니케이션과 협업, 개인정보와 보안, 정보통신기술과 디지털 콘텐츠의 이용에 관한 법적 · 윤리적 측면에 대한 인식, 기술에 대한 균형 있는 태도, 자아효능감을 입증하는 원활한 이용 등 12개 디지털 역량 영역을 도출했다(황용석 외, 2022 : 20 재인용)

국내연구에서 박선미 외(2022)는 디지털 역량모델로 태도, 비판적 이해, 정보이용, 거래금융, 소통과 표현, 협업과 참여, 윤리, 안전의 4개 영역 8개 역량 요소를 제시했다. 구체적인 내용은 〈표 10-1〉과 같다.

〈표 10-1〉 디지털 역량 구성체계

영 역	역량요소	설 명
디지털 인식	태도	**디지털 기술에 대한 역량 지각** • 디지털 역량에 대한 자기효능감 • 디지털 기술 이용에 대한 조절 능력
	비판적 이해	**디지털 정보의 비판적 분석, 판별, 이해** • 정보의 사실 여부, 정확도, 출처 확인 • 정보의 의미, 의도, 맥락 파악
디지털 이용	정보이용	**디지털 정보 검색 및 활용 능력** • 뉴스 및 정보, 교통정보 이용 • 교육, 문화, 여가를 위한 콘텐츠 이용
	거래금융	**디지털 기술을 이용한 거래 및 금융 활동 능력** • 온라인 쇼핑/ 거래/ 배달 주문, 디지털 결제/ 지급, 금융(뱅킹/ 주식/ 보험 청구) • 행정업무(민원서류, 공과금 등) • 키오스크, ATM 이용
디지털 소통	소통과 표현	**디지털 기술을 통해 타인과 교류하고 상호 소통하는 능력** • 온라인에서 자신과 타인의 생각, 감정, 콘텐츠를 서로 나누고 공유 • 본인의 생각, 감정을 원하는 형태의 디지털 정보(글, 사진, 동영상 등)로 표현
	협업과 참여	**공동문제해결을 위해 타인과 협력하고, 정치/ 사회적 활동에 참여하는 능력** • 자원/ 지식 공동생산, 문제해결을 위한 협업 • 사회적 이슈에 대한 의견 표명(글/ 댓글, 투표, 여론조사 참여) • 정책제안/ 평가, 아이디어 공모, 민원 제기 • 기부, 봉사 등 사회적 활동 참여
디지털 시민성	윤리	**디지털 기술을 책임감 있게 사용하는 능력** • 타인에 대한 관용과 존중, 정보 예절(네티켓) • 사이버불링, 사이버스토킹, 명예훼손 이해(행태규범) • 저작권 및 라이선스 이해
	안전	**디지털 기술을 안전하게 사용하는 능력** • 장치/ 데이터 보안, 암호 관리 • 개인 데이터와 프라이버시 보호 이해 • 사이버 위험(피싱, 사기 등) 대처능력

출처 : 박선미 외(2022). 서울시민 디지털역량실태조사 기초연구, p. 57.

황용석 등(2022)은 디지털 사회 우리나라의 상황을 고려한 디지털 역량 수준을 측정할 수 있는 척도를 개발하여 제안하였다. 디지털 역량 척도에서는 디지털 역량을 일곱 가지로 구분하였는데, 구체적으로 살펴보면 기본기술, 생활 활용, 생산과 공유, 사회참여, 비판적 이해, 보안, 권리 보호이다.

기본기술은 PC나 모바일 같은 디지털 기술을 다루는 기본적인 이용능력을 말하고, 생활 활용은 디지털 기술을 경제나 공공적인 목적으로 편의를 도모하기 위해 이용하는 것을 의미한다.

생산과 공유는 디지털 기술을 이용해서 콘텐츠를 생산하고 창조할 수 있는 역량을 말하며, 사회참여는 디지털 기기를 이용해 사회참여적 활동을 할 수 있는 역량을 의미한다. 비판적 이해는 온라인상에서 제공되는 정보를 능동적으로 이해하고 비판하는 역량을 말하며, 보안은 디지털 기기에서 발생할 수 있는 개인정보유출 등을 예방하는 역량을 의미한다.

마지막으로 권리 보호는 디지털 기기 이용과정에서 권리를 보호하고, 침해에 대응하기 위해 갖춰야 하는 법적인 인지역량까지 포함하고 있다.

또 황용석 등(2022)은 디지털 역량은 디지털 사회에서 시민들이 경제활동을 하고, 직업의 기회를 넓히고, 사회적 관계를 형성하고, 고립을 줄이고, 건강과 안녕을 향상하고, 권리를 지키는 등의 여러 영역에서 긍정적인 결과를 위해 필요한 역량이라 강조했다. 무엇보다 이러한 디지털 역량은 단기간 일정 수준으로 능력을 끌어올리는 것이 아니라 사회구성원으로서 평생학습의 맥락에서 접근할 필요가 있다고 주장했다.

결국 디지털 역량은 인터넷과 컴퓨터 기반의 환경에서 요구하는 소프트웨어 활용 능력이나 정보검색 능력에서 나아가, 정보를 창의적으로 생산하고 공유하며, 자유롭게 디지털 생활을 누리면서 사회참여와 같은 활동을 비판적이고 책임감 있게 누릴 수 있는 역량으로 볼 수 있다.

2. 디지털 리터러시와 디지털 시민역량

1) 청소년과 디지털 리터러시

지금은 다양한 디지털 미디어와 영상을 통해 지식과 정보를 무료로 끝없이 얻을 수 있는 세상이다. 이제는 디지털을 읽고, 분석하고, 쓰는 방법을 알아야 한다. 특히 디지털 기기의 사용법이 아닌 리터러시 측면에서 디지털 정보를 획득하고 활용하며 의사소통할 수 있어야 한다.

리터러시(literacy)란 좁은 의미로는 읽고 쓰는 능력을 말한다. 우리나라 말로는 문해력으로 번역하기도 한다. 하지만 오늘날 리터러시의 대상이 인쇄 · 영상 미디어뿐만 아니라 디지털 미디어로 확장되면서 '독해'를 넘어서 다양한 역량을 포함하게 되었다. 그래서 문해력이라는 번역어보다 리터러시가 그대로 사용되고 있는 실정이다. 리터러시와 관련된 용어로 정보 리터러시, 미디어 리터러시, 정보통신기술(ICT) 리터러시 등이 있다(표 10-2 참조).

〈표 10-2〉 기술 진화에 따른 리터러시 변화와 개념

구 분	주요 기술	정의 및 특징
언어(문자) 리터러시	인쇄술, 신문	• 글자를 읽고 쓰는 능력(문해력)
TV 리터러시	영화, 텔레비전	• 비판적인 영상 시청 또는 수용 능력(Anderson, 1983) • 영상 언어가 등장하며 '글을 읽고 쓰는 능력'을 뜻했던 문해력의 개념이 본격적으로 확대되어 사용
컴퓨터 리터러시	컴퓨터	• 컴퓨터에 대한 지식, 활용 능력, 태도(서순식 외, 2009)
정보기술(IT) 리터러시	PC, 휴대기기, 네트워크	• 정보기술(IT)에 대한 이해와 이를 활용하는 능력으로, 컴퓨터와 다양한 정보기기 활용 능력

정보 리터러시	인터넷	• 정보가 언제 필요한지 알고, 필요한 정보를 확인 · 조직 · 평가 · 활용하는 능력(Breivik, 2005)
미디어 리터러시	웹 2.0	• 모든 유형의 미디어로 전달되는 메시지를 선별 · 분석 · 평가해 메시지를 창조하고, 소통하는 능력(권성호 · 서윤경, 2005) • 상호작용이 가능한 웹 환경이 만들어지며 리터러시 개념에 소통 · 참여 · 윤리 영역이 포함, '비판적 사고'의 중요성 부각
디지털 리터러시	IoT, 클라우드, 스마트폰	• 디지털 기술을 활용해 정보를 탐색 · 관리 · 이해 · 통합 · 소통 · 평가 · 창조할 수 있는 능력(UNESCO, 2018) • 디지털 기술의 다각화와 신기술의 발현으로 정보, 미디어, 디지털 리터러시의 개념이 서로 포괄적으로 연계
DX 리터러시	–	• IT 리터러시와 함께 조직 · 비즈니스에 DX가 가져오는 변화를 이해하고, 변화된 환경에서 그것들을 활용하는 능력
데이터 리터러시	데이터	• 데이터 활용을 이해하고, 개인이 주체가 되어 자신의 데이터('마이데이터')를 주도적으로 관리 · 통제할 수 있는 능력
AI 리터러시	인공지능	• AI 기술을 활용하기 위해 평가하고 효과적으로 사용하여 의사소통 및 협업할 수 있는 능력(Long & Magero, 2020)

* 모든 리터러시 개념은 중첩되며 발전 · 확장되었기에 각 리터러시 개념과 세부 요소 간 교집합 존재

출처 : 한국지능정보사회진흥원(2023). 디지털 심화시대, 디지털리터러시 강화 방안, p. 2.

길스터(Gilster, 1997)는 디지털 리터러시를 "컴퓨터를 통해 다양한 출처로부터 찾아낸 여러 형태의 정보를 이해하고 이용할 수 있는 능력"이라고 정의했다(황영석 외, 2022 : 11 재인용). 이후 디지털 리터러시는 학업 · 직업 등 생활의 여러 측면에서 디지털 행위 수행과 삶의 과업을 해결하는 맥락에서 지식 · 기술 · 태도를 포함하는 개념으로, 더 나아가 디지털 격차 논의 속에서 디지털 기술을 둘러싼 지식 습득과 기술 활용 등 기능적 측면까지 포함하게 되었다.

우리나라에서 정의되는 디지털 리터러시 개념을 살펴보면, 2016년 설립된 디지털리터러시교육협회(2022)는 디지털 리터러시를 "디지털 기술과 미

디어를 활용하여 디지털 데이터, 정보, 콘텐츠를 탐색 · 소비 · 분석 · 활용 · 관리 · 생산하고, 건강한 디지털 시민으로서 지혜롭게 소통하고 관계를 맺으며, 개인과 사회의 발전을 균형 있게 도모하는 역량"으로 정의한다.

국내연구로 김수환 등(2017)은 최근의 사회적 요구와 이슈들을 반영하여 디지털 리터러시의 정의를 "디지털 사회구성원으로서의 자주적인 삶을 살아가기 위해 필요한 기본소양으로 윤리적 태도를 가지고 디지털 기술을 이해 · 활용하여 정보의 탐색 및 관리, 창작을 통해 문제를 해결하는 실천적 역량"으로 정립하였다.

우리나라 교육 분야에서는 2007년부터 매년 초 · 중학생의 디지털 리터러시 수준을 측정하고 연도별 심층 분석을 통해 초 · 중학생의 디지털 역량 강화를 위한 교육적 · 정책적 시사점을 제시해 오고 있다. 한국교육학술정보원(KERIS)에서 정의한 디지털 리터러시는 디지털 사회구성원으로서 자기주도적인 삶을 위해 필요한 기본소양으로, 책임감 있고 건강하게 디지털 기술을 사용하여 디지털 자원을 탐색 · 평가 · 관리 · 생산하고, 다른 사람들과 소통 · 협력함으로써 일상생활의 문제를 해결하는 역량이라 하였다(계보경 외, 2022).

또 한국교육학술정보원에서 조사한 2022년 우리나라 청소년의 디지털 리터러시 평균점수는 초등학생 17.67점, 중학생 17.13점으로, 2021년(초등학생 17.43점, 중학생 16.66점)과 코로나19 이전인 2019년(초등학생 16.47점, 중학생 14.65점)에 비해 다소 높게 나타났다(계보경 외, 2022).

초등학교와 중학교 모두 2021년에 비해 우수 수준 학생의 비율이 증가하고, 미흡 수준 학생의 비율이 줄어들어 전반적으로 디지털 리터러시 수준이 향상된 것으로 나타났다(그림 10-1 참조).

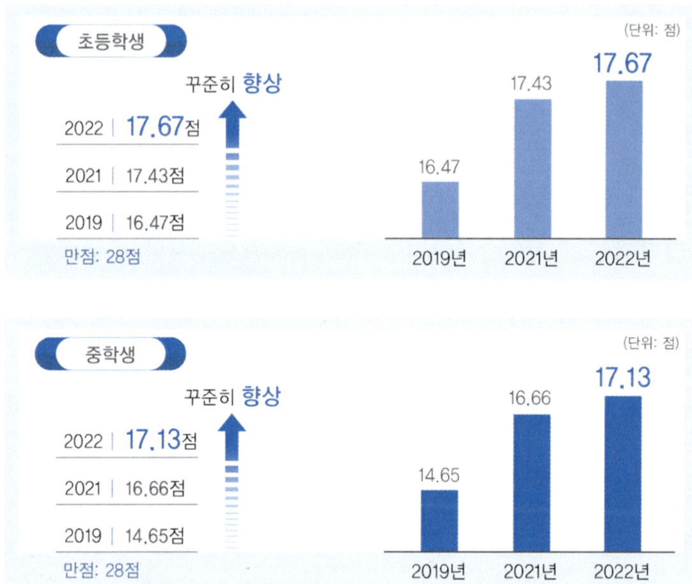

|그림 10-1| 연도별 학생 디지털 리터러시 수준 비교

출처 : 계보경 외(2022). 2022년 디지털 교육 인프라 및 학생 디지털 역량 현황, p. 12.

앞서 설명한 디지털 역량과 디지털 리터러시의 개념 정의를 살펴보면 의미가 중첩되거나 시간이 흐르면서 발전되는 모습을 볼 수 있다. 현실에서는 혼용하는 모습도 볼 수 있다. 하지만 두 개념은 강조하는 측면이 다르다는 차이점이 있다.

먼저 디지털 리터러시는 디지털 기술을 둘러싼 지식 습득과 기술 활용 등 기능적 측면이 강조된 점을 볼 수 있다. 반면 디지털 역량은 사회와 기술에 대한 접근과 강조점에 따라 다르게 정의되기도 하지만 기본적으로 지식, 기술, 태도 차원 혹은 기술, 인지, 윤리 차원 등 통합을 수반하는 다차원적 개념으로 정의했다(황영석 외, 2022 : 14).

즉, 디지털 역량이 디지털 리터러시뿐만 아니라, 기존의 다양한 리터러시를 포괄하는 개념으로 디지털 사회에서 시민이자 생활을 영위하는 구성원으로서 역할을 할 수 있게 하는 능력으로 이해할 수 있다.

특히 청소년의 경우, 디지털 리터러시는 이제 기초 소양을 넘어 디지털 사회에서 생활하고 학습하기 위한 필수 역량이 되었다. 어릴 때 공부를 시작하면 글을 배우듯, 디지털 환경에서 살아가려면 디지털 리터러시를 배워야 한다.

2) 디지털 시민역량

디지털 기술의 발달로 삶의 공간은 디지털 사회(인터넷과 소셜 미디어 등)로 확장되었다. 즉, 시간과 공간을 넘어 사람들과 만나고, 대화하는 것이 가능하게 되었다. 디지털 사회는 물리적 한계를 뛰어넘으며 서로 삶의 거리를 가깝고도 편리하게 만들고 있다. 이러한 편리함뿐만 아니라 디지털 사회의 심각한 폐해들이 급증하면서 디지털 시민역량 교육의 필요성이 대두되고 있다. 디지털 기기를 자유롭게 사용하여 일하고, 배우며, 놀고 있는 디지털 네이티브(digital natives)가 디지털 세계에서 책임 있는 시민의 한 사람이 될 수 있게 교육해야 한다는 것이다. 이때 디지털 네이티브는 태어나면서부터 디지털 환경을 일상생활에서 자연스럽게 사용하는 세대를 말한다.

디지털 시민역량은 디지털 사회를 살아가는 시민으로서 갖추어야 할 역량으로 볼 수 있는데 다양한 정의들이 제시되고 있다. 흔히 디지털 시민성(digital citizenship)이라고 부르는 디지털 시민역량은 기본적인 시민성의 의미에 기초하여 디지털 기술과 미디어 발달에 따른 새로운 변화를 포함하는 개념이다(김양은 외, 2019).

한국정보화진흥원에서 제시한 디지털 시민성은 디지털 기술을 잘 알고,

이를 활용하여 일상생활 속에서 소통하고 자신과 타인, 사회발전에 유익하게 활용하는 사람으로서 갖춰야 할 역량으로 정의하였다. 또 갖추어야 할 디지털 시민역량을 다음과 같이 네 가지로 나누어 제시하였다.

① **디지털 리터러시** : 디지털 기술을 이용할 수 있고 정보를 비판적으로 선별하여 활용하는 역량
② **디지털 윤리의식** : 온라인상에서 타인을 존중하고 배려하며 긍정적인 관계를 구축하고 소통하는 역량
③ **디지털 안전** : 디지털 위험으로부터 자신과 타인을 보호하고 자신에게 유익하게 활용하는 역량
④ **디지털 참여** : 디지털 기술을 활용하여 사회발전에 이바지할 수 있는 다양한 사회활동에 참여하는 역량

교육 영역에서는 디지털 시민교육을 위한 디지털 시민성의 6개 영역을 제시하였다(경기도교육청, 2023). 세부 내용을 살펴보면, 디지털 정체성, 의사소통과 협력, 정보 판별, 디지털 회복탄력성, 책임과 존중, 사회참여 등 각 영역 모두 디지털 시민으로서 갖추어야 할 역량으로 구체적인 내용은 〈표 10-3〉과 같다.

〈표 10-3〉 디지털 시민 역량의 하위 영역

영 역	의미와 세부 요소
디지털 정체성	디지털 정보로 정체성을 표현한 것, 디지털 세상에서 페르소나(가면 쓴 인격)로 현실모습과 다른 모습으로 살아가는 것이 아니라 **온·오프라인 정체성 분리 없이 디지털 시민으로 살아갈 수 있는 내적인 힘을 기르는 것을 말한다.**
	자아정체성, 존중감, 밸런스, 균형감, 평판 등
의사소통과 협력	커뮤니케이션 기술발달이 가져온 소통과 관계 방식의 변화를 이해하고 **바람직한 디지털 소통과 관계의 문화를 정립하는 것이다.**
	(소통) 의사소통, 표현의 자유, 공감, 정보공유, 기계와의 소통 등 (관계) 존중, 배려, 인권, 평화, 혐오문화 공감, 사이버폭력 대응 등
정보 판별	**유용하고 정확한 정보를 효과적으로 찾고, 평가하며 이용**할 수 있는 역량이다.
	정보 판별, 비판적 소비, 인공지능(알고리즘), 빅데이터, 큐레이션, 평판(사회) 등
디지털 회복탄력성	디지털 기기, 콘텐츠 등을 건강하게 사용할 수 있을지에 대한 자아성찰 및 디지털과 관련된 자신의 삶을 스스로 디자인하여, **온·오프라인 구분 없이 심신이 건강하고 행복한 삶을 영위하는 것을 의미한다.**
	건강과 복지, 과의존 예방, 디지털 문화소비, 사이버중독 예방, 안전 등
책임과 존중	디지털로 **확대된 관계 속에서** 자신이 누릴 수 있는 권리만을 생각하는 것이 아니라 **다른 사람을 향한 책임과 의무가 공존하는 것을 깨닫고**, 디지털 **생태계를 건강하게 지키는 것을 의미한다.**
	개인정보보호, 디지털 발자국, 정보보호, 보안, 타인을 위한 배려와 보호, 책임, 저작권보호 외
사회참여	**디지털 기술을 활용하여 사회의 현안에 다양한 방식으로 참여**하는 것을 말한다.
	디지털 참여, 공익, 다양성, 온라인 정치참여, 포용, 민주주의, 공정, 정의, 연대, 공유경제, 지속가능한 발전 등

출처 : 이성진 외(2023). 디지털 시민교육 실천 길라잡이, p. 4.

인성이 삶과 교육의 중요한 기초인 것처럼 디지털 사회에서 학생들에게 디지털 시민으로서 지식, 가치, 태도를 함양할 학습경험을 제공하는 교육은 매우 중요하다. 이렇듯 디지털 시민역량은 이제 자연스레 우리 삶 속으로 스며들어 디지털 미디어를 이용하는 개인의 삶과 일, 관계 등에서 반드시 갖추어야 할 필수 역량이 되었다.

3. 디지털 미래의 동반자 AI와 디지털 기술의 역기능

1) 디지털 미래의 동반자 AI(Artificial Intelligence)

우리는 이제 인터넷을 통해 단순히 자료를 검색하는 것이 아니라 인공지능과 대화를 나누며 지식을 탐색하고 검증한다. 최근 폭발적 관심을 받는 생성형 인공지능 챗지피티(Chat GPT : Chat Generative Pre-trained Transformer)의 성장 속도와 가능성에 관한 놀라움, 두려움, 기대나 우려는 적지 않다.

인터넷이나 플랫폼 기업들이 1억 명의 회원을 모으는 데 구글은 8년, 유튜브는 3년 정도 걸렸다고 한다. 과연 챗지피티(ChatGPT)는 어땠을까. 단 2개월이라는 시간밖에 걸리지 않았다. 이는 챗지피티의 폭발적 인기와 가능성, 기대가 얼마나 대단한지 보여준다.

인공지능은 이미 일상생활 속으로 들어오고 있다. 중국의 인공지능 샤오이는 의사 자격증 시험에 합격했고, 우리나라에서도 2016년 8월 가천대 길병원을 시작으로 IBM의 암 치료용 인공지능(AI) 솔루션 왓슨(Watson for Oncology)을 도입하기 시작했다. 처음에는 의사와 환자 모두 반대하였지만, 실제 현장에 도입되자 신뢰를 받는 상황이다(박일준 외, 2020 : 51-52).

이 외에 법조계, 창의적인 문화예술 문학, 음악 분야에도 진출하고 있다. 우리나라 첫 인공지능 변호사라고 할 수 있는 유렉스(U-LEX, 지능형 법률 판례 통합 검색 시스템), 빈센트 반 고흐의 작품을 모사하는 훈련으로 만들어진 구글이 만든 딥드림(Deep Dream), 미국의 예일대학교가 개발한 음계를 조합해서 음악을 만들어 내는 인공지능 쿨리타(Kulitta) 등은 이미 우리의 삶에 영향을 끼치고 있다(박일준 외, 2020 : 51-52).

우리는 어떻게 인공지능과 공존해 나갈 수 있을까. 이제까지 경험해 보지 못한 변화에 막연한 두려움을 가지기보다, 어떻게 하면 인공지능을 지혜롭게 활용할 수 있을지 고민해야 한다. 우리는 빠르게 발전하는 인공지능 기술을 활용해 공동체나 커뮤니티에 부정적인 영향은 줄이고, 긍정적인 영향을 미칠 수 있도록 노력해야 한다.

2) 디지털 기술의 역기능

개인의 일상과 비즈니스, 사회적 관계에서 디지털 기술이 필수 인프라가 됨에 따라 디지털 기술의 역기능(negative effect of digital technologies)의 종류와 범위, 강도도 확대되고 있다. 특히 세대 간 정보격차, 스마트폰 또는 소셜 미디어 과의존, 게임 중독, 사이버폭력, 지식재산 침해, 가짜 뉴스, 인간관계 축소 등은 심각한 사회문제로 대두되고 있다.

디지털 기술의 역기능 개념은 디지털 기술과 그 응용 서비스 활용에서 발생하는 부작용을 통칭하는 것이다(OECD, 2021, 한국지능정보사회진흥원, 2021 재인용).

디지털 기술의 역기능은 디지털 기술의 발전에 따라 인터넷 역기능, 스마트폰 역기능, 소셜 미디어와 같은 특정 기술이나 서비스에 초점을 맞추거나 정보화 역기능, 사이버 역기능 등 다양한 개념으로 사용되기도 했다.

이러한 디지털 기술의 역기능의 폐해 영역과 범위 또한 크게 확장되어 개인, 사회, 국가가 다양한 폐해를 경험할 수 있다. 예를 들면, 개인의 심리적 장애 및 병리 현상 초래, 인간관계 악화 등 심리적 · 사회적 폐해를 넘어 경제적 기회 차단 및 격차 확대, 개인 범죄나 테러 등에 악용, 편견이나 차

별의 윤리적 문제 발생, 시스템 자체의 붕괴 등으로 연결될 수 있다(대한민국 관계부처 합동, 2020; 한국과학기술기획평가원 2022).

이에 한국과학기술기획평가원(KISTEP)과 한국전자통신원(ETRI)은 2030년에 전개될 디지털 기술의 역기능 대표유형으로 20개를 다음과 같이 제시하였다.

그 내용은 디지털 격차, 디지털 과의존, 디지털 결정장애, 디지털 치매, 디지털 기술 포비아(phobia), 디지털 개인정보 침해, 디지털 지식재산 침해, 디지털 허위정보 폐해, 디지털 언어폭력, 디지털 성범죄, 디지털 금융범죄, 디지털 자산투기, 디지털 기술의 오작동 피해, 디지털 기술의 불분명한 책임소재, 디지털 기술의 정보 편향, 디지털 통제/ 감시, 디지털 기술에 의한 인간정체성 혼란, 디지털 기술에 의한 일자리 대체, 디지털 기술의 탄소배출, 디지털 기술의 테러나 전쟁에 악용이다. 구체적인 정의와 특징은 〈표 10-4〉와 같다.

〈표 10-4〉 디지털 기술 역기능의 유형과 정의

유 형	정의 및 특징
디지털 격차	• 디지털 기술 · 서비스에 대한 접근, 활용이 다른 연령층이나 계층 등에 비해 현저하게 낮아 사회적 또는 경제적 불이익이나 불편함을 경험하는 것 • 디지털 소외 또는 디지털 불평등과 유사 개념
디지털 과의존	• 디지털 기술 · 서비스에 대한 지나친 몰입으로 신체, 정신, 사회적으로 지장이나 장애를 경험하는 상태 • 스마트폰 중독, 게임 중독, 소셜 네트워크 서비스 중독, 채팅 중독 등이 해당
디지털 결정장애	• 디지털 기술 · 서비스에 기반한 정보수집과 활용이 증가하면서 판단이나 의사결정을 위한 자기주도성이 결여되는 상태
디지털 치매	• 디지털 기술 · 서비스가 생활과 업무 등에서 필수서비스가 되면서 기억력, 인지능력, 연산능력이 저하되고 과도한 정보습득으로 인한 건망증 증상이 심각해지는 상태

디지털 기술 포비아	• 디지털 기술 · 서비스의 발전에 따라 개인 또는 사회적 편익의 증가에도 불구하고 오히려 기술에 대한 적대감이 증가하는 것 • 산업혁명 초기의 기계파괴운동인 러다이트(Luddite) 운동과 유사
디지털 개인정보 침해	• 데이터 수집, 분석, 활용과정에서 부주의 또는 의도적으로 개인정보유출을 통해 재산 또는 안전 등의 피해를 가져오는 것 • PC나 스마트폰 해킹 등이 대표적이며 자율주행차량 해킹도 해당
디지털 지식재산 침해	• 디지털 기술 · 서비스를 활용하여 부주의 또는 의도적으로 타인의 지식재산을 허락 없이 사용하는 것 • 가상공간이나 메타버스 등에서 타인이나 AI의 창작물을 도용/ 불법 복제하거나 불법 다운로드하는 것 등이 해당
디지털 허위정보 폐해	• 가상공간이나 소셜 미디어 등에서 조작되거나 허위의 정보가 배포 또는 유통되는 것 • AI가 만든 가짜 뉴스, 사진합성(딥페이크) 등이 해당
디지털 언어폭력	• 가상공간이나 소셜 미디어 등에서 대화, 욕설, 비방 등을 통해 다양한 형태로 타인을 괴롭히거나 피해를 주는 행위 • 악성 댓글, 사이버 따돌림 등이 해당
디지털 성범죄	• 디지털 기술 · 서비스를 활용한 젠더 기반의 폭력이나 범죄 행위 • 성적 목적의 불법 촬영 및 유포, 가상공간이나 디지털 미디어를 활용한 음란행위 등이 해당
디지털 금융범죄	• 디지털 기술 · 서비스를 활용하여 재산이나 금융상의 피해를 주는 행위 • 금융정보 등을 불법으로 수집하거나 디지털 기술을 이용한 보이스 피싱, 금융사기, 불법 자금이체, 불법 소액결제 등이 해당
디지털 자산투기	• 암호화폐 등의 디지털 자산이 정상적 경제기능을 넘어 투기 수단으로 활용되는 것 • 자산가치 왜곡, 불법 투기행위에 악용 등이 해당
디지털 기술의 오작동 피해	• 디지털 기술 · 서비스의 오작동으로 인해 시스템의 일부나 전부가 오류를 범하거나 작동하지 않는 상태
디지털 기술의 불분명한 책임소재	• 기술적 불완전성이나 디지털 기술에 의한 판단이 어려운 상황에서 사고 등이 발생할 경우 책임소재가 불분명해지는 것 • 자율주행차량의 트롤리 딜레마가 대표적인 예에 해당
디지털 기술의 정보 편향	• 디지털 기술 · 서비스가 불공정한 의사결정을 내리거나 차별이나 혐오 등을 유발하여 개인의 권리를 침해하는 것 • AI 알고리즘에 대한 고의적 차별이나 편향성 등이 해당

디지털 통제/ 감시	• 디지털 기술 · 서비스를 활용하여 개인이나 집단, 사회를 통제하거나 감시하는 것 • AI에 의한 안면인식을 통한 개인 감시 및 통제 등이 해당
디지털 기술에 의한 인간정체성 혼란	• 가상인간, 휴머노이드 로봇 등의 등장으로 인간 스스로 정체성 혼란을 경험하는 것 • 가상인간의 고도화된 발전으로 가상인간이 스스로를 인간으로 인식하는 것 역시 해당
디지털 기술에 의한 일자리 대체	• 디지털 기술 · 서비스의 발전으로 인간의 일자리를 일부 또는 전부를 대체하거나 잠식하는 것 • AI나 로봇 등으로 인해 많은 직종에서 발생하는 일자리 대체가 해당
디지털 기술의 탄소배출	• 디지털 기술 · 서비스를 이용하는 과정에서 탄소배출 발생을 통해 지구 온난화를 가속화하는 것 • AI 학습 및 모델 생성, 암호화폐 발굴 등에서 대량의 탄소배출이 해당
디지털 기술의 테러나 전쟁에의 악용	• 디지털 기술 · 서비스를 활용하여 테러나 전쟁 등에서 인명 살상을 모의하거나 실행하는 것 • 대량 살상 로봇, 테러용 드론 등이 해당

출처 : 한국과학기술기획평가원 외(2022). 디지털 역기능 전망과 대응 방향, pp. 12-13.

전문가들은 미래 디지털 기술의 역기능에 가장 큰 영향을 미칠 기술로 인공지능(50.0%)을 들었으며 메타버스(21.9%), 블록체인(15.6%), 지능형 로봇(12.5%) 순으로 우려를 나타냈다(한국과학기술기획평가원, 2022 : 21-22).

우리는 디지털 기술 역기능의 피해자가 될 수 있고, 동시에 가해자가 될 수도 있다. 개인정보보호, 저작권과 초상권, 디지털 에티켓, 디지털 사회관계 등에서 디지털 기술과 관련한 윤리의식과 시민의식을 갖추고 책임 있게 디지털 기술을 활용하려는 자세가 필요하다.

생각해 보기

- 디지털 역량의 개념과 구성요소에 관해 설명해 보자.
- 한국정보화진흥원에서 제시한 디지털 시민역량 네 가지에 관해 설명해 보자.
- 한국과학기술기획평가원(KISTEP)과 한국전자통신원(ETRI)에서 제시한 디지털 기술 역기능의 대표 유형 20가지를 설명해 보자.

참고문헌

김양은 · 배은주 · 박정원 · 김영환 · 김형태 · 심성호(2019). 디지털시민되기. 방송통신위원회 · 한국정보화진흥원.

김지은 · 김경아(2023). 디지털 대전환 시대 대학생의 디지털 시민성 교육요구도 분석. **교양 교육 연구**, 17(1), 211-226.

길혜지 · 노일경(2019). 성인 정보문해능력 측정도구 개발을 위한 정보문해 영역 및 수준 탐색. **평생교육학연구**, 25(4), 1-24.

길혜지 · 신안나(2021). 디지털 역량 교육 내용에 대한 탐색-교육 프로그램과 전문가의 견에 대한 키워드 네트워크 분석을 중심으로. **한국교육**, 48(2), 47-73.

계보경 · 곽병일 · 한나라(2022). 2022년 디지털교육인프라 및 학생 디지털 역량 현황 인포그래픽 리포트. 한국교육학술정보원.

박일선(2020). 디지털 세대를 위한 디지털 시민성 교육. 전북교육정책연구소. **교육동향분석 7호**.

박일준 · 김묘은(2020). **디지털리터러시 교실**. 경기 : 북스토리.

박선미 · 강민욱(2022). **디지털역량실태조사 기초연구**. 서울 : 서울디지털재단.

이성진(2023). 디지털 시민교육 실천 길라잡이. 경기도교육청.

이지연 · 윤형한 · 김나라(2005). **진로 전환기 청소년의 진로 개발**. 서울 : 한국직업능력개발원.

한국과학기술기획평가원 · 한국전자통신연구원(2022). 디지털 역기능 전망과 대응 방향. 한국과학기술기획평가원.

한국지능정보사회진흥원(2023). 디지털심화시대, 디지털리터러시 강화 방안.

한국지능정보사회진흥원(2022). 포스트 코로나시대 디지털 대전환과 사회변화 전망. 한국지능정보사회진흥원 GDX REPORT.

황용석 · 이선민 · 김여립 · 황현정(2022). 디지털 역량 척도 개발연구. **언론정보연구**, 59(2), 5-48.

11

Chapter

청소년활동과 지역사회 현장지도

학습목표

- 청소년활동과 지역사회의 개념에 관해 이해할 수 있다.
- 지역사회 중심 청소년활동의 중요성에 대해 설명할 수 있다.
- 지역사회 기반 청소년활동 현장지도의 필요성에 대해 설명할 수 있다.

학습개요

지역사회(local community)란 커뮤니티 또는 공동체란 말과 동의어로 쓰이는 경우가 많다. 청소년은 가족과 이웃, 그리고 지역사회(community) 속에서 성장한다. 건강한 지역사회는 청소년이 성공적인 성인으로 자라는 핵심적 환경이다. 청소년의 건강한 성인기 이행을 위해서는 학교 교육과 더불어 지역사회 다양한 자원과 네트워크를 활용하여 제공되는 청소년활동프로그램들은 청소년들의 삶을 위협하는 적지 않은 위험행동에 빠져들 가능성을 줄이는 반면, 그들의 발달과정에서 요구되는 긍정적 측면과 기회를 제공해 주는 영역으로써 청소년기 긍정적 자아형성에 매우 크게 영향을 주게 된다. 이러한 점이 바로 지역사회가 청소년들에게 안심하고 믿고 자랄 수 있는 공간이 되어야 함을 설명하는 것이다. 이 장에서는 이러한 관점에서 지역사회 중심의 청소년활동 현장지도의 의미와 필요성에 대해 알아볼 것이다.

Chapter 11

청소년활동과 지역사회 현장지도

1. 지역사회와 청소년활동의 이해

1) 청소년과 지역사회의 개념

지역사회(local community)란 커뮤니티 또는 공동체라는 말과 동의어로 쓰이는 경우가 많다. 청소년은 가족과 이웃, 그리고 지역사회(community) 속에서 성장한다. 건강한 지역사회는 청소년이 성공적인 성인으로 자라는 핵심적 환경이다. 그래서 "한 아이를 키우려면 온 마을이 필요하다(It takes a village to raise a child)."라는 말이 시공을 넘어 회자되고 있다. 지역사회는 청소년들의 직접적인 생활공간이며, 만나는 사람과 활동하는 장소를 제공하고 문화와 행동양식을 공유하는 인격형성과 사회화를 위한 중요한 역할을 하기 때문이다.

개인이 인지할 수 있는 지역적 특성을 일반적으로 '동네'라는 개념으로 범주화하고 있다. 이론적 관점에서 동네는 거주민이 도보로 이동할 수 있는 반경 2~3km 이내의 공간을 의미한다. 거주민 개인이 자신이 거주하는 거주지(가옥)를 중심으로 반경 2~3km를 자신의 동네라고 인지하며, 해당 반경 내에 존재하는 물리적 · 사회적 특성을 동네의 수준 및 정체성으로 인지하게 된다. 기존 연구들은 동네가 보유한 물리적 특성으로 '거리의 청결(쓰레기 등 위생)', '건물의 파손 정도', '어두운 장소 · 후미진 골목' 등의 전반적인 안전 상태를 의미한다. 그리고 동네가 보유한 사회적 특성은 동네 구성원(주민)과의 친분 · 교류 · 안정감 정도를 지칭한다. 청소년기는 인간의 삶에 있어 생물학적, 심리적, 사회행동적으로 급격한 변화를 겪는 시기이다. 건강한 자아정체감을 형성하고 삶의 질을 결정하는 주요 요인으로 지역 및 또래 집단, 이웃과의 유대관계가 있다. 즉, 거주 지역 구성원들과의 친밀한 상호 인간관계가 이루어지고 이웃 간의 연대가 잘 이루어질 때, 자신의 삶에 만족하고 행복감을 느끼며 살아간다. 일정한 지역사회에 거주하는 거주민에게 지역사회의 안전수준 및 구성원에 대한 신뢰는 해당 지역의 경제 · 문화 · 계층 수준에 대한 이해로써 직결될 수 있다. 지역사회 및 동네에 관한 로스(Ross, 1965)의 연구에서는 동네의 물리적 안전과 이웃주민에 대한 인식이 해당 동네가 보유한 경제적 · 문화적 수준을 상징적(경제 · 문화 · 계층)으로 거주자 개인에게 인지시킴을 제시한다. 이러한 거주민이 인지하는 동네의 경제적 · 문화적 상징성(안전과 이웃에 대한 신뢰 · 인정 수준)은 해당 개인에게 자신의 삶의 수준과 능력을 평가하는 준거로서 작동하게 된다.

2) 지역사회 인식과 공동체

청소년기의 성장과 발달은 청소년이 일상생활을 영위하고 있는 가정, 학교 및 사회의 장에서 이루어지지만, 가정이나 학교가 충분히 그 역할을 수행하기 위해서는 지역사회와의 제휴와 협력이 반드시 필요하다. 청소년활동은 지역의 상황과 특수성을 고려하여 지역 청소년에게 적합한 청소년정책을 수립, 집행하고 지역사회로부터의 피드백을 통해 개선될 수 있다. 따라서 지역사회는 각종 청소년활동 정책이나 서비스 등이 실현되는 곳일 뿐 아니라 현재 사회구성원인 청소년의 사회참여가 발휘되는 곳이기도 하여 청소년의 삶의 질에 중요한 영향을 미친다.

지역사회 내부에 거주하는 거주민에게 있어 지역사회는 일정한 물리적 공간(거리, 건물 등의)과 이웃 구성원이라는 물리적 · 사회적 산물을 거주민 개인에게 공급한다. 만약 지역사회의 물리적 안전과 신뢰감 · 유대감이 있는 이웃 구성원이 개인에게 공급된다면, 거주민 개인은 지역사회에 대한 애착심 · 소속감 등을 획득할 가능성이 존재한다. 기존 연구들은 거주민 개인이 보유한 지역사회에 대한 애착심 · 소속감 · 애향심 등의 관념이 지역사회라는 공동체에 기여하고자 하는 의지로써 발전할 수 있다는 것을 지적한다. 특히 다양한 생애적 집단 중에서 청소년 개인은 안전 · 이웃에 대한 신뢰를 통해 자신이 지역사회로부터 보호받고 있다는 관념을 획득할 수 있다. 지역사회로부터 보호를 받고 있다는 관념은 청소년 개인에게 지역사회 전체에 신뢰감 · 유대감 · 애착 등을 야기하며, 이러한 신뢰감 · 유대감 · 애착 등의 관념은 지역사회라는 공동체 전체에 기여하고 싶다는 의지로 점철될 수 있다.

3) 공동체 의식과 청소년의 삶의 질과의 관계

이론적 차원에서 공동체는 동일한 물리적 공간을 점유하며, 경제적 · 사회적 · 심리적 측면에서 삶과 운명을 공유하는 사회적 구성원의 집단으로 정의된다. 미시적 차원에서 가장 일반적인 공동체는 가족체계라 할 수 있다. 그리고 공동체의 범주를 거시적으로 확장하면 지역사회(동네)와 국가, 지구촌(글로벌 사회)도 이에 해당한다고 하겠다. 이처럼 공동체는 가족 · 지역 · 국가 · 세계 등의 차원에서 동시적 접근이 가능하며, 공동체 의식은 해당 집단을 실질적으로 삶 · 운명의 공동체로 인식하고 있는 수준을 의미한다. (사회구성원이 공동으로 형성한) 법 · 제도 · 신념 · 사상 · 정치 · 행정 등의 사회구성체에 대한 관념을 습득하는 시기인 청소년기는 사회구성체가 자아에게 미치는 영향을 인지하기 시작한다. 즉, 사회구성원이 공동으로 창출한 제도 · 문화가 자신의 생활에 영향을 미칠 수 있음을 인식하기 시작하는 것이다. 이러한 청소년기에는 사회구성체가 사회적 위험으로부터 개인 · 가족을 보호하는 주체인지에 대한 의문을 보유하게 된다. 만약 청소년 개인이 사회구성체에 대한 신뢰감을 견지한다면, 해당 청소년은 사회구성체를 자신과 삶 · 운명을 공유하는 공동체로 인식할 가능성이 있다. 그리고 사회구성체를 공동체로 인지한다면 청소년 개인은 미래의 성인기에 공동체에 기여할 수 있는 진로 · 직업 · 역할 등을 탐색할 수도 있다. 청소년 개인이 공동체에 대한 기여의식을 보유하게 된다면 학업 · 일상생활에의 동기부여를 창출할 수 있으며, 청소년기에 유발된 동기부여의 의식은 기쁨 · 만족 · 즐거움으로 구성원 삶의 질에 대한 인식을 긍정적으로 형성할 수 있다.

2. 지역사회 중심 청소년활동의 중요성

지역사회는 자신이 거주하는 일정 지역의 공간으로, 시설이나 기관까지 포함하는 개념으로 그 안에서 관계를 형성하고 소속감, 애착심 같은 심리적 유대감을 공유하며 살아가는 장소를 일컫는다(천정웅, 2011). 지역사회에 대한 개념 정의는 학자들마다 다양하지만, 일반적으로 지역적 공간(area), 공통된 유대감(common tie), 그리고 사회적 상호작용(social interaction)과 같은 세 가지 구성요소를 갖는다고 알려져 있다(홍정희, 2016).

통상적으로 청소년들의 일상은 형식교육의 대표기관인 학교의 공식 일과가 끝나면, 대부분의 청소년들은 곧장 집으로 귀가하지만 상당수는 학교교육을 보충하고 대학 입시를 위하여 학원으로 향하고 있다. 이 같은 현상은 초, 중, 고 혹은 고등학교는 인문계와 실업계에 따라 정도의 차이를 보이고 있다. 그 밖에 아르바이트를 하거나 친구들과 함께 시간을 보내기도 한다. 초등학생의 경우 학교에서 실시하는 방과 후 학습에 참여하거나 집 근처 소규모 사설학원에서 신체단련과 학습 보충을 하는 경우가 대부분이며, 또한 귀가 후에는 주로 TV 시청과 컴퓨터 게임, 친구들과 어울려 놀면서 하루를 보낸다.

하지만 최근 들어 지역사회 청소년시설과 평생학습 관련기관들이 중심이 되어 다양한 프로그램을 제공하면서, 청소년들이 자신이 선호하는 취미, 교양, 동아리 활동 혹은 전문 기능을 습득하기 위한 강좌에 참여하는 비율이 점차 증가하고 있다. 지역사회 청소년기관에서 제공하는 구체적인 프로그램은 주로 수영과 같은 스포츠를 비롯하여, 예능, 외국어, 미술 및 컴퓨터

활동뿐만 아니라 청소년들의 참여와 자치활동 증진 등 다양한 분야로 확대되고 있다.

지역사회에서 이루어지는 청소년활동프로그램은 청소년들의 삶을 위협하는 적지 않은 위험행동에 빠져들 가능성을 줄이는 반면, 그들의 발달과정에서 요구되는 긍정적 측면과 기회를 제공해 주는 한 영역이다(Benson, Leffert, Scales, & Blyth, 1998). 위험행동의 종류는 단순한 폭력행위에서부터 인터넷 게임 중독, 약물남용, 성범죄에 이르기까지 그 범위가 확대되고 심각성 또한 증폭되고 있는 추세이다. 실제 조사결과에서 제시된 바에 의하면, 청소년들의 학교 밖에서 발생하는 폭력 범죄의 47%가 오후 2시에서 8시 사이에 일어나는 것으로 밝혀졌다(Synder & Sickmund, 1997). 반면 라슨(Larson, 2000)은 청소년은 중요한 생활기술들이 학교에서보다 학교 밖의 프로그램을 통해 좀 더 쉽게 습득될 수 있다는 점을 주장하였다.

청소년은 올바른 교육을 통해 바람직한 사회화의 과정을 거치게 되며, 이를 위해 학교 교육과 함께 지역사회 가용 자원과 네트워크를 활용하여 다양한 활동 프로그램들은 청소년들의 자아형성에 매우 크게 영향을 주게 된다. 이러한 점이 바로 지역사회가 청소년들에게 안심하고 믿고 자랄 수 있는 공간이 되어야 함을 설명하는 것이다.

이러한 점에서 지역사회는 청소년들이 거주하는 종합적 생활공간으로 전체 사회구조라는 거시적 공간 속에 지역사회의 환경과 그 안에 가족, 학교, 또래 집단과 같은 소규모의 또 다른 공간이 존재한다.

이러한 공간은 하부로부터의 청소년 개개인을 위협하는 여러 위험요소가 있으며 이러한 위험요소에 능동적으로 잘 대처할 수 있는 체계를 갖추고 있느냐 또는 그렇지 못하느냐에 따라 청소년의 문제를 유발시키는 근원으로 작용할 수 있다. 동시에 이러한 지역사회는 그 자체가 생태학적 관점에서 개인, 학교, 가족, 또래라는 위험요인과 보호요인의 양면성에 따라 문제가 확대되거나 아니면 청소년들을 사회구성원으로 회복시킬 수 있는가를 결정해 줄 수 있음을 설명하고 있다.

특히 향후 청소년정책의 접근에 대해 지방분권화에 의한 지역중심의 현장과 실천 위주의 청소년정책이 되어야 하면서 구체적으로 다음과 같은 점에 중점을 두고 있다(오해섭, 2007).

첫째, 학교와 지역사회 연계에 의한 지역중심의 구체적이고 실천적인 청소년지원과 서비스를 확대한다.

둘째, 청소년사업공모제 등을 통한 지역사회의 다양한 청소년기관 · 단체 및 시민단체의 참여를 유도하고 내실화시킨다.

셋째, 지역사회 중심의 건전한 사회환경 조성과 기회 확대를 위한 청소년과 함께하는 지역공동체 형성을 추진한다.

특히 주5일제와, 자유학기제 시행 등과 같은 학교와 사회의 변화는 학교라는 보호기능을 수반해 주는 공간의 축소로 청소년환경이 변화되면서 교육의 중심이 점차 학교에서 지역사회로 이동해 갈 수밖에 없기 때문이다.

1) 청소년활동과 지도자

청소년의 발달에 대한 청소년활동의 긍정적 가치가 지속적으로 확인되면서 활동을 직접적으로 담당하고 있는 청소년지도자에 대한 관심도 증가하고 있다. 특히 청소년활동시설 내에서의 다양한 안전사고를 비롯한 태안 해병대 캠프나 세월호 사건 등과 같은 크고 작은 사고가 발생하면서 청소년 지도자의 자질에 대한 관심이 증가하고 있으며, 이들에게 과거보다 강화된 전문성과 역량을 갖추도록 요구받고 있다.

청소년활동지도자의 지도력은 일반적으로 말하는 집단의 지도력과는 그 역할이나 기능이 다르다. 청소년활동지도자의 지도력은 일반적으로 품성과 기술로 구분해서 분석해 볼 수 있다. 품성이란 지도자의 지도철학과 인격과 밀접한 관련을 갖는다. 의식구조와 가치관의 이해를 통한 청소년을 보는 시각과 미래사회에 대한 역사의식 등은 지도자의 품성에 크게 좌우된다고 할 수 있다.

이러한 관점에서 바람직한 청소년활동지도자가 갖추어야 할 품성은 다음과 같다. 첫째, 인간의 존엄을 최고의 가치로 두고 청소년을 바라보는 안목이 있어야 한다. 둘째, 민주 시민의식에 대한 강한 확신이 있어야 한다. 셋째, 사회에 대한 강한 책임의식과 정의에 대한 사명의식을 가져야 한다. 그리고 모든 청소년활동지도자에게 공통적으로 필요한 기술은 다음과 같다. 첫째, 청소년과의 관계를 보다 원만하게 하고, 따뜻하게 포용하는 인간관계를 조성하는 지도력이다. 둘째, 구체적인 프로그램의 수행능력인 기능적 기술이다. 셋째, 청소년 집단의 조직적 이해와 다른 집단과의 협조적 공동노력을 동원할 수 있는 행정적 기술이다.

그러나 아무리 지도자의 품성과 기술이 청소년과 함께하기에 충분할 만큼 갖추어져 있다고 하더라도, 지도자 자신의 청소년을 만나는 기본적 철학이나 입장이 “청소년은 그 자체로서 목적인 한 인간이요, 청소년은 그 인간의 삶에 있어 인격형성을 위한 결정적 시절”이라는 데에 있지 않고 단순히 직업적 · 활동적 · 사회나 단체의 구조적 대상으로서의 청소년을 만난다면 그는 진정한 의미에서의 청소년지도자는 아니다. 청소년은 그들의 삶의 모든 현장에서 지도를 필요로 한다. 그리고 그 지도는 청소년이 한 인간으로 성숙하는 데에 결정적인 구실을 한다. 따라서 자의건 타의건 청소년을 지도하게 되는 지도자의 역량은 그 질과 양에서 청소년을 만나기에 충분하여야 한다. 그 지도에는 막중한 책임이 수반되는 것인 만큼 오늘 청소년을 지도하도록 그 책임이 지워진 지도자는 적어도 자신의 그릇된 지도 때문에 지도 대상 청소년들이 부정적인 영향을 받지 않도록 청소년지도자로서의 정체성과 전문성을 확보해야 한다.

2) 청소년활동지도자의 역할과 기능

청소년들은 어른들의 통제에서 정서적으로나 경제적 · 지적으로 독립해 보려는 생각들을 기본적으로 갖고 있다. 사춘기 전후로 해서 신체적인 변화에 따르는 불안감이나 확실치 않은 자기 미래에 대한 막연한 기대와 두려움의 불안 속에 서 있다. 자기 자신의 능력을 발휘할 수 있는 기회와 자신의 성장에 알맞은 기회가 주어지지 않았을 때 좌절하거나 반항하기도 한다. 청소년들은 미지의 새로운 상황에 쉼 없이 부닥치다 보면 그들 자신의 능력 한계를 잠시라도 의식하여 불확실성에 빠지게 된다. 동성에서 이성에게로 성적 대상의 탐색의 시기이다. 청소년을 바라보는 어른의 일반적인 시각은 아직 보호되고 학습해야 할 어린아이로 보거나, 사회적으로 독립적인 책임을 질 수 있는 행동을 할 수 없는 사람으로 본다. 청소년들의 공격적인 행위나 일탈행위를 통틀어 청소년문제로 몰아붙이는 경향이 짙다. 청소년들 입장에서 청소년문제를 파악하려 하지 않고 청소년들이 그들의 필요나 욕구를 해결하려고 나타내는 행동이나 표면양식을 문제 삼고 있다.

청소년지도자는 청소년의 내적 갈등과 행동의 불일치에 대한 지도책이 있어야 한다. 그리고 성인들의 고정관념을 어떻게 타파할 수 있는가라는 지도자로서의 자세와 태도, 청소년들의 삶의 지표를 찾는 데 협력자의 역할과 청소년을 만나서 지도할 수 있는 능력 등은 청소년지도자들이 갖추고 해결해야 할 점들이다.

이를 위하여 청소년지도의 방향은 다음과 같다. 첫째, 우리의 전통과 문화를 교육함으로 일시적 자아의식을 갖게 지도한다. 둘째, 청소년이 스스로 느끼고 보람을 찾을 수 있는 다양한 활동영역과 자발적인 참여로 자기 능력 · 적성 · 흥미를 발견할 수 있도록 청소년을 위한 시설 확충 · 프로그램의 개발이 시급히 요청된다. 셋째, 철저한 생활훈련을 통하여 건강한 청소년문화를 형성하고 창조하게 하기 위하여 아는 것은 아는 것대로 실천할 수 있는 정신을 체질화하도록 지도해야 한다.

정말로 좋은 지도자는 청소년 그들을 위하여, 그들 속에서, 그들을 통해서 그들과 더불어 사는 근본정신 위에서 지도하는 사람이어야 한다. 아울러 청소년과의 만남, 그리고 그 만나는 일에 자신의 삶을 투입함으로써 기쁨을 가지는 지도자가 가장 바람직한 지도자이다.

3. 지역사회와 청소년활동 지도의 필요성

지난 세기 동안 우리 사회의 변화는 지역사회에 커다란 변혁을 유발하였다. 산업사회로의 빠른 변화는 지역사회의 변화를 더욱 악화시키고 있다. 공동사회로서 지역사회의 청소년보호 기능은 일탈과 비행을 스스로 방지하고 자정시킬 수 있는 기능이 상당히 강하지만, 이러한 유대가 이익사회로 변화하면서는 거의 불가능해지고 있다. 익명성이 강조되고 상호 모르는 관계가 형성되면 지역사회라는 것은 오히려 부정적인 가치를 양산시키는 공간으로 변질된다. 특히 청소년을 둘러싸고 있는 지역사회에 그들이 접할 수 있는 유해환경이나 시설이 급속히 확산되면 지역사회는 유해한 공간으로 변해간다. 왜냐하면 청소년들은 이러한 지역사회에서 새로운 문화를 창조해 나가면서도 이를 검증하고 조화시킬 수 있는 능력이 부족하기 때문이다. 지역사회는 청소년들이 거주하는 종합적 생활공간으로 전체 사회구조라는 거시적 공간에 둘러싸인 지역사회환경과 그 속에 가족, 학교, 또래 집단과 같은 소규모의 또 다른 공간이 존재한다. 이러한 공간에는 하부로부터 청소년 개개인을 위협하는 여러 위험요소가 있으며, 이러한 위험요소에 지역사회가 능동적으로 잘 대처할 수 있는 체계를 갖추고 있느냐 그렇지 못하느냐에 따라 청소년문제를 유발하는 근원으로 작용할 수 있다.

이러한 관점에서 지역사회는 성인에 비해 사회를 직접 경험할 기회가 많지 않은 청소년들에게 청소년활동을 기반으로 자신이 구성원으로 속해 있는 지역사회의 구조와 운영원리를 이해하고 이를 통해 사회를 가깝게 느끼게 하며, 생태학적 관점에서 개인, 학교, 가족, 또래라는 위험요인과 보호요인의 양면성에 따라 문제가 확대되느냐, 아니면 청소년들을 공동체 의식과 시민성, 협동심과 배려심 등과 같은 사회적 상호작용 능력과 리더십을 갖춘 사회구성원으로 회복시킬 수 있느냐를 결정해 줄 수 있는 중요한 기반이기 때문이다.

청소년은 인간관계로부터 커다란 영향을 받는데, 관계에서 지지를 받게 되면 안정감을 얻고, 사랑받고 있다는 느낌을 받으며, 자신에 대한 정체성도 찾을 수 있게 된다. 미시체계 관점에서 사회적 지지는 청소년으로 하여금 힘들고 어려운 시기를 헤쳐 나갈 수 있는 요소이다(장재현, 2018).

1) 지역사회 청소년활동의 방향

지역사회 청소년활동과 프로그램이 추구해야 할 방향은 다음과 같다.

첫째, 자기 존중감, 감정조절, 그리고 자아정체감 향상과 관련되어야 한다. 특히 자아정체감이란 자신을 표현하는 요약된 정보이며, 일반적으로 자신이 속한 집단 혹은 속하고자 하는 집단과 일치시키려는 경향이 있다. 또한 집단과 집단 구성원은 자신이 속한 사회적 혹은 시대적 맥락에서 정체성의 의미를 발견할 수 있다. 구체적으로 자아정체감은 육체적, 정신적, 감정적, 관계적, 직업적, 오락적, 그리고 영적 영역으로 구분하여 표현할 수 있다(Naomi Ellemers, Russell Spears, Bertjan Doosie eds., 1999).

둘째, 더 나은 생활기술 획득을 비롯하여 리더십 기술, 의사소통 기술, 의사결정 기술을 향상시킬 수 있어야 하며, 나아가 직업에 대한 긍정적 태도형성과 일에 대한 책무성을 확립할 수 있는 기회가 되어야 한다.

셋째, 활동을 통한 학업성취도 향상과 연계시킬 수 있어야 한다.

넷째, 학교중퇴 혹은 학업중단 위기에 처한 청소년들을 위한 대응체계를 구축해야 한다.

다섯째, 지역사회 성인들과 협력적인 네트워크와 파트너십을 형성하는 기회를 제공한다.

여섯째, 가족 간 커뮤니케이션 향상의 기회를 제공한다.

일곱째, 외로움, 수줍음, 그리고 절망감 같은 심리적 문제를 해결하고 위험행동에 관여기회를 차단하는 한편, 적극적 관점의 지역사회 청소년활동은 청소년들이 성인기로의 성공적인 이행을 위해 필요한 역량을 스스로 개발하고 발전시키려는 일련의 과정이라고 볼 수 있다. 각자의 역량개발을 위해서는 그 방식에 있어 청소년들의 요구수준과 지역사회의 상황에 따라 다양하게 접근해야 한다.

2) 청소년활동에서 지역사회의 중요성

청소년활동의 특징은 주로 지역사회를 중심으로 이루어지고 있다는 점이다. 따라서 청소년활동 참여는 자신이 살고 있는 동네의 소중함과 이웃에 대한 관심을 통해 안정감과 삶의 만족감을 갖게 되고 집단효능감도 향상될 수 있는 장점이 있다. 뿐만 아니라 청소년들은 지역사회 활동을 통해 대인관계의 필요성과 어려움을 느끼면서 문제해결 과정을 스스로 경험하고 체험해 볼 수 있게 된다(최경옥, 2015).

(1) 지역사회는 청소년들에게 있어 구체적인 생활의 원천적 거점이다. 지역사회는 사람이 태어나서 성인이 될 때까지는 물론 전 생애를 통하여 가장 직접적이고 실체적인 생활의 장소이고 인간형성의 장소이다. 학생이나 근로청소년, 모든 유형별 집단에 있어 가정과 직장, 가정과 학교를 잇는 생활권역을 크게 넘지 않는다. 지역사회는 바로 그들이 주민들과의 다양한 사회적 상호작용 속에서 성장 · 발달하는 준거환경이다. 특히 청소년문제의 확산은 지역사회의 유해한 사회문화적 환경, 분위기와 밀접한 관계를 가지고 있으므로 지역사회의 책임이 더 강조되고 있으며 지역사회와의 연계와 협력의 필요성이 한층 대두되고 있다.

(2) 지역사회는 청소년의 교육의 장이 될 뿐 아니라 지역사회에 존재하는 모든 물질적 · 문화적 · 인간적 자원은 청소년을 위한 교육적 자원이다. 즉, 지역사회는 곧 청소년들의 관습과 태도, 가치의식을 길러주는

교사의 역할을 하고 있으며 지역사회의 형태 및 문화가 학교 교육의 성격을 결정한다.

(3) 지역사회에는 청소년에게 유용한 자원들이 잠재되어 있다. 청소년활동이 성공적으로 이루어지기 위해서는 중앙정부와 지방자치단체의 과감한 재정적 지원 및 정책 추진과 더불어 지역사회에 산재된 자원의 발견, 조직화, 관리를 통해 지역사회에 있는 인적·물적 자원을 동원해야 하며, 이를 통해 청소년활동의 효과를 높일 수 있다. 특히 지역주민의 자발적인 참여를 이끌어 냄으로써 청소년에 대한 주민의 관심과 책임을 고양시킬 뿐 아니라 청소년과 기성세대의 갭(gap)을 메울 수 있을 것이다.

(4) 지역사회는 중앙정부 및 지방자치단체가 작성한 정책의 효과가 구체적으로 발생하는 전선(front line)이다. 그러므로 청소년과 관련된 국가의 정책의지가 그 실효성을 거둘 수 있는 현장도 바로 지역사회이다. 아무리 질적으로 좋고, 양적으로 많은 정책과 수단이 제공된다 하더라도 실현성이 보장될 현장으로서의 지역사회가 수용태세를 갖추지 못하거나 수준 미달이라면 그 정책은 사실상 무용한 것이나 다름없다(이철위, 1991).

3) 청소년시설 및 단체와의 지역사회 중심 네트워크 형성

청소년의 잠재역량은 교과서 위주의 주입식·암기식 학습에 의해서보다는 다양한 경험과 사고를 통해 길러지는 것임을 감안할 때 청소년의 학교 밖 활동 및 사회관계 참여에 대한 적극적 지원이 이루어져야 할 것이다(조혜영 외, 2008). 청소년수련관을 비롯한 청소년시설은 지역사회에서 청소년들이 가장 쉽게, 그리고 가장 많이 이용할 수 있는 장소다. 청소년들의 내재된 욕구의 해결과 일상적이고 비체계적인 활동의 장으로서, 청소년시설을 이용하는 활동은 이제 어느 정도 안정적인 틀을 정립하였다고 해도 과언이 아니다. 청소년 중심의 일상적 또는 비일상적 여가 및 수련활동의 중심적 역할을 청소년수련관 등 청소년시설이 담당하고 있으므로 이러한 시설을 더욱 강화하는 방안은 매우 중요하다. 지역사회의 청소년시설이 청소년들의 활동 공간으로 자리 잡고, 다양한 활동 프로그램을 손쉽게 접할 수 있을 때 청소년들의 주말이나 방과 후 여가 활용은 바람직한 방향으로 전개될 수 있을 것이다. 이러한 과정에서 청소년시설은 청소년들의 역량개발과 함께 자아 확립 기회를 제공하는 터전으로 자리 잡을 것으로 보인다.

그러나 청소년들의 주요 생활공간인 학교에서는 인성 함양이나 자아 탐색의 기회가 부족하고, 청소년 시기에 필요한 비판적 사고, 토론을 통한 의견 교환, 미시적 상호작용을 통한 자존감 습득 기회 등이 극히 제한적이다. 이에 대한 대안으로 신뢰할 수 있는 성인 지도자들이 상근하고 있는 지역사회의 청소년 공간에서 청소년들이 하고 싶은 활동을 하고, 바람직한 사회적 상호작용을 함으로써, 사회적으로는 청소년문제행동의 가능성을 줄이고, 심리적으로는 자존감과 안정감을 얻으며, 나아가 역량개발에까지 기여할 것이라 여겨진다.

청소년들이 가장 쉽게 이용할 수 있는 청소년활동 환경이자 조직체적 시설은 바로 지역사회 청소년시설이다. 하지만 현실에서는 청소년들에게 다가가는 청소년시설이 되지 못하고 있어, 청소년시설이 지역사회의 허브가 되지 못하고 있는 문제점은 개선되어야 할 것이다. 향후 양적으로 증가하고 있는 청소년시설에서 청소년들은 어떤 활동을 하고 있는지, 이들은 어떠한 의미를 가지고 지역사회 공간을 사용하고 있는지에 대해 수요자의 관점에서 조사가 이루어져야 할 것이다(조혜영 외, 2008).

또한 지역사회에서 청소년활동이 조직적이고 체계적으로 운영될 수 있는 중요한 메커니즘은 바로 청소년단체다. 청소년단체란 청소년들로 하여금 일정한 만남과 접촉을 통해 상호작용함으로써 개인적인 성장을 이룩하는 동시에, 장차 사회의 건전한 일원으로서 생활해 갈 수 있는 태도를 습득하게 하며, 전체 사회에 기여할 수 있는 정신을 연마하는 실천적인 활동 현장으로서의 기능을 갖는 넓은 의미의 사회단체의 하나로 규정할 수 있다.

청소년단체는 시설과 청소년지도자가 확보되어 있으며, 본연의 업무가 청소년의 삶의 질을 충족시키기 위한 활동의 전개와 함께 체험의 기회를 통한 학습경험의 제공으로 청소년의 바람직한 욕구충족의 기회를 제공하려는 데 있으므로, 청소년단체가 지역사회에서 청소년의 활동을 조직적으로 묶어 주는 것은 매우 중요하다. 특히 창의적 체험활동과 자유학기제 운영 등 학습체제와 학교환경의 변화에 따라 청소년단체가 학교 중심으로 운영될 경우 학교 수업시수의 축소와 그 보완, 청소년활동 기회의 상대적 제한 등으로 청소년단체활동 역시 학교 교육과 상호보완할 수 있는 대안적 노력이 부족하다면 자칫 존립의 위태로움까지도 불거질 가능성이 크다. 이렇게 될 경우 청소년단체활동의 가치에 대한 부정, 활동의 중요성 망각 등 청소년단체활동의 도태로 이어지게 될 우려가 큰데, 그럴수록 청소년단체는 새로운 대안으로서 청소년활동을 부각시키려는 노력이 필요하다. 청소년활동이 지역사회에서 청소년을 비롯하여 지역주민이나 학부모의 전폭적 지원을 얻기 위한 노력을 감행하지 못할 경우 현행 학교의 입시중심의 교육과 주말의 입시학원의 틈바구니에서 설 자리를 찾기가 어려울 것이다. 따라서 청소년단체 간의 경쟁적 관계와 회원확보 경쟁을 지양하고 학교를 포함하는 지역사회 전반에 걸친 청소년단체활동의 연결벨트모형의 개발을 통한 실질적인 네트워크 형성이 이루어질 필요가 있다.

생각해 보기

- 지역사회와 청소년활동 지도의 필요성에 대해 논의해 보자.
- 지역사회 중심의 참여활동 터전으로서 청소년시설과 단체활동의 중요성에 대해 논의해 보자.
- 청소년기 건강한 자아정체감 형성을 위한 지역사회 기반 청소년활동 지도의 필요성에 대해 논의해 보자.

참고문헌

김영인(2007). **청소년의 참여와 시민성 함양.** 경기 : 한국학술정보(주).

김원진(1999). 지역사회중심 청소년수련활동 활성화 방안에 관한 기초연구. 서강대학교 교육대학원 석사학위논문.

봉미미(1996). 주관적으로 인지된 과제의 유사성이 자기효능감의 전이에 미치는 영향 : 교수설계에의 시사점. **교육공학연구, 12**(1), 60-75.

성은모 · 김균희(2013). 청소년의 행복에 영향을 미치는 개인특성과 환경특성 간의 관계 분석. **한국청소년연구, 24**(3), 177-202.

여성가족부 · 청소년활동진흥원(2022). **지역사회 청소년참여활동 활성화 사례집.** 서울 : 청소년활동진흥원.

오해섭(2008). 지역사회중심 청소년활동의 중요성과 역량강화 방안. **농촌지도와 개발,** 417-437.

이철위(1991). 청소년 건전 육성을 위한 지역사회 참여방안. 서울 : 체육청소년부.

장재현(2018). 청소년의 사회적 지지와 지역사회환경이 주관적 안녕감에 미치는 영향. 부산대학교 박사학위논문.

전동만 · 장수한(2021). **청소년활동론.** 경기 : 양서원.

조혜영 · 유진이(2008). 청소년의 지역사회 청소년시설 이용실태와 주체적 참여방안 연구-청소년문화의집을 중심으로-. 세종 : 한국청소년정책연구원.

천정웅(2013). **청소년복지론 발전적 관점.** 경기 : 양서원.

최경옥(2015). 청소년의 대인관계 역량에 영향을 미치는 요인-사회자본의 영향을 중심으로-. **한국아동복지학,** 51.

최경옥(2017). 지역사회 청소년활동 참여와 학교생활적응의 관계에서 자기효능감의 매개효과. **청소년복지연구, 19**(3), 231-261.

홍정희(2016). 청소년의 지역사회 참여활동 경험의 교육적 의미 : '청소년참여위원회' 활동을 중심으로. 이화여자대학교 대학원 박사학위논문.

황여정(2017). 청소년의 지역사회 참여 모형개발 연구. 세종 : 한국청소년정책연구원.

Driskell, D.(2017). *Creating better cities with children and youth : A manual for participation.* New York : Routledge.

Larson, R.(2000). Toward a psychology of positive youth development. *American Psychologist, 55*. 170-183.

Naomi Ellemers, Russell Spears, Bertjan Doosie(Eds.)(1999). Self and social identity, 2002(53), 161-186.

Ross(1965). "Uptown and Downtown : A Study of Middle Class Residential Areas". A.S.R, 30.

Synder, Howard N., Sickmund, Melissa, & Poe-Yamagata, Eileen(1996). *Juvenile offenders and Victims : 1996 Update on Violence*. Statistics Summary. Pittsburgh : NationalCenter for Juvenile Justice. NCJ 159107.

12

Chapter

미래사회와 청소년지도

학습목표

- 미래사회의 특성에 관해 이해할 수 있다.
- 미래사회 새로운 패러다임과 청소년활동과의 관계에 대해 설명할 수 있다.
- 지속가능한 지역사회를 위한 청소년 참여활동의 중요성과 의미에 대해 설명할 수 있다.

학습개요

초저출산과 고령화 사회, 기후위기와 코로나 팬데믹 등 코로나19는 4차 산업혁명이 주도할 디지털 세상을 우리의 일상생활에서 경험하게 하였다. 물리적으로는 사회적 거리두기를 하고 있지만 실상은 디지털 기기를 통해 전 세계가 초연결되어 있는 상황이다. 이렇게 급변하는 사회 속에서 청소년활동은 디지털 혁명의 시대에 맞게 더욱 새로운 생존기술과 생존역량을 보유해야 할 시점에 이른 것이다. 이 장에서는 디지털 뉴노멀 시대에 살아갈 청소년들의 지속가능한 지역사회를 위한 청소년 참여활동의 중요성과 로봇과 인공지능이 수행할 수 없는 휴머니티를 극대화시키는 역량개발의 의미에 대해 학습해 보기로 한다.

Chapter

12

미래사회와 청소년지도

1. 청소년과 미래사회

우리 사회가 고민해야 할 청소년이 직면하는 미래사회는 초저출산에 따라 생산가능인구의 비율이 급속도로 줄어드는 인구절벽 현상이 우려되고 있다. 대부분의 선진국은 이미 인구절벽 현상이 시작되었기 때문에 우리 사회도 인구감소의 시대에 저출산 문제와 더불어 중요하게 다뤄져야 할 사안은 실제적으로 생산인구에 유입되는 청소년관련 현안 문제라고 볼 수 있다. 지난 수년간 총인구 감소와 함께 청소년인구는 꾸준히 감소하고 있는데, 특히 주목해야 할 부분은 총인구 대비 청소년인구의 구성비도 점차 줄어들고 있다는 점이다.

이와 같이 청소년인구가 감소하고 있는 상황에서도 아동학대를 비롯해 학업중단이나 가출 등 위기청소년의 증가, 청소년 비행의 재범률 증가 등의 문제는 청소년이 건강한 생산인구로 원활하게 진입할 가능성을 낮추고 오히려 사회적 비용을 증가시키는 요소가 되고 있다. 인구의 양적 관리뿐만 아니라 질적 관리도 중요하므로 청소년의 잠재력 발굴을 위한 역량증진 활동과 위기청소년의 건강한 성장을 지원하는 청소년정책은 시대적 소명으로써 그 중요성이 더욱 강조되어야 하겠다.

아울러 일상이 되어버린 기후위기와 코로나19와 같은 감염병의 창궐 등 건강과 생명을 위협받고 삶의 변화를 강요받는 2000년대 이후 출생자들은 기후위기를 일상으로 안고 살아야 하는 기후세대이다.

이러한 미래사회에 대한 준비는 단지 국가나 기업만의 역할이 아니라 현재를 기반으로 미래사회를 살아가야 할 모든 사람들이 고민해야 할 주제가 되었다. 여기에 가장 큰 영향을 받을 것으로 예상되는 대상이 바로 청소년이라는 점에서, 이들이 앞으로 살아가야 할 미래에 대한 올바른 지각과 함께 준비를 위한 적극적인 대안이 필요하게 되었다. 이러한 필요성은 단지 생활의 관점뿐만 아니라 교육과 청소년을 위한 모든 영역에서 이행되어야 할 과제이다.

따라서 오늘이 아닌 미래사회를 살아가야 할 청소년들이 10년 또는 20년 후의 미래사회가 어떻게 변화할 사회가 될 것인지를 알아보는 것은 시급한 과제이기도 하다. 또한 이러한 변화 속에서 오늘의 청소년들이 어떠한 대응을 해야 할 것이며 더 나아가서는 청소년정책에서도 중요한 대응책을 마련해 내도록 하는 것이 중요하다 하겠다.

1) 우리 사회가 고민해야 할 청소년의 미래

미래부의 미래준비위원회는 2015년 청소년의 현실과 밀접한 관련을 맺고 있는 중요 이슈로 다음과 같이 10대 의제를 선정하였다.

① 저출산 · 초고령화, ② 불평등, ③ 미래세대 삶의 불안정성, ④ 고용불안, ⑤ 국가 간 환경영향 증대, ⑥ 사이버 범죄, ⑦ 에너지 및 자원고갈, ⑧ 북한 문제, ⑨ 기후변화 및 재해, ⑩ 저성장과 성장전략 전환 등의 이슈는 10년 뒤 한국 사회의 핵심 쟁점으로 부각될 것으로 전망된다(미래창조과학부 미래준비위원회 · 한국과학기술기획평가원 · 한국과학기술원, 2015).

저출산, 고령화, 저성장에 따른 고용불안은 우리 사회가 직면한 현안이자 뚜렷한 해법을 찾지 못한 현안이기도 하며, 특히 미래세대가 경험하게 될 고용불안은 저출산, 고령화 문제와 맞물려 세대갈등의 새로운 국면을 형성할 수 있을 것이다. 아울러 생산가능 인구의 감소와 노년부양비 증가로 미래세대 청소년의 부담은 가중될 것으로 예상된다. 또한 4차 산업 도래와

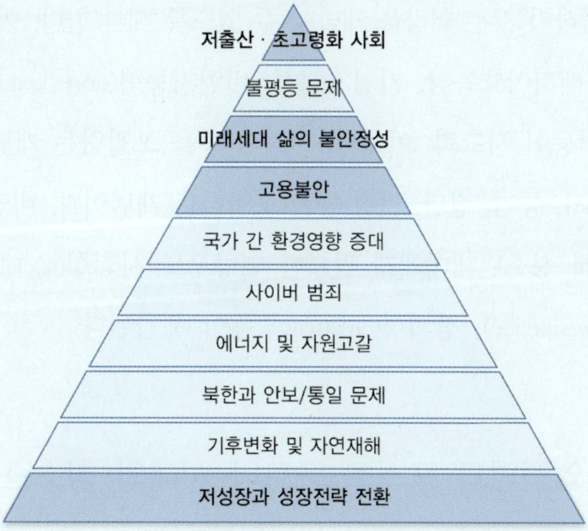

|그림 12-1| 미래사회 한국사회 10대 이슈

출처 : 미래부 미래준비위원회 · 한국과학기술기획평가원 · 한국과학기술원(2015). 10년 후 대한민국 미래이슈 보고서, p. 34 재구성.

디지털 사회로의 급속한 전이에 따른 직업생태계의 변화, 포스트 코로나 시대 새로운 뉴노멀이 된 비대면 문화의 정착 등 미래세대인 청소년이 직면한 사회현상에 대해 고민하고 그 해법을 제시해 줄 필요가 있다.

따라서 4차 산업혁명 시대로 대변되는 미래사회의 패러다임에 능동적으로 참여하는 인재로 청소년들의 성장을 지원하는 청소년정책과 활동 지도가 이루어져야 할 것이다. 그에 따라 청소년활동 지도의 방향을 잡아보면 다음과 같다.

첫째, 미래사회에 요구되는 인재상인 로봇과 인공지능이 수행할 수 없는 휴머니티를 극대화할 수 있는 역량, 즉 인간 본연의 사고 및 소통 능력을 함양할 수 있게 한다.

둘째, 새로운 사회·경제 생태계에서 청소년들이 다양한 도전과 실패에도 쉽게 좌절하지 않는 역량을 개발할 수 있도록 해야 한다. 이에 따른 핵심역량으로 미래자아효능감, 기업가정신, 비인지능력(noncognitive skill) 등이 있다. 인공지능이 사고력, 이해력, 기억력 등을 포괄하는 개념이라면 비인지능력은 끈기, 동기, 집념, 열정 등을 포함하는 개념이다. 비인지능력 구성요인 중 미래 청소년세대에게 필요한 역량으로 사회성(social competence), 회복탄력성(resilience), 창의성(creativity) 등이 제시된다.

2) 4차 산업혁명과 포스트 코로나 시대의 청소년활동

(1) 4차 산업혁명과 청소년활동

4차 산업혁명은 거스를 수 없는 거대한 사회적 변화이다. 과학기술과 산업구조의 변화속도에 비해 이러한 변화에 대응하는 전략의 수립과 실시는 여러 가지 이유로 미흡하다고 할 수 있다. 유럽연합과 독일의 4차 산업혁명에 대비하는 범국가적 차원에서의 정책 수립은 2000년대 중반부터 이루어졌으나 한국은 2014년 이후에야 본격적으로 관심을 갖게 된 것도 4차 산업혁명에 대한 준비 미흡의 한 사례가 될 것이다.

더욱이 4차 산업혁명 시대의 주역이 될 청소년에 대한 관련 정책이나 제도, 사업은 진로역량을 개발하고 진로체험을 지원하는 수준에 머물러 있다. 그러므로 해외 사례와 국내의 관련 정책 분석을 통해 4차 산업혁명 시대에 필요한 청소년정책의 방향과 관련 정책 및 제도 수립을 위한 제언은 다음과 같다.

첫째, 4차 산업혁명은 산업분야에만 영향을 미치는 것이 아니라 산업현장에서 촉발되어 우리의 광범위한 삶의 전 영역에 영향을 미치게 되므로 향후 청소년정책은 4차 산업혁명이 초래하게 될 미래 산업현장과 사회, 경제, 문화, 가치관과 윤리에 대하여 보다 적극적으로 대응해야 할 것이다. 양질의 기술을 가진 노동력이 요구되는 산업현장에서 성공적인 자아실현을 이루기 위하여 청소년은 개인적으로는 자신의 적성과 역량을 반영한 양질의 노동력을 함양하도록 해야겠지만 그러한 사회가 요구하는 가치관과 사회문화에 대해서도 대비할 수 있어야 할 것이다.

둘째, 청소년정책 수립과 실시, 사업을 통해 인간 존중과 인간의 가치를 배울 수 있어야 한다. 역설적으로 4차 산업혁명이 초래하는 사회는 인공지능에 대비하는 인간의 존엄과 가치, 함께 어울려 사는 공동체 의식과 시민의식, 협력과 연대, 배려 같은 오히려 전통적인 가치들이 더욱 중요해지는 사회가 될 것이다. 2017년 경제 · 인문사회연구회는 '제4차 산업혁명 시대 인문정책 방향'이라는 연구보고서에서 4차 산업혁명 시대야말로 휴머니즘과 인간, 인간사회에 대한 성찰이 이루어져야 한다고 강조하고 있다. 특히

1차 산업혁명을 통한 산업의 발전과정의 초기에서 인류가 획기적인 산업발달을 이룰 수 있었던 것은 정치혁명이 가능하게 한 신분사회의 타파와 시민사회의 등장이 있었기 때문이다. 즉, 산업혁명의 과정에서 부를 축적한 귀족이 아닌 개인이 신체의 자유와 자신의 노동에 대한 인식을 하게 됨에 따라 신분질서가 파괴되고 보편적 권리를 누리며 새로운 계급을 형성했을 뿐만 아니라 더 나아가 사회를 분화시키며 사회구성원의 삶을 바꿔 놓기에 이르렀다(정원섭 외, 2017). 이러한 과정에서 중요하게 작동한 원리는 인간에 대한 이해와 인간 존엄성에 대한 가치 인정이었던 것이다.

셋째, 4차 산업혁명을 대비하며 청소년정책은 이전보다 더욱 공동체를 강조하고 상생하는 방법과 내용을 포함해야 한다. 우리가 주의하고 경계해야 할 것은 2차 산업혁명을 통해 여러 차례의 시민혁명을 거친 국민국가의 등장에 따라 국민이 민족으로 인식되어 민족의 우월성을 강조하고 제국주의가 등장하여 전 인류가 세계대전까지 경험한 비극적인 역사를 잊지 않는 것이다(정원섭 외, 2017). 더욱이 정보통신기술의 발달이 기반이 된 3차 산업혁명은 국가의 경계를 허물고 국가의 단위경제와 운영체제를 허문 결과 첨단 과학기술의 주도국이나 주도 기업에게 경제와 사회의 주도권이 집중되어 현재 사회에서 가장 큰 문제 중 하나로 대두되는 다양한 양극화의 문제를 초래하였다. 그러므로 향후 미래의 청소년정책은 4차 산업혁명 시기에 이미 예측할 수 있는 역사적 과오를 답습하지 않도록 사회문제를 선제적으로 해결하는 방법으로 고안되어야 할 것이다. 1차 산업혁명이 시민사회를 등장시키고 신분제도 타파하는 것으로 인간 존엄과 개인의 자유와 권리를 가져다준 반면 2차 산업혁명과 3차 산업혁명은 또 다른 사회 경제의 넘을 수 있는 신 계급제도를 만들고 사회적 양극화를 심화시키고 있다(정원섭 외, 2017). 그러므로 4차 산업혁명의 시작점에 서 있는 현재 우리는 이제 인공지능이라는 유사인종과 더불어 살아가게 될지도 모르며 그렇게 된다면 인간의 본질적인 가치와 존엄이 파괴되어 어느 순간 AI와 같은 유사인종에게 지배받고 유사인종과 경쟁하는 시대를 살아가게 될지도 모르는 일이다.

마지막으로 전통적인 가치 회복에 대한 노력이 미래 청소년정책에 포함되어야 한다. 4차 산업시대를 살아가는 청소년이 함양해야 할 가치는 산업혁명 초기에 대두되었던 보편적 개인의 인간 존엄에 대한 추구와 인간의 본질에 대한 이해, 인간 자체의 가치를 인정하는 휴머니즘 같은 것들이다. 그렇지 않다면 인류가 어떤 파괴적인 미래를 맞이할지도 모르는 일이며 우리는 유사인종과의 양극화의 문제를 고민해야 할 수도 있다. 그러므로 4차 산업혁명 시대에 필요한 청소년정책은 윤리적 공동체를 구현할 수 있기 위한 휴머니즘을 포함하는 것이어야 할 것이다. 4차 산업혁명이 인간을 노동과 빈곤에서 해방시켜 줄 수는 있겠지만 윤리의식과 시민의식, 도덕과 같은 공동체 요소가 사라진다면 인류 자체 생존의 위협을 초래할 수도 있기 때문이다.

결론적으로 4차 산업혁명 시대 청소년정책이 지향해야 할 것은 인간 존엄에 대한 이해 증진과 개인의 사회적 책임과 공동체에서의 기여적인 역할 습득 및 실천, 인류의 공영을 위한 공존의 가치 추구, 협력과 연대를 위한 실천이 가능할 수 있도록 하는 정책 수립과 관련 교육 및 프로그램의 개발이라고 할 수 있다.

(2) 포스트 코로나 시대 청소년활동

한국과 달리 유럽연합과 유럽평의회 회원국들은 코로나 시대를 예견한 것은 아니지만, 4차 산업혁명의 시대를 적극적으로 준비하고 대응하기 위하여 2010년 이후 Digital Youth Work, 즉 디지털 청소년활동이라는 개념을 소개하기 시작하였다(European Commission, 2017). 디지털 청소년활동이란 청소년지도에서 적극적으로 디지털 콘텐츠, 코딩 · 인공지능(AI) 등 디지털 미디어와 테크놀로지를 사용하는 것이며 단지 청소년활동지도를 위한 하나의 방법이 아니라, 청소년활동이 다양한 환경에서 이루어질 수 있는 활동을 의미한다.

그러므로 디지털 활동이 추구하는 청소년활동의 궁극적 목적은 청소년이 의사결정을 할 수 있는 자신감을 기르며 자신과 타인의 삶에 영향을 주는 문제를 해결하며, 지역사회 및 사회의 발전에 기여하는 구성원이 될 수 있도록 하는 일반적인 청소년활동의 목적(NYA, 2020)과 동일하다. 뿐만 아니라 디지털 청소년활동은 대면활동과 비대면 온라인 활동 각각의 형태 또는 두 가지가 혼합되어 실행될 수도 있으며, 디지털 미디어나 테크놀로지 자체는 도구이자 콘텐츠로서의 역할을 할 수 있다. 디지털 청소년활동 역시 일반적인 청소년활동이 지향하는 윤리, 가치, 원리를 추구하며 디지털 활동은 청소년지도자와 자원봉사자 등 청소년지도를 하려는 누구에게나 가능한 활동이다. 이렇듯 유럽연합 차원에서 각국이 청소년활동의 확장을 위해 디지털 미디어와 기기 사용을 적극적으로 검토하고 가이드라인을 제시하고 있는 것은 청소년활동의 활성화 입장에서 볼 때 매우 고무적인 일이라고 할 수 있다.

디지털 청소년활동에 대한 관심과 연구 수행 등의 영향으로 유럽연합이나 영국의 경우 코로나 상황에서 의료 체계나 대응에 있어 한국과 비교할 때 매우 부족한 수준이라고 할 수 있었지만, 청소년활동의 입장에서 보면, 이들은 한국보다 앞서, 2020년 3월 혹은 4월 이후부터 홈페이지를 통해 적극적인 대응방법을 공유하고 소개하기 시작했다. 일례로 영국의 전국청소년활동(사업)위원회(National Youth Agency)는 홈페이지에 청소년활동 사례를 공유하는 것은 물론 코로나 단계별 청소년활동과 청소년기관의 대응수준을 제시하였다(National Youth Agency, 2020). 더 나아가 청소년기관 운영이 정상적으로 이루어지지 않음에 따라 발생하는 경제적 손실을 해결하기 위해 청소년지도자가 후원금이나 대출을 받을 수 있는 방법까지도 안내하고 있었다. 즉, 코로나19 시기에 청소년활동이나 청소년사업이 지속될 수 있도록 지원하는 것뿐만 아니라 청소년지도사의 경제적 피해를 최소화하고자 하는 노력은 한국에서는 찾아보기 힘든 사례라고 할 수 있다.

특히 비대면 청소년활동이나 청소년사업에 대해 신속하게 대응할 수 있었던 것은 디지털 청소년활동에 대한 이해와 관련 프로그램이 체계적으로 갖추어져 있었기 때문이다. 다시 말해 한국보다 거의 10년 전부터 비대면활동을 위한 준비를 해오고 있었기 때문에 한국보다 신속하게 비대면 청소년활동과 청소년사업으로 전환이 가능했던 것이다. Compact for Young People in Humanitarian Action(2020)은 전 세계가 코로나 초기에 코로나로 인해 겪는 어려움들에 대해서 성인의 관점에서 주로 보도가 이루어지고 다루어졌으나 사실 청소년에게 미치는 건강의 문제와 건강 이외의 문제가 성인보다 클 것이라고 예측하였으며, 특히 코로나는 존재하는 사회적 양극화, 불공정, 취약계층의 문제점들은 더욱 심화될 것으로 예상하였다. 그러므로 코로나 시대 이후 청소년활동은 그 어느 때보다도 사회적 배제 상태에 있거나 사회적 배제에 빠질 확률이 높은 위기청소년 집단 맞춤형 활동으로 선택과 집중이 필요해 보인다. 그렇지 않으면 포스트 코로나 시대에 경험하게 될 개인적, 사회적 손실이 너무나 클 수밖에 없기 때문이다.

2. 미래사회 새로운 패러다임과 청소년활동

1) 디지털 청소년활동으로의 전환

코로나19는 4차 산업혁명을 현실로 인식하게 하였다. 4차 산업혁명이 인공지능과 빅데이터 기반의 디지털 기술로 연결되어 초연결 사회를 이루어 낼 것이라고 예측되곤 했는데(김은경 · 문영미, 2016), 코로나19는 4차 산업혁명이 주도할 디지털 세상을 우리의 일상생활에서 경험하게 하였다. 물리적으로는 사회적 거리두기를 하고 있지만 실상은 디지털 기기를 통해 전 세계가 초연결되어 있는 상황이다. 이렇게 급변하는 사회 속에서 청소년활동은 디지털 혁명의 시대에 맞게 더욱 새로운 생존기술과 생존역량을 보유해야 할 시점에 이른 것이다. 대면활동 위주로 이루어지던 청소년활동이나 청소년지도는 코로나19가 종식된다고 하더라도 예전만큼 중요한 것으로 여겨지지 않을 확률이 높고, 설령 중요하다고 하더라도 이미 온라인 비대면활동이 익숙해진 청소년 세대가 대면활동의 현장을 더 선호하게 될지 또한 미지수이다. 그러므로 향후 청소년활동은 대면활동이 어려운 상황에서 임시방편적으로 만들어지는 활동이 아니라 대면활동과 비대면활동이 상시적으로 존재하여 더 많은 선택권과 활동 참여 기회를 보장해 주는 방향으로 전환되어야 할 것이다.

디지털 청소년활동의 일상화를 위해서는 우선 국가 청소년활동정책에서부터 비대면 청소년활동의 중요성과 활용방안 비대면 청소년활동프로그램을 만들고 보급하는 방안이 포함되어야 하고 여기에는 당연히 예산지원이 포함되어야 한다. 청소년지도자들이 디지털 문해역량을 개발하고 발전시킬 수 있도록 교육과 연수를 위한 지원이 이루어져야 하며, 청소년기관의 디지털화를 통해 시설과 장비의 디지털화가 동반되지 않으면 비대면 청소년활동은 청소년활동의 일부로만 전락해 버리게 될 것이기 때문이다. 한국청소년활동진흥원은 2020년 여름 이후 발 빠르게 수련활동인증제 개편을 통하여 비대면 청소년활동인증 프로그램을 시범적으로 보급하고 비대면 청소년 수련활동인증 프로그램 개발을 장려하고 있다. 여성가족부에서도 제7차 청소년정책기본계획의 시행에 따른 비대면 청소년활동의 개발 및 보급을 넘어 청소년기관의 디지털화를 위한 과감한 예산 투자를 고려하여야 할 것이다.

더욱이 디지털 청소년활동은 지역과 국가를 초월하여 청소년활동을 초연결할 수 있을 것이다. 유럽연합의 많은 회원국들 역시 코로나19로 인해 많은 어려움을 겪고 있는 것이 확인되었다. 특히 청소년활동과 청소년기관 운영에 있어 재정의 문제가 심각한 것은 전 세계적으로 공통적으로 드러나고 있다. 유럽연합은 이를 해결하기 위해 온라인 실태조사를 수행하였고, 유럽연합 차원에서 재정지원을 적극적으로 검토 중이다. 그러므로 한국 역시 디지털 청소년활동으로의 전환을 통해 다양한 주체와의 재정협력 혹은 공동대응이 반드시 필요하며 이러한 것을 가능하게 하는 것이 디지털 청소년활동이자 청소년지도가 될 수 있을 것으로 보인다.

2) 청소년활동과 청소년지도의 확장 : 연대와 협력

유엔의 보고서에서 지적하는 바와 같이 코로나 이후 전 세계적으로 교육격차는 더욱 심화될 것으로 예상된다. 한국도 예외가 아니라서 공교육 학업성취도 면에서 지금보다 훨씬 교육격차가 커질 것은 자명한 사실이다. 코로나 이전의 교육격차는 사교육을 필두로 한 경제적인 이유가 주원인이었다고 분석되지만(SKY 입학생의 가정 경제 수준만 보더라도), 코로나 이후의 교육격차는 여기에 청소년 개인이 가진 자기주도역량과 창의성 정도에 따라 또 다른 교육격차를 만들어 내게 될 것이다.

그러므로 청소년현장은 학교 교육에 대한 보완이 마치 청소년현장의 정체성과 역할을 부인하는 것 같아 의도적으로 학교 교육과의 거리두기를 설령 해왔다고 하더라도, 다른 관점에서 생각하면 오히려 학교 교육과의 새로운 협력관계를 통해 교육격차가 커질 수밖에 없는 저소득층 청소년들에 대한 교육지원과 더불어, 중산층 이상의 청소년이라도 자기주도학습역량과 창의성이 부족하여 교육격차를 초래하는 청소년들을 대상으로 한 새로운 개념의 청소년활동과 내용이 포함되어야 할 것이다. 영국의 청소년활동협회(NYA)는 영국의 코로나19 상황이 한국보다 훨씬 심각한 상황임에도 불구하고 코로나19 이후 학교 정상화 과정에서 반드시 필요한 'catch up' 프로그램을 개발[한국청소년활동연구, 6(4)(통권 제15호)]하고 있다(NYA, 2020). 'catch up' 프로그램은 정상적이지 못한 학교생활로 인해 청소년이 부족한 학업을 보충할 수 있도록 학습을 지원한다거나, 심리정서적 지원을 통해 일반적인 삶으로 돌아올 수 있도록 돕는 다양한 분야에서의 보충, 지원 프로그램을 의미한다. 한국의 청소년기관 역시 영국처럼 공교육을 강화하고 지원할 'catch up' 프로그램의 개발이 필요하고 청소년들이 공교육에 안전하게 복귀하도록 도와주는 역할을 수행해야 할 것이다.

공교육 역시 코로나19 이후 더욱 다양해질 청소년의 필요와 요구에 부응하고 코로나19가 초래한 청소년들의 신체적, 정서적, 학업적 문제를 해결하기 위해서도 청소년기관과의 연대가 절대적으로 필요하다. 학교에 비해 더 작은 규모의 활동을 통해 청소년을 위한 다양한 지원이 가능할 것이기 때문이다. 그러므로 청소년지도와 청소년활동이 학교 공교육의 확장과 연장의 차원에서 새로운 접근을 모색할 필요가 있으며, 이를 위해서는 우선 청소년지도자의 학교현장 및 학교 교육 과정에 대한 이해도 전제가 되어야 할 것이다. 또 현재 일부 지방자치단체나 청소년기관에서 시행하고 있는 찾아가는 청소년수련관이나 청소년문화의 집 같은 모델을 통해 청소년기관 자체의 이동성과 확장성이 고려되어야 한다.

마지막으로 청소년지도와 청소년활동의 확장은 국경을 넘어서는 수준의 확장과 변화도 포함해야 할 것이다. 유럽연합의 회원국들은 청소년활동이 가진 어려움을 해결하고자 유럽연합 전역에서 공동 연구와 대응전략을 마련하였다. 한국 역시 청소년기관들이 'K-청소년활동 모델'을 개발하여 전 세계의 청소년기관과 교류하고 협력을 하는 것도 고려함으로써 청소년활동과 청소년지도의 영역과 내용이 확장될 수 있을 것이다.

3) 다양한 공교육환경과 제도를 대비한 새로운 청소년활동 유형 제시

현재 한국을 비롯한 모든 국가들은 한 국가에서 하나의 학사운영일정으로 교육제도를 운영해 왔으나 이제 학습자의 다양성을 반영하고 팬데믹 같은 사회위기를 극복하기 위해서라도 다양한 학사일정을 선택하여 운영할 뿐만 아니라 수능 같은 입시제도의 개혁을 통하여 다양한 일정으로 학업성취도 평가가 이루어지는 교육정책의 개혁도 필요하다. 이렇게 공교육의 방향과 방법, 심지어 학사일정에 있어서의 다양성이 필요할수록, 공교육제도의 효과성을 극대화하기 위해서라도 청소년활동의 역할이 중요하게 인식되어야 한다. 한국에서 청소년지도는 공교육제도에 밀려 중요성을 인정받지 못하던 측면이 있었고, 학교 교육과의 차별성을 위해 의도적으로 교육과정이 아닌 청소년의 여가와 문화, 스포츠 등의 지·덕·체의 발달 요소 중 덕(德)과 체(體)의 발달만을 공략해 왔던 것도 사실이다.

그러나 공교육의 개혁이 이루어지는 만큼 청소년지도에 있어서도 개혁이 절대적으로 필요하다. 다양한 학사일정으로 인해 학교에 가지 않아도 되는 청소년들을 대상으로 한 학습지원(지식 교육)을 비롯하여 몸과 마음의 균형 잡힌 성장을 위한 프로그램이 연중 수시로 이루어져야 할 것이다. 즉, 방학을 대비해 운영되던 프로그램의 경우, 연중 운영이 가능하게 될 수도 있다는 것을 의미한다. 아울러 학사일정이 다양해지는 것뿐만 아니라 선택요일제 등교 같은 것도 가능해질 수 있으므로 청소년지도 현장이 청소년의 필요와 요구에 부응하는 질적인 프로그램만 개발하고 운영할 수 있다면 청소년지도 분야도 지금보다 훨씬 발전할 수 있을 것으로 보인다. 코로나가 안전의식에 대해서도 강조하고 있는바, 안전을 위해서도 소규모 활동을 지향하는 프로그램을 상시로 운영하는 것도 하나의 방안이 될 수 있다.

학교는 더 이상 학교 혼자만의 힘으로 교육의 질을 담보할 수 없게 되었다. 코로나 시기와 이후에도 학교에서 안전을 최우선으로 해야 하는 것은 학교가 지켜야 할 최우선의 방침이 되어야 할 것이고, 학교가 정상화된 이후 학습의 기회에서 소외된 학생들 대상의 추가 지원교육이 있어야 교육의 기회와 과정에서의 공정성이 확보될 수 있을 것이다. 이렇듯 코로나 이후 학교 교육의 역할이 더욱 다양해지는 상황에서 청소년활동의 영역과 역할 역시 다양해져야만 한다. 이는 청소년지도의 방향이 기존의 기능중심의 활동, 즉 청소년지도자가 청소년에게 활동을 제공하는 가장 중요한 이치가 더이상 즐겁고 재미있는 활동 체험을 통해 참여 청소년의 경험의 확산을 이루게 하였다는 선에서 머물러서는 안 되며, 궁극적으로 문제해결능력, 사고력, 질문법, 탐색력, 창의력 등과 같은 자기주도적 사회적 역량을 배우고 습득하게 하는 방식으로 활동의 방향이 전환해야 함을 의미한다. 또한 청소년활동은 학교의 안전과 관련한 활동과 교육을 지원하는 일뿐만 아니라 지역사회와 국가를 초월한 국제적 연대를 이룰 수 있도록 기획해야 할 것이다.

3. 지속가능한 지역사회를 위한 청소년 참여활동의 중요성과 의미

유엔은 지난 2000년부터 15년 동안 국제사회의 개발 노력에 있어 나침반 역할을 해온 새천년개발목표(MDGs : Millenium Development Goals)에 이어, 2016년부터 2030년까지의 새로운 목표로 지속가능발전목표(SDGs : Sustainable Development Goals)를 제시하였다. 2014년 유엔 종합보고서는 빈곤 종식뿐만 아니라 경제시스템의 변혁, 환경 보호, 평화와 인권 보장 등 보다 포괄적이고 포용적인 관점에서 '지속가능발전'이 글로벌 위기에 직면한 인류 사회의 미래 비전이자 정책 목표임을 천명하였다(UN SG, 2014).

|그림 12-2|에서 살펴보듯이 SDGs(Sustainable Development Goals)의 17개 목표 가운데 SDG 4는 양질의 교육 보장을, SDG 8은 청년 일자리 보장을 다루고 있어 청소년 연령대에 직접적인 연관이 있는 목표라 할 수 있으며, 빈곤(SDG 1, 2), 건강 및 웰빙(SDG 3), 성 평등(SDG 5)과 같은 주제들은 청소년 연령대에 한정되어 있지는 않지만 생애주기의 관점에서 볼 때 청소년기의 중요성과 현안을 다룰 수 있는 목표에 해당된다. 또한 최근 대두되는

|그림 12-2| UN지속가능발전 2030의제-지속가능발전17개 목표(SDGs)

개념인 모든 사람이 깨끗한 환경을 누리면서 삶의 질을 보장받는 것으로서 '환경복지'의 관점에서 볼 때, SDGs의 관점은 미래사회에 사회구성원이 누려야 할 삶의 질, 안전, 권리 등을 청소년정책의 다양한 측면에서 종합적이고 거시적으로 검토할 필요성을 제기한다(고재경 외, 2013).

지속가능한 지역사회를 만들기 위해서는 사회적, 그리고 경제적, 환경적 측면에서의 통합적 접근이 필요하며, 지속가능한 지역사회 만들기는 지역주민 간의 의사소통과 상호작용을 통하여 공동체 의식이 강화되는 사회적 지속가능성과 지역 기반의 건강한 경제 생태계가 활성화되는 경제적 지속가능성, 친환경 에너지 활용과 지역의 생태적 가치 증진 등을 통한 환경적 지속가능성의 통합적 접근을 통해 가능하다(주형선, 2017).

사회적이고 경제적, 환경적 측면에서 지속가능한 지역사회를 만들기 위해서는 주민이 문제해결 과정에 직접 참여하는 것이 매우 중요하다. 오르(Orr, 1992)는 지속가능성을 기술적 지속가능성(technological sustainability)과 생태적 지속가능성(ecological sustainability)으로 구별하고, 각각을 달성하는 데 있어 시민의 역할을 설명하였다. 기술적 지속가능성의 관점에서 환경과의 지속가능한 관계는 기술이나 경제 분야 전문가가 만들어 가는 것이며, 시민은 전문가의 결정을 따르면 된다고 본다. 생태적 지속가능성의 견지에서 시민은 적극적이며 정보를 갖고 있어야 한다. 그 결과 시민은 전문가 의견을 검토할 수 있고, 가능한 한 높은 수준의 삶의 질을 성취하기 위해 필요한 활동을 스스로 수행할 수 있다. 오르(1992)의 관점에서 보면 생태적 지속가능성을 추구하는 과정은 사회구성원의 주체적인 참여를 통해 지속가능한 사회를 만드는 과정이라고 볼 수 있다. 지속가능한 발전에서 사회구성원의 참여를 강조하는 것은 생태계 보존이나 지속가능성과 관련된 문제는 어느 한 분야의 전문적 지식으로 해결하기 어려운 복잡한 특징을 가지고 있기 때문에, 학제적 접근이 필요하고, 과학자나 정부뿐만 아니라 지역주민, NGO, 기업 등 관련된 다양한 주체가 참여할 때, 실질적인 해결 방안이 나올 수 있다고 보는 것이다(Berkes, 2004).

1992년 브라질의 수도 리우에서 열린 유엔환경개발회의(United Nations Conference on Environment and Development)에서 채택된 의제 21에서 청소년은 여성, 원주민, 민간단체, 지방정부, 노동자, 산업계, 과학기술계, 농민 등과 함께 지속가능한 발전을 실천할 당사자 그룹으로 제시되었다(UNCED, 1992). 유네스코는 청소년이 지속가능한 발전을 도모하고, 민주주의를 공고히 하는 데, 그리고 평화의 분위기를 정착하는 데 중요한 역할을 할 수 있다고 보며, 이것이 가능한 환경을 조성하기 위해 노력해야 한다고 주장한다. 또한 청소년이 정책의 수혜자(beneficiaries)이자 행위자(actors), 협력의 파트너(partners), 나아가 평화와 지속가능한 발전을 위한 변화의 주체(change-makers)가 될 수 있는 기회를 제공하기 위해 노력해야 한다는 점을 강조한다(UNESCO, 2012).

지속가능한 사회를 만드는 과정에서 청소년 참여에 대한 연구는 지속적으로 수행되고 있다. 국내에서는 지속가능발전목표(SDGs) 달성을 위한 청소년 삶의 질 실태 및 지원방안 연구에서 지속가능한 지역사회 만들기에 참여하는 청소년 및 청년활동에 대한 사례조사가 수행된 바 있다(황세영 외, 2016). 청소년 사례는 서울의 한 자치구의 청소년기관에서 시작되어 지역 전체로 확대되고 있는 활동이다. 참여한 청소년은 마을 환경 개선, 지역주민 사이의 소통증진, 어린이와 청소년이 즐겁게 놀고 공부할 기회 제공 등 살기 좋은 마을을 만들기 위한 다양한 활동 주제를 선정하여 1년 동안 이를 실천했다. 이 활동은 자원봉사 형식으로 진행되었는데, 3~7명의 모둠을 이룬 청소년이 활동 주제선정에서 실행, 지원금 집행까지 전 과정을 자율적으로 수행해 나갔다. 참여한 청소년은 일련의 활동을 스스로 기획하고 수행하면서 어려움을 겪기도 했지만, 활동을 완수했을 때는 큰 보람을 느끼는 것으로 나타났다. 또한 활동 과정에서 보다 살기 좋은 지역사회를 만드는 데 자신과 같은 청소년이 기여할 수 있다는 생각을 갖게 되고, 이러한 변화가 우리 사회 곳곳에서 일어날 수 있다는 긍정적 인식을 하게 된 것으로 나타났다. 따라서 지속가능한 발전을 추구하는 과정에서 청소년을 비롯한 사회 구성원의 역량을 강화할 필요성은 계속해서 강조되고 있다. 유네스코는 우리 인류가 점점 증대되는 복잡성과 불확실성, 생태계 서비스의 질 저하, 자연적이고 기술적 위험에 대한 취약성 등 새로운 도전에 직면하고 있기 때문에, 계획에 따라 진행되는 일반적인 문제해결 과정을 뛰어넘는 창조적이고 자기 조직적인 실천이 필요하다고 강조한다. 우리가 살아가고 있는 복잡한 세계를 이해하기 위해 학습해야 하고, 긍정적인 변화를 위해 협동하고 목소리를 높이고 행동해야 한다는 것이다. 이처럼 복잡한 맥락과 상황 속에서 행동하고, 자기 조직화하기 위해서는 시스템 사고 역량, 미래설계 역량, 규범적 역량, 전략적 역량, 협동 역량, 비판적 사고 역량, 자기 인식 역량, 통합적 문제해결 역량 등 다양한 역량이 필요하다고 주장한다(UNESCO, 2017).

기존 사업 예시(부천)		
SDG 4	교육	• 청소년 모니터링 • 청소년위원회 구성 및 의제작성 지역학습생태계 조성 • 학교 밖 청소년토론회
	청소년	• 청소년 100인 환경정책토론회 • 초등환경교실사업 • 기후변화, 마을만들기 등에 대한 강연 • 선진연수 및 국제교류 사업 등

향후 사업 주제(안)	
SDG 2	도시농업 캠프, 교육·훈련과정
SDG 3	청소년 자전거 대회
SDG 4	학교 밖 청소년을 위한 녹색진로 탐색과정 청소년 세계문화축제
SDG 5	청소년 성인지 감수성 워크숍
SDG 8	지역기반 청년창업 교육·훈련과정
SDG 11	청소년 기관 연계 마을만들기 우리 마을 문화유산답사 기획
SDG 16	아동·청소년 차별실태 조사
SDG 17	지역 지속가능발전지표·이제사업 모니터링

|그림 12-3| 지역사회 청소년활동의 다각화(부천시 사례)

출처 : 기후변화법제연구사업 이슈페이퍼(한국법제연구원).

지속가능한 발전 맥락에서 청소년이 갖추어야 할 핵심역량 개발에 대한 연구와 더불어 청소년이 활동의 기획자이자 실행자로서 |그림 12-3|의 사례와 같이 내가 살고 있는 지역사회 안에서 소통과 교류를 통해 공동체성을 회복하고 청소년 스스로 성장할 수 있도록 지방자치단체 지속가능발전 추진기구에 미래세대위원회 설치 및 운영과 지역사회 참여형 청소년활동 모형발굴 및 공유·확산과 활동지원 등 실천방안에 대해 지속적인 노력이 뒤따라야 할 것이다.

생각해 보기

- 포스트 코로나 시대 청소년활동과 청소년정책의 방향에 대해 논의해 보자.
- 미래사회 청소년 세대가 직면하게 될 사회현상과 그에 따라 함양해야 할 핵심역량에 대해 논의해 보자.
- 지속가능한 지역사회를 위한 청소년 참여활동의 의미와 중요성에 대해 논의해 보자.

참고문헌

고재경 · 김동영 · 이정임 · 이양주 · 송미영 · 김희연 외(2013). 경기도 생활환경복지 지표 개발 연구. 경기 : 경기개발연구원.

김은경 · 문영미(2016). 제4차 산업혁명에 대한 경기도의 대응방향. 경기연구원 정책연구 2016-69.

박선영(2020). 포스트 코로나19 시대 청소년활동과 청소년정책의 과제. **한국청소년활동연구, 06**(04), 173-194.

손숙미 · 이인화(2020). 15장 포스트 코로나 시대의 양성평등. 선진화 정책시리즈, 384-396.

손지희(2020). 코로나19 이후 한국교육시스템. **진보평론**, (84), 74-93.

송민정(2020). 포스트 코로나 시대 미디어의 미래 변화: 디지털변혁 성공요소로 본 넷플릭스와 디즈니플러스의 대응 연구. **한국방송학회 학술대회 논문집**, 105-107.

신홍기(2018). 청소년이 지각하는 미래사회 변화와 청소년정책 요구도 조사 연구. 명지대학교 대학원 박사학위논문.

여관현(2013). 마을 만들기를 통한 공동체 성장과정 연구. **도시행정학보, 26**(1), 53-87.

오재호(2020). 코로나19가 앞당긴 미래, 교육하는 시대에서 학습하는 시대로. **이슈&진단**, 1-2

임경화(2020). 포스트 코로나 시대, 온라인 플랫폼을 활용한 공학 교육의 활성화. **기계저널, 60**(7), 26-31.

여성가족부(2023). 제7차 청소년정책기본계획. 여성가족부.

이벽규 · 이상빈 · 성을현(2018). Industry 4.0을 통해 본 독일 혁신정책의 특징. **예술인문사회융합멀티미디어논문지, 8**(8), 785-792

이영희 · 윤지현 · 홍섭근 · 임재일 · 백병부(2018). 미래교육 관련 연구 메타분석을 통한 미래교육의 방향. **교육문화연구, 24**(5), 127-153.

이한재(2017). 제4차 산업혁명과 정책. 한국산업경제학회 정기학술발표대회 초록집, 1-18. **한국청소년활동연구, 5**(1), 34.

장윤종 · 김석관 외(2017). 제 4차 산업혁명의 경제사회적 충격과 대응 방안 : 기술과 사회의 동반 발전을 위한 정책과제. 경제 · 인문사회 연구회 미래사회 협동연구 총서, 17-19-01.

전영평(2017). 제4차 산업혁명시대 : 리더십과 국가개혁전략. 한국행정포럼. 13-20. **청소년학연구, 24**(2). 539-558.

정원섭 · 백종현 · 김정하 · 고인석(2017). 제4차 산업혁명과 포스트 휴먼사회. **철학과 현실, 112**, 20-128.

주형선(2017). 지속가능한 지역사회 만들기의 관점에서 본 청소년 사회참여활동의 의미. **환경교육, 30**(2), 156-170.

최정원 · 정은진 · 조혜영(2016). 미래, 청소년 그리고 새로운 도전, 청소년정책 이슈브리프, 29, 세종 : 한국청소년정책연구원.

최재정(2018). 제4차 산업혁명의 시대에 필요한 '미래역량 교육'의 방향과 원리 탐색. **교육의 이론과 실천, 23**(2), 39-67.

황세영(2018). SDGs에 대한 청소년의 인식과 활동 참여 방안. **이슈페이퍼**, 2018. 8., 한국법제연구원.

National Youth Agency(2020). Managing youth sector activities and spaces during COVID-19. National Youth Agency.

Orr, D.(1992). Ecological Literacy-Education and the Transition to a Postmodern World(SUNY Press).

찾아보기

[인명]

[내용]

저자소개

류명구

대구한의대학교 일반대학원 복지관리학 전공(청소년학 박사)
대구행복진흥원 대구시 학교밖청소년지원센터장
대구지속가능발전협의회 위원
국가전문자격(청소년지도사)면접위원
전)대구청소년지원재단 경영기획실장
전)대구광역시 미래비전자문위원회위원
전)대구한의대학교 외래교수

박호문

대구과학대학교 청소년교육지도과 교수(학과장)
한국청소년활동학회 이사
국가전문자격(청소년지도사) 출제 및 면접위원
청소년수련시설 평가위원
청소년방과후 아카데미 컨설팅 및 평가위원

서영우

대구 수성구청소년수련원장
국가전문자격(청소년지도사)면접위원
전)경북안동청소년문화의집관장
전)대구 달서구청소년상담복지센터장
전)달서구학교밖청소년지원센터장
전)달서구청소년수련관장

정성옥

경북대학교 일반대학원 문학치료 전공(문학치료학 박사)
슈타이너심리상담연구소 소장
대구가정법원 전문상담위원
대구가정법원 진단전문가
독일국가공인 EAG & FPI 문학치료 수퍼바이저
대구대학교 성산교양대학 외래교수

조현아

한국지능정보사회진흥원 대구스마트쉼센터 소장/수석상담사
대구광역시 청년센터 운영위원
전)국립 안동대학교 외래교수
전)안동시 가족센터 가족상담 전문위원
전)선린대학교 외래교수

청소년지도방법론

|공저자| 류명구 · 박호문 · 서영우 · 정성옥 · 조현아
|1판 1쇄| 2024년 2월 20일

|발행인| 김 동 훈
|발행처| **공 동 체**

|주소| 경기도 고양시 일산동구 호수로 358-39, 동문타워1차 905호(백석동)
|전화| 031) 814-3000(대표)
|팩스| 031) 814-3100
|전자우편| compub@naver.com
|홈페이지| http://www.compub.co.kr
|출판등록| 2005년 10월 6일
|등록번호| 제396-2005-36호

|ISBN| 979-11-6725-554-9
정가 21,000원